知识产权实务丛书

# 企业商标注册与保护实务

主　编　雷　云　胡海国

副主编　何培育

国防工业出版社

·北京·

# 内 容 简 介

本书从企业经营的角度出发,将企业商标工作纳入企业经营的整体视野,详细阐述了商标与企业经营的关系、商标注册、商标使用与维持、商标保护、商标维权等企业商标实务,注重实用性,特别是对企业商标工作思路进行了有益的探索。本书抛弃了将商标工作单独评估考核的传统做法,提出应从企业整体经营出发规划、评估、考核商标工作的理念与标准。书中附有大量的实际案例评析,进一步增强了本书的可读性。

为了方便读者阅读,本书中加入了二维码链接,利用智能手机的扫一扫功能,可即刻呈现资源链接的相关内容。

本书适用于企业经营管理人员、商标专门职业人员、高校知识产权专业学生。

**图书在版编目 (CIP) 数据**

企业商标注册与保护实务 / 雷云,胡海国主编. ——
北京:国防工业出版社,2016.8
(知识产权实务丛书)
ISBN 978 - 7 - 118 - 10592 - 6

Ⅰ. ①企⋯　Ⅱ. ①雷⋯ ②胡⋯　Ⅲ. ①商标法—基本
知识—中国　Ⅳ. ①D923.43

中国版本图书馆 CIP 数据核字 (2016) 第 001236 号

※

*国防工业出版社*出版发行

(北京市海淀区紫竹院南路 23 号　邮政编码 100048)
北京嘉恒彩色印刷有限责任公司
新华书店经售
*
开本 710×1000　1/16　印张 18¼　字数 282 千字
2016 年 8 月第 1 版第 1 次印刷　印数 1—3000 册　定价 72.00 元

**(本书如有印装错误,我社负责调换)**

国防书店:(010) 88540777　　发行邮购:(010) 88540776
发行传真:(010) 88540755　　发行业务:(010) 88540717

# 《知识产权实务丛书》编委会

王活涛　深圳峰创智诚科技有限公司 CEO

薛　丹　国家知识产权局人事司副司长

姚　坤　国家工商行政管理总局商标审查协作中心副主任

杨　立　北京轻创知识产权代理有限公司总经理

曾学东　重庆市知识产权局副局长

张　平　北京大学知识产权学院常务副院长，教授、博士生导师

赵　杰　比亚迪股份有限公司知识产权高级经理

郑友德　华中科技大学法学院教授、博士生导师

朱雪忠　同济大学知识产权学院院长，教授、博士生导师

朱谢群　深圳大学法学院教授

**总主编：**袁　杰

**副总主编：**苏　平　薛　丹

**编务办公室主任：**胡海容　高小景　颜　冲

**编务成员：**黄光辉　穆丽丽　何培育　王烈琦
　　　　　　张　婷　覃　伟　邓　洁　郭　亮

# 《知识产权实务丛书》总序

中国知识产权制度的百年史，是一个从"逼我所用"到"为我所用"的法律变迁史，也是一个从被动移植到主动创制的政策发展史。从清朝末年到民国政府的50年时间里，我国知识产权制度始终处于"被动性接受"状态。自中华人民共和国成立以来，长达30年间则处于"法律虚无主义"阶段，知识产权尚无法律形式可言；至20世纪80年代以来，中国开始了知识产权立法进程，在极短的时间内创建了比较完整的知识产权法律体系。然而，这一时期的知识产权立法既有对外开放政策的内在驱使，同时也有外来经济和政治压力的影响，因此具有被动的特点和一定的功利色彩。进入新千年后，特别是《国家知识产权战略纲要》颁布实施以来，中国知识产权制度建设进入了战略主动期，即根据自身发展需要，通过知识产权制度创新去推动和保障知识创新，从而实现了由"逼我所用"到"为我所用"的制度跨越。

当前，我国经济发展进入新常态，实施创新驱动发展战略成为时代主题，创新已经成为引领发展的第一动力。知识产权制度既是创新活动激励之法，也是产业发展促进之法。可以认为，创新驱动发展战略的核心内容就是要实施国家知识产权战略，助推创新发展。中共中央《关于全面深化改革若干重大问题的决定》强调"加强知识产权运用和保护"，表明了影响我国当前创新发展的两大关键节点，也指出了未来知识产权战略实施的重要攻坚难点。这即是说，知识产权的有效运用，是创新发展的基本路径；知识产权的有力保护，是创新发展的基本保障。经济发展的新常态带来知识产权事业的新常态，知识产权学人要认识新常态、适应新常态、引领新常态。

伴随着中国知识产权事业的进步，我国的知识产权研究在三十余年间也经历了起步、发展到逐步繁荣的阶段。知识产权学者在知识产权的基础理论、制度规范和法律应用等方面积累了丰硕的研究成果，这也为我国知识产权的制度完善和战略实施提供了足够的理论支撑。然而，知识产权是一门实践性很强的学科。因此，知识产权问题的研究不应仅仅满足于学理研究，而且要坚持问题导向，回应现实需求，注重应用研究。我国的知识产权应用研究相对薄弱，知识产权文化普及还缺乏新的抓手，这显然不能满足当前知识产权事业发展的需要。我们十分欣喜地看到，在国家知识产权局人事司的支持下，重庆市知识产权局、国家知识产权培训（重庆）基地、重庆理工大学重庆知识产权学院组织编纂了《知识产权实务丛书》，可谓恰逢其时，正应其需。该丛书具有以下几个特点：一是以知识产权实务操作为核心，理论联系实际，并重在实践和具体操作，因而非常契合加强知识产权运用和保护的战略需求；二是编写人员采用"混搭"的方式，既有从事知识产权理论研究和教学的高校教师，也有具备丰富实践经验的律师、知识产权代理人、企业知识产权管理人员和专利审查员等实务专家；三是丛书既涉及知识产权申请、保护、分析、运营以及风险管理等具有普遍适用性的主题，同时也有晶型药物等特定领域的研究成果；四是从案例出发，以案说法，以事喻理，以经验示范，使所述内容颇具可读性。因此，这是一套适合知识产权从业者阅读的专业书籍，更是适合普通公民了解知识产权知识、运用知识产权制度的科普性读物，它使知识产权走下"神坛"，为公众所能知、能用。这对于普及知识产权文化，增强知识产权意识有所裨益。

值此丛书出版之际，谨以此文为序。

吴汉东[①]
2015 年 11 月 30 日于武汉

---

① 本序作者为教育部社会科学委员会法学学部委员、国家知识产权战略专家、中南财经政法大学文澜资深教授、知识产权研究中心主任。

# 前　　言

在我国当前推进的全面市场化改革中，企业不论大小强弱、国有或民营，都必须适应市场竞争。只有适应市场竞争的企业，才有生存、发展的可能。商标作为评价企业竞争力的重要指标，既是企业经营战略不可或缺的内容，又是企业做大做强的重要保障。在我国企业走向市场的过程中，由于缺乏商标意识、不重视商标从而给企业经营造成严重后果的例子比比皆是，有的甚至直接导致一些企业在市场上"丧师失地"。即使在我国商标法颁布施行30余年的今天，仍然不时发生商标被抢注的案例，导致企业的苦心经营付之东流。一些企业虽然对商标有所认识，也申请注册了自己的商标，但由于不熟悉商标法律法规和商标管理，在商标的使用、保护和维权方面屡屡出现问题，进而影响到企业经营战略的实施。

商标既是一个法律上的术语，又是企业经营中的一个关键词。从法律的角度理解，商标特别是注册商标，意味着权利人依据商标法的规定所享有的不容他人侵犯的权利。从企业经营角度来看，商标则被看作是企业的"脸面"和"店堂"，是企业品牌的关键体现。"脸面"需要时时勤拂拭，勿使染尘埃。商标也需要精心地打理与呵护。企业商标的打理与呵护，既是一项法律事务，又是一项经营活动，因此法律与企业经营的无缝对接，是做好企业商标工作的必要条件。仅从法律或企业经营的某一方面立场来看待商标，都不可避免地会产生各种各样的问题。

商标作为企业品牌建设的中心，既是企业经营成果的体现，又是企业经营战略的起点。企业为形成和维持竞争优势，开发和培养核心竞争力，谋求长期生存与发展，离不开对企业商标的培养、建设和管理。在企业的经营战略中，商标应当是企业培养核心竞争力的重要组成部分。企业要想在竞争激烈的市场环境中立足，占据一席之地，进而发展成为国内甚至是国际市场中有竞争力的参与者，应当对商标与企业经营的关系具有清楚的认识，并具备从企业经营的角度思考商标问题的能力。为此，本书从企业经营的角度出发，对商标的注册、商标的使用与维持、商标的保护、商标维权等企业商标实务进行了详细的探讨，并希望对企业商标工作的完善起到帮助作用。

本书中所引用的商标图样或图例仅用于阐述的目的，其权利仍归属于相应的商标权利人或图例所有人。本书使用了国家工商行政管理总局商标局、商标评审委员会发布的《商标审查标准》中列举的一些例子，在此表示感谢。

本书各章作者如下：

重庆大学法学院马春晖：第1章；

深圳市世纪恒程知识产权代理事务所胡海国：第2～4章；

北京市中银（重庆）律师事务所周理论、何惠民：第5章；

重庆理工大学知识产权学院何培育：第6章；

重庆理工大学知识产权学院雷云：第7章。

鉴于作者在时间、精力和知识上的限制，本书内容难免会有疏漏乃至错讹之处，恳请各位前辈、同仁不吝批评指正。

雷　云　胡海国

2016 年 7 月 6 日

# 目　　录

# 第 1 章　商标与企业经营

## 1.1　商标概述

### 1.1.1　商标的概念及分类

1. 商标的概念

商标，是指商品的生产者、经营者，在其商品上或服务上使用的，由文字、图形、字母、数字、三维标志、声音、颜色组合，或上述要素的组合而成的具有显著特征的标志。商标的英文 Trademark 由 Trade（贸易、商务、商贸）和 Mark（标志、标记、牌子）组合而成，形象地说明了商标是商贸活动中所形成的产品或者服务的标记。世界知识产权组织（World Intellectual Property Organization，WIPO）将商标定义为：商标是将某商品或服务标明是某具体个人或企业所生产或提供的商品或服务的显著标志。《中华人民共和国商标法》（以下简称《商标法》）第八条规定"任何能够将自然人、法人或者其他组织的商品与他人的商品区别开的标志，包括文字、图形、字母、数字、三维标志、颜色组合和声音等，以及上述要素的组合，均可以作为商标申请注册"。

商标的起源可追溯至古代，当时工匠将其签字或"标记"印制在其艺术品或实用产品上。我国发现的较早的商标可以追溯到北宋时期，济南刘家"功夫针铺"所使用的"白兔"商标，既有图形，又有"兔儿为记"的字样。13 世纪时，欧洲大陆各种行会组织在商品上打上行会认可的标记，从而起到区分生产者的作用，这种标注就是现代商标的雏形。如 1262 年，意大利人在制造的纸张上采用了水纹（Watermark）作为产品标志。

**2. 商标与品牌**

品牌（Brand）是用以识别销售者的产品或服务，并使之与竞争对手的产品或服务区别开来的商业名称及其标志。D·奥格威（David Ogilvy）1955 年将其定义为："品牌是一种错综复杂的象征。它是品牌属性、名称、包装、价格、历史、声誉、广告网络的无形总和。"美国市场营销协会 1960 年的定义为："品牌是一种名称，一个符号或一种设计，或是上述三者的综合，用以区分某个卖方或卖方集团与其他竞争者提供的商品或劳务。"品牌是一个市场概念，实质上是品牌使用者对顾客在产品特征、服务和利益等方面的承诺。而商标是一个法定概念，它是已获得专用权并受法律保护的品牌或品牌的一部分。

**3. 商标与企业名称**

企业名称，是表明企业的注册地或经营地、商号、行业、责任形式、组织形式等特点的全称。我国《企业名称登记管理规定》第七条规定："企业名称应当由以下部分依次组成：字号（或商号）、行业或经营特点、组织形式。"由此可见，商号是企业名称的重要组成部分，通常在经营中企业名称专用权实际也是针对其中具有显著性的"商号"部分，或曰"商号专用权"。

企业名称与注册商标都是运用于生产经营活动的区别性标志，都是通过法律赋予专用权的办法达到保证商品和服务的质量、维护企业信誉、保护消费者利益的目的，在有些情况下二者合二为一，如著名的"华为""加多宝""可口可乐""微软"，既是商标，又是企业名称的核心——商号。但许多情况下，企业名称与其商标并不一致，就二者的区别来看，体现为：

第一，登记注册的依据不同。注册商标是依照商标法规定进行注册，而企业名称则依照企业名称登记管理规定、公司法等法律、法规进行登记。

第二，取得方式不同。在我国，对商标实行自愿注册与强制注册相结合的原则，其做法是除按规定某些特定商品必须使用注册商标以外，一般商品的商标采取自愿注册原则，即注册的享有专用权，未注册的仍可使用，但不享有专用权；而对企业名称，未经核准登记的名称不准使用，也就不享有名称权。

第三，权利特征和内容不同。商标权是工业产权，只具有财产权的特征，不带有人身性，而企业名称权是一种兼有人身权和财产权特征的权利。所以，企业名称权一般不允许单独转让或者许可他人使用。

实践中，商标与企业名称经常产生冲突，比较常见的情形是在企业名称中使用他人在先注册的商标，刻意制造混淆，俗称"傍名牌"，例如2004年广州市雅诗兰黛化妆品有限公司名称侵权案。许多不法商家利用香港企业登记制度的漏洞，在香港将某些知名商标登记为企业名称，注册一家空壳公司然后在大陆大肆使用，常常宣传内地公司为香港集团公司的控股子公司掩人耳目。同样，内地的企业名称注册管理也存在一些混乱，蒙牛乳业与蒙牛酒业之争，就可以看出我国工商部门属地注册的一个弊端，即在不同地区注册的企业名称中的核心部分即商号可以相同。

4. 商标的分类

（1）根据商标的构图形式来分类，可分为文字商标、图形商标、图形与文字组合商标、立体商标、声音商标等（例如各种品牌手机的专有铃声）。

（2）根据商标的用途和作用来分类，可划分为商品商标和服务商标。如"王老吉""苹果"商品商标，"招商银行""中国移动"及其图形服务商标。

（3）根据商标的管理来分类，总体上可划分为注册商标和未注册商标。

（4）根据商标使用人对商标的使用动机来分类，可划分为联合商标、防御商标、证明商标。

① 联合商标是指在相同的商品上注册几个近似的商标，或在同一类别的不同商品上注册几个相同或近似的商标，这些相互近似的商标称为联合商标。联合商标以其中的一个商标为主，称为主商标，亦称之为正商标。注册联合商标的目的是为了保护其主商标不被他人模仿或部分抄袭。例如娃哈哈集团在同一类产品中一次注册了"娃哈哈""哈哈娃""哈娃娃""娃娃哈"等多个商标，而仅使用"娃哈哈"作为自己产品的商标。

② 防御商标是指商标所有人在非类似商品上，将其商标分别注册，即注册不同类别的商品。注册的目的，不是为了使用，而是防御别人注册和使用，以免影响自己商标的声誉。防御商标一般是对著名商标而采取的特殊保护措施。例如可口可乐公司在"可口可乐"牌碳酸饮料成为驰名商标以后，又在其他33类商品上注册"可口可乐"商标。

③ 证明商标是指对提供的商品或服务的来源、原料、制作方法、质量、精密度或其他特点具有保证意义的一种标志，又称之为保证商标。这种商标一般由商会或其他团体申请注册，申请人对商标的指定商品或服务具有检验能力，表示使用该商标的商品或服务具备特定的品质或其他特点。如：绿色食品标志、真皮标志、纯羊毛标志、电工标志等。

## 1.1.2 商标的功能

商标的功能主要表现在以下几个方面：

1. 识别商品或者服务来源功能

商标具有识别性，这是商标的基本功能、首要功能。商标的使用可以区别不同商品或服务的功能和来源，引导消费者认牌购物或消费，不至于混淆各种商品或者服务。

2. 促进销售功能

生产经营者使用商标标明商品的来源，消费者通过商标来区别同类商品或者服务，了解商品或者服务的优劣，做出选择。这样，商标成为开拓市场及在市场上展开竞争的重要工具。可以说消费者在面对琳琅满目的商品或者服务时，辨认商标成为他们选择商品或者服务的重要手段。

3. 保证商品质量功能

生产者通过商标表示商品为自己所提供，服务提供者通过商标表示某项服务为自己所提供，消费者也通过商标来辨别商品或服务，对其质量做出鉴别，这种鉴别方式关系到生产经营者的兴衰。因此，商标的使用促使生产经营注重质量，保持质量的稳定。从诺基亚手机的品质到如今苹果手机的智能化，无不揭示了商标的这一功能。

4. 广告宣传功能

现代的商业宣传往往以商标为中心，通过商标发布商品信息、推介商品，突出醒目、简明易记，借助商标这种特定标记吸引消费者的注意力，加深对商品的印象。比如"恒大冰泉"这一品牌迅速成长，与其先进的商标广告宣传策略有很大关系。

5. 树立商业声誉功能

商标用于显示商品来源、保证商品的质量、进行商品的广告宣传，作为其开拓市场的有效手段，这都表明商标凝结了被其标示的商品以及该商品的生产经营者的信誉。商标是商品信誉和与之有关的企业信誉的最佳标记，因此树立商品信誉的有效途径是形成声誉卓著的商标。

## 1.1.3 商标的取得

商标的取得可分为原始取得与继受取得两种。

1. 原始取得

原始取得，又称直接取得，即商标权的取得是最初的，是商标权的第一次产生。商标权的原始取得，并非基于他人既存的权利，又不以他人的意志为根据。在国际上，商标权的原始取得大体上采用以下三种方法：

（1）通过注册取得，即商标所有人通过注册获得商标权。

（2）使用原则，即通过商标的使用获得商标权。据此，商标只要经过一定时间的使用，即使不经注册也可取得商标专用权。

（3）混合原则。包含两种方式，一是商标权须经申请注册才能取得，但是在核准注册后的一定时间内，给先使用人以使用在先为由提出撤销已注册的与自己先使用商标相同或近似商标的机会；二是在确认注册取得商标专用权的同时，允许先使用人在原有范围内继续使用，但不允许使用人许可他人使用其商标，只能自己使用或连同企业一起转让。

2. 继受取得

继受取得，又称传来取得，商标所有人权利的取得基于他人既存的商标权，其权利的范围、内容等都以原有的权利为依据。继受取得的方式有：

（1）通过商标权的转让获得权利：

① 通过转让合同将商标权转让给受让方；

② 企业破产、终止时，通过拍卖的方式获得该企业的商标权；

③ 以债权人身份获得债务人享有的商标权，以抵偿债务人所欠债务。

（2）通过继承或赠与等方式获得商标权。这是指商标所有人因死亡或其他原因，将商标专用权移转给其合法的继承人或权利义务的承担者。

（3）通过企业合并而获得商标权。新企业或变更后的企业将承受被合并企业的有形资产、无形资产及各项债权债务，其中包括商标权。

（4）因其他合法根据而获得商标权。如因合伙而共有商标权等。

# 1.2　商标与企业战略

## 1.2.1　企业战略概述

1. 企业战略理论的形成与发展

"战略"（Strategy）一词原本是一个军事术语，意指为取得战争胜利或实现战争目的而对军事力量、战术策略进行的全局性部署和指挥。随着语言的发展，"战略"一词后被广泛运用于军事领域之外。1938 年，彻斯特·巴纳德在其《经理人的职能》一书中，首次将"战略"一词引入管理学理论。1962 年，管理史学家钱德勒在他的著作《战略与结构》中，提出将管理决策划分为战略决策和战术决策两个层次的观点，认为战略决策包括企业发展的基本目标，以及为实现这一目标所做的资源配置及调整。1965 年美国学者安索夫出版了《企业战略》一书，被管理学界认为是最早的系统论述战略管理的著作。20 世纪七八十年代以来，能源危机、贸易摩擦，全球性市场竞争激化①，企业之间的竞争环境更加动态化、复杂化，获取竞争优势就犹如在战场上抢得先机，对企业的生存与发展至关重要。因此，如何在市场竞争中取得竞争优势、如何培养核心竞争力，便成为管理学界研究的全新课题，企业战略管理理论应运而生。

2. 企业战略的定义

企业为形成和维持竞争优势、开发和培养核心竞争力、谋求长期生存与发展，在对企业内部及外部环境进行分析的基础上，对企业的发展目标及实现途径、手段所做的一系列全局性、根本性和长远性的谋划，就叫做企业战略，其目的不是维持企业的现状，而是要创造企业的未来。

3. 商标与企业战略

商标是企业进入市场的"名片"，企业经营者不仅在经营一家企业，也是在经营一个或多个"品牌"，企业战略的核心是获取竞争优势，竞争优势的获取始终无法离开商标这张"名片"。企业商标的运用和管理与企业竞争力的形成和维护息息相关，这就需要对企业商标的运用进行战略角度的思考和总体部署，我们称之为企业的"商标战略"。

商标战略可以从不同的角度去理解：一是从商标管理角度，国家、地区、行业对一定领域的商标的注册、管理、实施和保护所制定的一系列法律法规或措施；二是从企业管理角度，企业为生存、发展和获取竞争优势，维持和提高核心竞争力，通过运用和维护商标体系、价值和水平，对资源进行配置的总体性、长远性的谋划，这种理解倾向于认为商标战略是企业战略的有机组成部分，我们研究企业商标战略，应从后者角度来展开描述。

---

① 唐平：《对中国企业商标战略的法律思考》，上海：复旦大学，2008 年版。

企业商标战略的核心是获取竞争优势、培养核心竞争力，那么围绕这个核心，将企业的商标战略分成商标战略和商标运用策略两个角度来展开。前者结合企业战略管理理论，依据我国《商标法》，围绕商标注册和运用的总体战略部署展开讨论；后者结合企业市场营销理论及企业战略管理理论，重点对企业在具体的市场环境中如何运用商标手段取得竞争优势进行分析和研究。

## 1.2.2  企业商标战略

商标是产品或服务的提供者用于表现自己产品或服务的特殊视觉标志，是品牌的法律化。我国《商标法》只保护注册商标，未经注册的商标只是一般商业标记，可以作为商业标记使用，但不对抗注册商标或其他在先权利，对于可能发生的侵权法律纠纷未经注册的商标难以得到有效保障。因此，对于长期经营存续的企业，要保持长久的市场竞争力，应使用注册商标。

《商标法》规定："自然人、法人或者其他组织在生产经营活动中，对其商品或者服务需要取得商标专用权的，应当向商标局申请商标注册"。商标注册用商品和服务商标国际分类共有 45 个类别，其中商品商标 34 个类别，服务商标 11 个类别[①]。

1. 单一注册商标战略

根据商标注册原则，一般注册商标不具有跨类别效力，即一件注册商标对应一类商品。这样的原则有利于生产企业集中力量做一个商标，集中配置企业各项资源来研发和完善一类产品，使该类产品在行业内市场竞争中因更加专注、更加专业、投入更多而获取市场竞争优势。

中华铅笔始创于 20 世纪 30 年代，这家企业始终致力于铅笔这一行业，精心经营"中华牌"铅笔商标，经营至今已成为全国铅笔行业中规模最大、产量最高、品种最多、效益最好、声誉最佳的企业，而且是全国轻工重点骨干企业，在行业内形成了绝对的竞争优势。

然而单一类别商品的市场容量是有限的，企业发展的规模会受制于市场容量的大小，而且单一产品可能因科技进步、社会文化环境、人们生活习惯的改变而影响该产品的市场容量。例如"柯达牌"胶卷随着数码相机技术的普及而

---

① 马原主编：《商标法分解使用集成》，北京：人民法院出版社，2003 年版第 317 页。

淡出摄影消费品市场；"英雄牌"钢笔随着电子产品和中性笔的普及，钢笔的市场需求减少，英雄钢笔的主业不断萎缩。"凤凰牌"自行车也随着城市公共交通的发展、电动自行车的普及以及人们出行习惯的改变而销声匿迹。

考虑以上因素，很多企业为追求长久的发展存续或规模效益，致力于在产销规模、资产、利润或新产品研发能力等某一方面或几个方面获得增长或成就，从而取得企业的竞争优势，该类企业往往采取成长型企业战略，常见的成长型战略包括一体化战略、多元化战略及密集型成长战略。与成长型企业战略相对应，该类企业采用的商标战略也应由单一注册商标战略转而采取多商标战略。

2. 统一注册商标战略

统一注册商标战略，即一个生产或服务企业，在其提供的所有不同类别的商品或服务中，统一采用相同的注册商标的一种商标战略模式。譬如日本的"Panasonic""HITACHI""Sony"，韩国的"LG""Samsung"采取的都是统一注册商标战略，在旗下的各类产品都采用统一的注册商标。

统一注册商标战略的优势在于，如果企业在一个行业领域或一个产品类别中拥有较高知名度的注册商标，则企业进入新的市场领域时会由于现有领域的商标已得到消费者认可而变得相对容易，对于新产品的市场投放，不仅会迅速被消费者所接受，而且能够节约一定数额的广告宣传费用，所谓"一荣俱荣"。例如全球 PC 行业巨头"联想 Lenovo"，2011 年正式宣布进入移动互联网行业，不到 3 年的时间，联想将该领域不到 1% 的市场占有率提升至 13%[1]，意味着联想在移动互联网市场开辟了自己的立足之地。

统一注册商标战略自然也有缺陷，企业在不同产品或服务领域使用同一注册商标，一旦某一种产品或服务出现质量问题，引起较大的负面效应，很容易

---

[1]　吴辰光：北京商报，2013 年 12 月 4 日。

波及使用该注册商标的其他产品，消费者会对该商标产生抵触或不信任感。这样的战略无异于将所有的身家性命财产绑在一条小船上，一旦一件物品起火，就会烧着小船，导致灭顶之灾，最后满盘皆输。

3. 商标组合战略

商标组合战略，是指一家生产或服务企业在其提供的产品或服务中使用多种注册商标，而各个商标之间呈系统性地构成一个体系，在这个体系中，各个商标都有其独特的战略定位，即一个组织对其拥有或有权控制的多个品牌进行系统化的思考和组合管理。

从风险管理角度来讲，商标组合战略有利于分散产品质量风险，一个产品出了问题，不至于导致该企业旗下其他产品遭受重大影响，能够有效避免统一注册商标战略中可能出现的"一损俱损"的战略风险，对企业的生存能力和抗风险能力有重要作用。

从品牌管理角度来讲，企业可在同一类产品上使用多个注册商标，投放到同一市场，通过各个品牌之间的竞争筛选出强势品牌，并对强势品牌进行重点培养。

法国欧莱雅集团是世界最大的化妆品公司，始建于 1907 年，是一家百年企业。其采用的商标组合战略模式，不仅能够规避风险、培养优势品牌，而且符合女性消费者对化妆品选择多样化的心理追求。该集团在化妆品领域中，针对不同市场，策划出顶级品牌、一线品牌、二线品牌、三线及以下品牌、彩妆品牌、药妆品牌、口服美容品牌、香水品牌、美发品牌一系列品牌组合，该组合下的每个品牌都有一定的角色功能，使欧莱雅集团在化妆品市场竞争中稳居优势地位。

## 1.2.3 商标运用策略

商标战略是对商标运用策略的总体部署，战略一旦制定，就要付诸实施，不容许朝令夕改。而企业所处的内、外部环境则是不断变化的，企业在变化的市场环境中，为实现战略目标，就要运用各种各样的具体手段，既要实现商品价值循环，又要巩固市场、维持竞争力。我们把为实现商标战略目标而进行的一系列具体的措施、手段称为商标策略。商标战略具有总体性、相对固定性的特点，商标策略则有具体性、灵活性的特点。

**1. 市场细分商标策略**

市场细分是营销学的一个概念，是指根据顾客需求特点、购买心理、购买行为等方面的差异性，把某一类领域的整体市场细化为若干个"分市场"，针对不同的细分市场采取不同的营销策略的过程。在商标策略中采取市场细分，针对不同的细分市场推出不同商标的产品，聚合相同需求的消费者，可采用企业组合商标战略，既增加企业规模，又可细心经营每个分市场，培养子品牌在分市场的竞争力。例如欧莱雅公司在顶级奢侈品市场推出了"赫莲娜"品牌，在高端市场推出"兰蔻""碧欧泉"品牌，在彩妆市场推出"美宝莲""植村秀"等品牌，在美发市场推出"卡诗""美奇丝"品牌，在香水市场推出"乔治·阿玛尼"等品牌，就是针对不同的细分市场采取不同注册商标的一种商标运用策略。这种策略有利于产品进入不同的市场，满足不同层次消费者的需求，进行准确的市场定位，从而最大限度地拓展产品或服务市场、规避风险、培养核心竞争力。

**2. 联合商标和防御商标策略**

商标是企业在市场中的"名片"，当企业在市场中享有一定知名度时，就会出现冒名顶替者来干扰正常经营活动。《反不正当竞争法》第五条将冒用注册商标、使用近似名称及外包装造成混淆、冒用企业名称、冒用质量标识和产地的行为界定为不正当竞争行为，而未涉及使用近似注册商标而造成混淆的行为发生时，只能依靠提出商标异议手段来解决。例如：2002年深圳李金记食品有限公司在第30类"酱油"上申请"李金记＋拼音＋图形"的商标，公告后，广州李锦记食品有限公司认为注册商标近似并提出了异议申请，商标局从而驳回了"李金记"商标申请。由此可以看出，企业在商标保护方面难以预料会出现何种漏洞，这就需要注册联合商标和防御商标对本企业使用的注册商标进行保护。

我国《商标法》对一般注册商标的保护集中在同种类产品上，实行联合商标策略就是将同种类及类似种类产品上对可能产生混淆的商标进行注册，该注册的目的不是使用，而是为了防范他人恶意注册。例如娃哈哈集团在同一类产品中一次注册了"娃哈哈""哈哈娃""哈娃娃""娃娃哈"等多个商标，而仅使用"娃哈哈"作为自己产品的商标。防御型商标策略是指在不同类别的产品或服务上注册相同或相近的商标进行防御型保护的商标策略，目的也是防止注册商标被别有用心的人注册。

3. 商标国际注册

王致和集团是一家以生产调味品为主的中国百年老店。2006 年，王致和集团准备开拓欧洲市场，却发现"王致和"商标已经被德国欧凯公司抢注，经过一系列诉讼，王致和公司赢回了在德国的商标使用权。后经调查，发现欧凯公司还抢注了"老干妈""恰恰""今麦郎"等一系列中国知名品牌。

联想集团 1988 年开始使用"legend"商标，后联想集团发展壮大进军海外市场，却发现"legend"商标已经在很多国家被注册。在此种情况下，联想集团通过诉讼、协商、收购等手段取回商标已经因成本太高而无法实现。为此，联想不得不痛下决心舍弃了价值 200 亿的"legend"商标，而启用新的商标"Lenovo"，为此付出了惨痛的代价。

中国知名商标在国际上被抢注的情况屡见不鲜，很多知名商标例如"大宝""红星""全聚德""大白兔""同仁堂""杏花村"等都在海外被恶意抢注，这已然成为中国企业走向海外市场的一大障碍。对于出口型企业来讲，企业的产品出口到一国市场，企业的商标就要在该国进行注册，若自己的商标被别有用心的人在该国抢注，这将对该企业产品在该国的市场拓展带来重重困难和阻碍。因此，商标的国际注册也是企业发展到一定阶段以后必须要考虑的因素。

4. 驰名商标策略

驰名商标（Well-known Trademark）作为一个概念，最早出现在 1883 年的《保护工业产权巴黎公约》，我国 1984 年加入该公约，公约规定成员国应对驰名商标给予特殊保护。"中国驰名商标"是根据原国家工商总局 2003 年颁布的《驰名商标认定和保护规定》，依据商标持有人的申请，经过一定的法律程序由有权机关对商标作出驰名商标认定的给予特殊保护的商标。

与《商标法》对一般商标的保护相比，驰名商标的保护效力扩大到"在不相同或者不相类似的产品上使用且容易造成混淆的"范围，对驰名商标的保护更加严格。驰名商标具有以下特点：

1）驰名商标具有较高的知名度与美誉度

商标被认定为驰名商标，标志着商标具有了一定的知名度，产品覆盖范围广，用户评价高。这些特点经过国家行政机关的认定以后，企业的"名片"就会变成"明星名片"，生产或服务企业的信息也会通过商品更多地传达给消费者，经过长期的产品或服务供应以及消费者信息的反馈，企业和消费者之间会形成一种牢固的关系，这种关系是透过产品或服务的美誉度来体现的。

2）驰名商标意味着更高的市场竞争力

企业的商标被认定为驰名商标，如果消费者知道该商标为驰名商标，对于消费者的购买心理、购买行为就会产生影响，进而决定消费者的购买选择。在同一行业的竞争关系中，驰名商标的竞争力无疑会高于非驰名商标。

3）驰名商标本身即是一种资产

在现代对品牌的研究中，"品牌资产"概念逐渐被广泛认可。"品牌资产"是一种无形资产，是超越有形资产以外的价值，这种价值集中体现在商标所代表的价值之上。品牌资产具有以下特点：第一，品牌资产是无形资产；第二，品牌资产的核心是品牌价值；第三，品牌资产的载体是商标；第四，品牌资产具有附加值功能。驰名商标具有较高的知名度、认知度、联想度、顾客忠诚度等特点，因此驰名商标是企业的一项重要资产。

## 1.3　商标与企业文化

### 1.3.1　企业文化概述

1. 企业文化的概念

20 世纪 80 年代，日本迎来战后经济高速发展，日本企业迅速壮大，这引起了美国人对日本企业文化的关注。在这一时期，美国著名管理顾问公司麦肯锡（Mckinsey）提出对整个管理学界影响深远的 7S 模型，从而，管理学界对企业管理的研究从仅仅关注"战略"方面的"硬"数据开始转向同时关注企业"文化"方面的"软"实力。企业文化理论应运而生。

企业文化，又称公司文化，是指一个企业在经营和发展历史中，长期形成的具有共同性的理想、作风、习惯和价值观，是企业经营管理历史中创造的具有该企业特色的一系列精神财富的总和。

2. 企业文化的内涵

企业是以盈利为目的的组织，但企业在经营管理的过程中，产生的并非只是物质利益，还有与物质利益同等重要的精神财富，这些精神财富的总和，我们称之为企业文化。企业文化具体包括企业精神、企业的核心经营理念、企业的核心价值观、企业愿景、企业使命、员工行为规范等。企业文化在企业经营管理中，无形地为企业起到了降低成本、增加利润、提高效率的作用。

1）企业的核心价值观

2012 年，党的十八大首次概括了社会主义核心价值观，为增强民族凝聚力、提高国家软实力指明了精神追求的方向。对于企业来讲，提炼和树立企业的核心价值观同样至关重要。彼得斯（Peters）和沃特曼（Waterman）在 20 世纪 80 年代出版的《追求卓越》中指出：崇尚服务、质量和创新是成功公司或者说是追求卓越的公司所共有的，这些价值观提供了企业的竞争优势，从而也成为战略管理需要重点考虑的因素。企业的核心价值观是企业员工共同的精神支柱，体现企业的凝聚力和软实力，助推企业取得竞争优势。

2）企业经营理念

经营理念（Theory of Business）是管理者追求企业绩效的根据，是顾客、竞争者以及企业员工价值观与正确经营行为的确认，然后在此基础上形成企业基本设想、竞争优势、发展方向、共同信念和企业追求的经营目标。经营理念是系统的、根本的管理思想。管理活动都要有一个根本的原则，一切的管理都需围绕一个根本的核心思想进行。

经营理念与企业的核心价值观都是企业文化的重要构成，不同的是，企业经营理念是从管理学和企业经营绩效角度出发，是企业经营活动中对共同价值观、正确经营行为的抽象概括。

3）员工行为规范

员工行为规范是指企业员工应该具有的共同的行为特点和工作准则，它带有明显的导向性和约束性，通过倡导和推行，在员工中形成自觉意识，起到规范员工的言行举止和工作习惯的作用。

企业既是资本的聚合，又是人员的集合，企业员工是企业的核心要素之一，企业员工是企业文化的传承者和践行者，企业特有的员工行为规范是该企业重要的企业文化。

员工行为规范根据企业经营范围不同，可以有不同内容的要求，但无论什么性质的企业从仪容仪表、岗位纪律、工作程序、待人接物、环卫与安全、素质与修养等几个方面对员工提出要求，是必不可少的。建立正确的员工行为规范可以提高管理沟通效率、塑造正面的企业形象、减少非营业外耗损并增强企业的核心竞争力。

3. 百年企业的企业文化

纵观中华民族兴衰起伏的发展历程，中华民族曾被列强入侵，经历过半殖民地半封建的黑暗时期，经历过长期的战争和内乱，最终却依然能够从落后衰败中重新振作，实现和平崛起，这与中华民族厚重的文化底蕴是分不开的。长期经营存续的企业，若要实现长远发展，也需要先进、有魅力的企业文化作支撑，正所谓五年企业靠产品，十年企业靠经营，百年企业靠文化。

商务印书馆，自 1897 年创立以来，以"昌明教育，开启民智"为己任，竭力继承中华文化，积极传播海外新知，历经劫难，又不断重生，创造了中国文化出版事业的辉煌。一百余年以来，商务印书馆出版图书 5 万余种，代表性出版物有《辞源》《新华字典》《现代汉语词典》《牛津高阶英汉双解词典》"汉译世界学术名著丛书""中华现代学术名著丛书""世界名人传记丛书"等著作。商务印书馆能够存续百年并取得如此成就，与其一直以来传承的企业文化是分不开的。长期以来，商务印书馆提倡"做有良知的出版人"，认为出版人应当是文化的建设者而不是商人，提倡实事求是而不是夸张误导，提倡社会责任而不是攫取社会财富，提倡首创精神而不是盗取他人成果。

## 1.3.2　商标应体现企业文化

商标是商品或服务的标志，是消费者用于区别商品或服务来源的标志，是企业向市场表明该商品或服务是本企业提供的标志。商标代表着企业，同时也代表着企业的文化。GE 公司前任 CEO 韦尔奇认为：缺乏文化底蕴的品牌建设是苍白无力的，没有企业文化建设去"造"品牌，就好比搭建空中楼阁，建设得越宏伟壮观越容易倒塌，尤其是炒作出来的品牌更是经不起市场经济的狂风巨浪的。

1. 商标设计应体现文化内涵

设计科学、富有创意、具有明显视觉识别度和联想度并且具有丰富文化内涵的商标，是传播企业核心价值观、传播企业经营理念、建立企业知名度、塑造企业形象的快速便捷之途。

商标的设计考量因素包括以下几点：

①视觉识别度，是指商标的形态、文字、符号等通过静态直观的视觉印象传达给人的一种印象，是人脑产生直观印象的依据，只有具有视觉识别度的商标，才会在人脑中留下印像；②品牌联想度，是指商标应能使人联想到美好的事物，该联想应当与产品具有关联性，品牌联想度能够使具有视觉识别度的商标在人脑中产生可记忆性；③创意美感度，决定顾客是否能够欣然接受该商标并留下美好的印象，即品牌美感度决定着顾客对商标的好感；④文化内涵度，表明该商标产品或服务的提供者的文化内涵，文化内涵度能够加深消费者对该商标的记忆、增添消费者对该商标的信赖程度。

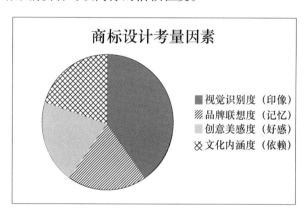

2. 视觉标志与企业文化的融合——商标文化

中国驰名商标、山东省第一服务品牌"银座（INZONE）"，其标志外观由红色三角形与横向的"S"组成。红色，象征企业的热情与活力。三角形，给人以奋发向上锐意进取的视觉印象，形似泰山、五岳独尊。横向的"S"寓水之意，既象征涛涛黄河奔腾向前，又代表汩汩泉涌永不枯竭。

"银座"的创业发源地为泉城济南，其第一家大型百货店坐落于趵突泉东南

侧泉脉处，以泉为座，得名"银座"，既有地理位置之巧合，又寓吉祥安泰、财源汹涌。仁者乐山，智者乐水，以山水为标志，象征仁智合一、商行天下的儒商气质；山代表诚信，水代表润泽，以山水为标志，表征履信尚义、兴商润民的企业使命。

经过 18 年的经营，"银座"商标及企业文化已深入人心，由百货店商标成长为涵括百货、超市、商业地产、酒店、旅游、汽贸、家居、文化传媒等多领域的综合服务商标。

中国驰名商标、全球白色家电第一品牌"海尔（Haier）"

商标由中文"真诚到永远"、海尔吉祥物图和中、英文"Haier 海尔"组合设计而成，这样的设计与海尔产品的发展历史紧密相关。

海尔集团公司的前身是 1984 年由濒临倒闭的两个集体小厂合并成立的"青岛电冰箱总厂"。1985 年，青岛电冰箱总厂引进德国"利勃海尔"公司的先进技术和设备，生产出了亚洲第一代"四星级"电冰箱，为体现出双方的合作，海尔人将产品名称定为"琴岛—利勃海尔"，并且成功地设计了象征中德儿童的吉祥物"海尔兄弟"。以儿童友谊故事为商标文化背景，彰显出品牌的朝气，同时又表现双方合作的真诚，以"真诚到永远"为产品理念，更加突显出企业对用户的真诚。正是在同一年，时任厂长的张瑞敏带领职工含泪砸碎了亲手生产的 76 台质量有瑕疵的电冰箱，同时也砸碎了青岛电冰箱总厂衰败的过去，让用户看到了海尔人制造高质量产品的决心，更看到了海尔人敢于正视过去、敢于承担责任的真诚。从此，"海尔"（Haier）商标以及"真诚到永远"的产品理念走进了千万个中国家庭，一度成为高质量、高品质的代名词。

2004年底，海尔开始使用新标志，新标志延续了海尔20年来发展形成的品牌文化，但设计上更加突出时代感。

新的英文标准字比较原有字体更加简约、时尚，富有更强烈的识别性和时代感，体现出经济全球一体化背景下的企业形象。简约设计意味着扁平化的企业管理、沟通的简洁，整体字母组合像一个目标明确的队列，最后的字母"r"高高向上昂起，象征着企业一定会走上去，实现更高更快的发展目标。

新的中文标识使用中国书法体代替了原来的美术字，字体大气舒展、浑然天成，中国书法独有的历史文化气息结合字体本身活力、紧凑、和谐、韵律的形态特点，传递崭新的视觉感受。

整体商标形象从国际化转向民族化，而品牌发展却从民族走向国际，两者的鲜明对比，更加彰显出海尔人的自信与活力。

# 1.4 企业商标的资本化运作

商标的资本化是指在经济活动中，商标权人以获取经营收益为目的，以商标权作价为方式，通过一系列法律运作，最终实现权利人经济利益最大化的一种资本行为。

## 1.4.1 商标价值的评估

1. 概述

商标价值评估是指为了特定目的，在遵循公平、法定标准和规定程序的基础上，运用适当方法，对商标进行确认、计价和报告，为资产业务提供价值尺度的行为。商标评估是无形资产评估的一种类型。

德国《经济周刊》2013 年 9 月 30 日报道，美国企业咨询机构 Interbrand 推出的全球最有价值商标排名当日出炉，苹果 983.2 亿美元、谷歌 932.9 亿美元；可口可乐 792 亿美元、IBM 788 亿美元、微软 596 亿美元、通用电气 469 亿美元、麦当劳 419 亿美元、三星 396 亿美元、英特尔 375 亿美元、丰田 353.46 亿美元。在国内商标价值方面，2013 年 10 月 16 日，《品牌观察》杂志联合中国品牌研究院共同揭晓 2013 年中国驰名商标品牌价值 500 强榜单。500 个上榜中国驰名商标的品牌总值高达 78608 亿元，平均值为 157 亿元。中国工商银行的品牌价值排第 1 名，为 2389 亿元。其他排在前 10 名的品牌及品牌价值分别为：第 2 名中国银行 1682 亿元；第 3 名平安 1493 亿元；第 4 名华为 1486 亿元；第 5 名中华 1339 亿元；第 6 名百度 1299 亿元；第 7 名腾讯 1238 亿元；第 8 名联想 1182 亿元；第 9 名中粮 978 亿元；第 10 名格力 966 亿元。

2. 商标价值评估方法

常见的商标价值评估方法有：

1）收益法

收益法，就是把有关商标在一定期限内每年的预期收益，以适当的折现率折现，然后累加得出有关商标的现有价值。

2）成本法

成本法是指将商标标识的设计费用，为特定商标而向销售商、专业律师、相关消费者进行咨询的费用，以及注册申请的一切费用，广告费用及其他促销费用等累计相加后的费用总数作为商标的价值。

3）市场比较法

市场比较法是指在市场上选择一个或一个以上的与被评估商标所标示商品或服务相同或相近的商标，且该商标已有公认的成交价格，然后拿被评估的商标与之进行比较，通过比较、估算而得出被评估商标的相应价值。

3. 商标价值评估程序

（1）明确评估对象和范围；

（2）鉴定评估合同；

（3）指导企业清查、填报资产，搜集准备资料；

（4）现场检查核实、验证资料；

（5）编制评估报告书；

（6）评估机构内部审核检验评估报告书；

（7）评估机构将审定后正式的商标价值评估报告书、专家鉴定证书、证牌送交被评企业。

**4. 商标价值评估的法律规范**

2012 年我国出台了《商标资产评估指导意见》，这是服务于国家知识产权战略和文化强国战略的重要举措。指导意见的发布更好地促进了评估行业服务于商标的转让和许可，更好地促进了知识产权战略的实施和文化产业的发展。

《商标资产评估指导意见》对商标资产的评估作出的详细规定有：

"第十二条　商标资产评估对象是指受法律保护的注册商标专用权益。商标资产的权利内容一般包括商标专用权、商标许可权、商标转让权、商标标示权、商标续展权、商标禁止权，核心权益是商标专用权。

第二十二条　注册资产评估师执行商标资产评估业务，应当对商标资产相关情况进行调查，包括必要的现场调查、市场调查，并收集相关信息、资料等，相关信息、资料通常包括：

（一）商标注册人的基本情况；

（二）商标和与商标有关权利事项登记情况；

（三）商标权利限制情况，包括在时间、地域方面的限制以及质押、法律诉讼等；

（四）公众对该商标的知晓程度；

（五）商标使用的持续时间；

（六）商标宣传工作的持续时间、程度和地理范围；

（七）与使用该商标的商品或服务相关的著作权、专利、专有技术等其他权利的情况；

（八）宏观经济发展和相关行业政策与使用该商标的商品或服务的市场发展状况；

（九）商标商品或服务的使用范围、市场需求、经济寿命、同类商品或服务的竞争状况；

（十）商标使用、收益的可能性和方式；

（十一）类似商标近期的市场交易情况；

（十二）被评估商标资产以往的评估和交易情况；

（十三）商标权利维护方面的情况，包括权利维护方式、效果、成本费用等。

第三十八条　商标资产评估报告通常包括以下内容：

（一）商标注册人的基本情况；

（二）商标的基本情况；

（三）商标的详细组成情况；

（四）商标商品的基本情况；

（五）商标商品生产、销售中涉及的著作权、专利、专有技术等其他无形资产的情况；

（六）商标资产产生收益的方式；

（七）商标剩余法定保护期限以及预计收益期限；

（八）对影响商标资产价值因素的分析过程；

（九）使用的评估假设以及限定条件；

（十）商标资产许可、转让、诉讼以及质押等情况。"

## 1.4.2　商标许可及转让

**1. 注册商标专用权的使用许可**

商标权的使用许可包括三种情形，即：独占使用许可、排他使用许可和普通使用许可。

（1）独占使用许可。指商标注册人在约定的期间、地域和以约定方式，将该注册商标仅许可一个被许可人使用，商标注册人依约定不得使用该注册商标，也不得再行许可他人使用该注册商标的使用许可，只有被许可人有权使用许可商标。

（2）排他使用许可。指商标注册人在约定的时间、地域和以约定的方式，将该注册商标仅许可一个被许可人使用，商标注册人依约定可以使用该注册商标，但不得再行许可他人使用的使用许可，商标权人和被许可人均有权使用该商标。

（3）普通使用许可。指商标注册人在约定的时间、地域和以约定的方式，将该注册商标许可他人使用，并可自行使用该注册商标和再行许可他人使用其注册商标的使用许可。商标权人可以许可不特定的多人使用其商标，被许可人和商标权人均有商标使用权。

2. 使用许可的条件

（1）签订书面商标使用许可合同。

（2）商标权许可合同应当报商标局备案。不备案不得对抗第三人，但合同并非无效。

3. 商标许可人和被许可人的法定义务

（1）商标权许可人必须监督被许可人使用其注册商标的产品的质量。

（2）被许可人必须在使用该商标的产品上标明被许可人的名称和商品产地。

4. 注册商标专用权的转让

商标权的转让条件与程序：

（1）转让人和受让人签订书面转让合同，并应当向商标局提出转让申请。转让注册商标的，商标注册人对其在同一种或者类似商品上注册的相同或者近似的商标应当一并转让；未一并转让的，由商标局通知其限期改正；期满不改正的，视为放弃转让该注册商标的申请，商标局应当书面通知申请人。

（2）经商标局核准后，予以公告。受让人自公告之日起享有商标专用权。

（3）受让人应当保证使用该商标的商品的质量。

（4）注册商标专用权因转让以外的其他事由发生转移的，接受该注册商标专用权转移的当事人，应当凭有关证明文件或者法律文书到商标局，办理注册商标专用权移转手续。

（5）注册商标转让的，不影响转让前已经生效的商标使用许可合同的效力，但是商标使用许可合同另有约定的除外。

## 1.4.3　商标出资

知识产权出资是知识经济的内在需求。知识产权出资可扩大企业收益、增强企业的市场占有力、形成企业的核心竞争力。可用于出资的知识产权主要包括以下几类：

（1）专利权。按照《中华人民共和国专利法》规定，专利权的范围包括：发明专利、实用新型专利、外观设计专利等。

（2）商标权。按照《中华人民共和国商标法》规定，商标权的范围包括：正式注册的生产经营商品或服务项目的各种文字、图形标记、声音以及以生产或经营企业的名称作为标记的等。

（3）著作权。按照《中华人民共和国著作权法》规定，著作权的范围包括：文字作品，口述作品，音乐、戏剧、曲艺、舞蹈作品，美术、摄影作品，工程设计、产品设计、图纸及其说明，地图、示意图等图形作品，计算机软件等。

（4）专有技术。包括未申请专利保护的发明、外观设计、包装设计、广告设计、设计图纸、工艺流程设计、加工规范、独特的生产加工方法等。

2005 年颁布的《公司法》中第二十七条第一款规定"股东可以用货币出资，也可以用实物、知识产权、土地使用权等可以用货币估价并可以依法转让的非货币财产作价出资"，并且限制了货币出资不得低于注册资本的 30%，即理论上，知识产权出资份额可达注册资本的 70%。而根据我国 2006 年颁布的《合伙企业法》第十六条和第六十四条的规定，普通合伙人、有限合伙人都可以用货币、实物、知识产权、土地使用权或者其他财产权利出资。2014 年 3 月 1 日起实施的修改后的《公司法》规定设立企业的知识产权出资比例不受限制，公司股东自行协商知识产权出资比例及时间，即知识产权出资比例最高可达 100%。

当前，商标出资面临的诸多风险，包括：

（1）出资标的物的商标未估价或者是估价后价值发生变动，商标价值因市场或者其他因素的变化而变化。

（2）因企业或其他出资人等认为商标出资人未履行出资义务而引发纠纷。

（3）出资人为该商标的无处分权人，实际商标权人请求认定出资行为无效。

（4）商标出资份额没有实际、完全到位等。最著名的案例当属"达能"与"娃哈哈"商标出资之争。

## 1.4.4　商标质押融资

商标质押融资是指具有品牌优势的企业用依法核准的商标专用权作质押物，从银行取得借款，并按约定的利率和期限偿还借款本息的一种新型的企业融资方式。据国家商标局登记信息统计，2014 年 12 月的全国商标专用权质权登记数量超过 1100 件，呈现大幅增长的趋势；在美国，商标专用权质押融资服务较为成熟，麦当劳和可口可乐都曾通过这种方式获取了资金支持；在意大利、法国等欧洲地区，类似的服装企业通过商标专用权质押的方式贷款更是占据了其所有贷款比例的 10% 以上。通过对商标专用权进行质押，获取银行等金融机构贷款，使得企业的无形资产转化为现金流，这无疑最大限度地解决了企业融资问题，减轻了企业的融资压力，支持了企业的扩大再生产。从更深层次来讲，无形资产的融资服务也会激发企业的自主创新意识，使得企业可以更大限度地做好品牌服务，不断地提升企业无形资产的价值。

商标质押融资应该重点关注的一些问题包括，商标价值的评估问题、评估机构的职业化及标准化问题、商标质押融资的风险及防范问题、商标质押融资的法律规范完善问题、商标质押融资的纠纷解决及赔偿机制问题等。

## 1.4.5  商标证券化

根据全球知名公司 Pullman Group（1997 年）的估计，全球知识产权总价值高达 1 万亿美元。随着知识产权相关产业在世界各国的经济中所占比重越来越大，以及知识产权商业化运作的加强，全球知识产权的总价值还将保持持续增长的势头，这就为知识产权证券化提供了丰富的基础资产，商标的证券化作为知识产权证券化的重要组成部分也在蓬勃发展之中。

1. 概念

商标证券化是指发起人把商标权未来产生的可以量化的现金流（包括已经约定的但在将来履行的许可使用费和预期可在未来产生的商标权许可收益）作为基础资产，转予特定目的机构，由这一机构利用合理的风险隔离和利益分配机制，将流动性较差的商标权收益转化成可以自由流通的证券，从而进行融资的过程。商标证券化作为一种融资工具，其设计合理的风险隔离制度、严谨顺畅的交易架构对知识产权证券化的成功运作至关重要，而特殊目的机构（Special Purpose Vehicle，SPV）正是实现破产隔离制度的载体，也是商标证券化交易结构的中心其组织形式的选择直接关系到破产隔离的效果以及证券的发行，进而影响预期的融资效果。

2. 商标证券化的实践

资产证券化兴起于金融创新频发的 20 世纪 70 年代的美国，发展初期仅适用于住房抵押贷款。20 世纪末到 21 世纪初的欧洲资产证券化发行总量增加很快，从 1996 年的 327 亿欧元增长到 2004 年的 2435 亿欧元。如今，资产证券化在许多国家都已具有相当规模，包括仍处于试点阶段的我国。最早的知识产权证券化案例是 1997 年鲍伊债券的发行。至今，知识产权证券化的基础资产已由最初的音乐版权扩展到了电子游戏、电影、休闲娱乐、主题公园、时装品牌、医药产品专利、半导体芯片等，甚至包括专利诉讼的胜诉金。其融资规模也在不断扩大，以商标证券化为例，美国 1999 年的 Bill Blass 案开启了商标证券化的先河，2003 年的 Guess Inc. 案、2005 年的 BCBG Max Azria 案是商标证券化走向成熟的标志。邓肯甜甜圈商标的发行金额高达 16 亿美元，多明诺披萨以其商标及加盟权利金进行证券化，发行金额高达 18.5 亿美元。

**3. 商标证券化的基本交易流程**

（1）商标的所有者（原始权益人、发起人）将知识产权未来一定期限的许可使用收费权转让给以资产证券化为唯一目的的特殊目的机构（简称 SPV）；

（2）SPV 聘请信用评级机构进行资产抵押债券（Asset - Backed Securities，ABS）发行之前的内部信用评级；

（3）SPV 根据内部信用评级的结果和知识产权的所有者的融资要求，采用相应的信用增级技术，提高 ABS 的信用级别；

（4）SPV 再次聘请信用评级机构进行发行信用评级；

（5）SPV 向投资者发行 ABS，将发行收入用于向知识产权的所有者支付知识产权未来许可使用收费权的购买价款；

（6）知识产权的所有者或其委托的服务人向知识产权的被许可方收取许可使用费，并将款项存入 SPV 指定的收款账户，由托管人负责管理；

（7）托管人按期对投资者还本付息，并对聘用的信用评级机构等中介机构付费。

**4. 我国商标证券化的法规及可行性途径**

我国于 2001 年颁布了《信托法》，为发展信托型 SPV 打开了大门。《信托法》的规定明确了信托财产的独立性，信托财产不影响委托人与受托人的其他财产，为知识产权证券化的风险隔离提供了法律保障。但资产证券化在我国尚处于试点阶段，相关立法规定级别较低，且以试行的规定为主。

2013 年 3 月 15 日，中国证券监督管理委员会公告〔2013〕16 号公布《证券公司资产证券化业务管理规定》，为我国具体实施知识产权证券化提供了法律依据。该规定对公司资产证券化的基础资产进行了内容上的扩展，包括财产与财产权利，如"企业应收款、信贷资产、信托受益权、基础设施收益权等财产权利，商业物业等不动产财产，以及中国证监会认可的其他财产或财产权利。"新规解决了知识产权证券化的合法性问题，而且证券可多途径公开转让交易的规定，对企业知识产权证券化的实施也是极大的激励和鼓舞。

商标证券化的四种可行性途径包括：

1）证券公司发行

由证券公司设立专项资产管理计划，作为特殊目的载体，以信托资产为基础资产，发行证券。我国目前的信托法律规定，信托财产尚限于知识产权本身，而能否及于知识产权收益权尚且存疑。而依照在先经验，知识产权收益权才是更为理想的证券化对象。

2）金融机构发行

依照银监会等关于信贷资产证券化的规定，金融机构可发行专项知识产权信贷资产支持证券。2012年，我国知识产权质押融资总金额达141亿元，同比增长56.7%。目前我国知识产权质押融资以短期信贷为主，如果银行进行知识产权信贷资产证券化，将有利于企业依托知识产权获得期限更长、额度更高的信贷。

3）公司公开发行债券

以知识产权收益为偿付支持发行公司债券在法律上是完全可行的。理论上，由企业成立特殊目的载体（比如公司）发行债券在我国法律环境下并无硬性障碍，只是须受"累计债券余额不超过公司净资产的40%""公司债券发行1年以上，可上市交易"等规定的影响。由于我国对公司债券发行同样实行审核制，主管机关的审核监管仍然是硬性的约束。但随着债券市场不断活跃，未来企业可在发行由知识产权收益支持的债券方面做更大胆的尝试。

4）私募证券

以知识产权为支持的私募证券发行，除可以依循证券公司管理模式外，新规也没有将普通模式的私募证券发行转让方式排除在外。企业定向私募发行知识产权支持证券未来应该成为可能，并且企业的基础资产将不限于信托财产，还可以是知识产权许可收益款。

# 第2章 商标注册申请

## 2.1 商标注册与注册商标

### 2.1.1 商标注册

商标注册，是指商标使用人将其使用的商标依照法律规定的条件和程序，向国家商标主管机关提出注册申请的行为。在我国，商标注册仅是申请人向国家商标主管机关提交注册申请的一种法律事实，并不代表其已获得国家商标主管机关的核准并获得注册商标专用权。

我国现行商标法实行的是自愿注册与强制注册的双重原则。除法律、行政法规规定必须使用注册商标的商品外，是否申请商标注册，则由商标使用人自己决定。

### 2.1.2 注册商标

根据《商标法》第三条第一款规定："经商标局核准注册的商标为注册商标，包括商品商标、服务商标、集体商标、证明商标；商标注册人享有商标专用权，受法律保护"。由此可见，注册商标是指商标使用人将其使用的商标依照法律规定的条件和程序，向商标局提出注册申请后，经国家商标主管机关核准注册的，才能成为注册商标。

商标注册人有权标明"注册商标"或者注册标记"®"。

### 2.1.3 未注册商标

未注册商标是指商标使用人未向国家商标主管机关提出注册申请，自行在商品或服务上使用的商标，包括文字、图形、字母、数字、三维标志、颜色组合或声音，以及上述要素的组合，以达到区别商品或服务的目的。未注册商标不享有商标专用权。使用的未注册商标不得在相同或类似商品和服务上与他人已注册商标相同或近似。但如果未注册商标使用在先且有一定影响，即使他人在相同或类似商品上注册了相同或近似商标，也不影响未注册商标在原有范围内的使用。

在大多数国家，单纯的使用不产生任何权利。但在有些国家，例如美国，使用是保护的前提，注册只是便于举证。对于经过使用已经产生一定声誉的商标，有些国家也给予一定程度的保护。如果是驰名商标或是著名商标，即使是未注册商标也可以获得保护。在我国，就相同或者类似商品申请注册的商标是复制、摹仿或者翻译他人未在中国注册的驰名商标，容易导致混淆的，不予注册并禁止使用。因此，未注册商标也享有一定的法律保护。

根据我国相关法律、行政法规规定，除了烟草制品必须使用注册商标外，其他商品既可以使用注册商标，也可以使用未注册商标。

## 2.1.4  注册商标与未注册商标的法律地位

注册商标与未注册商标的法律地位是不同的，主要表现在以下几个方面：

（1）注册商标所有人可以排除他人在同一种商品或类似商品上注册相同或近似的商标；而未注册商标使用人则无权排除他人在同一种商品或类似商品上注册相同或近似的商标，若其不申请注册，就可能被他人抢先注册，并被禁止继续使用该商标，除非其未注册商标属在先使用并有一定影响且在原有范围内使用的。

（2）注册商标所有人享有商标专用权，当注册商标被他人假冒使用、构成商标侵权时，商标注册人可以请求未经授权的使用人承担法律责任；而未注册商标使用人对未注册商标的使用只是一种事实，而非一种权利，其无权禁止他人使用，先使用人无权对第三人的使用援引商标法请求法律保护。

（3）在核定使用的商品上使用核准注册的商标，是商标所有人的权利，商标权人行使这些权利，不涉及他人商标专用权的问题；而未注册商标的使用一旦造成与他人的注册商标相混同的，就容易构成商标侵权，并承担相应的法律责任。

## 2.1.5  未注册商标对企业经营的影响

虽然我国商标法在商标注册上主要实行的是自愿注册原则，但作为经营实体的企业应当具有品牌运营的前瞻性。商标作为品牌的基本载体，企业应当将其使用的商标申请注册。在市场经济条件下，企业要在竞争中取胜，要有持久发展的后劲，就必须有自己的品牌或"名牌"。如果企业仅使用未注册商标，没有注册商标，那么创造品牌或"名牌"就无从谈起，对企业经营的影响主要影响有以下几点：

（1）商标使用人对该商标不享有商标专用权。即你使用的某个商标，他人也可以使用这个商标，这就使商标区分商品或服务来源的基本作用受到了影响，也导致商标代表一定商品或服务质量和信誉的作用大打折扣。

（2）一旦他人将该商标抢先注册，该商标的最先使用人反而不能再使用该商标，即使在特定情形下可以继续使用，其使用也会受到极大的限制。根据我国《商标法》，商标专用权的原始取得只有通过商标注册取得，而申请商标注册，采用申请在先原则，即对一个未注册商标来讲，谁先申请注册，该商标的专用权就授予谁。因此，如果企业自己没有将其使用的商标进行注册，又不是公众熟知的，第三人若先将该商标申请注册，商标专用权就可能会授予申请注册该商标的第三人。

（3）有可能与使用在相同或类似商品上的已注册商标相同或者近似，从而发生可能的侵权行为。我国已经成为名副其实的商标大国，截至 2014 年底，我国商标累计申请量已达 1552.7 万件，累计注册量已达 1002.7 万件，有效注册商标已达 839 万件，连续 12 年居世界第一。据商标局统计，目前商标注册申请的驳回率几乎达到了 80%。这就是说，使用未注册商标，该商标与使用在相同或类似商品上的注册商标相同或者近似的概率为 80%。换句话说，使用未注册商标，就有 80% 的侵权可能性。因为我国《商标法》第五十七条规定，未经注册商标所有人的许可，在同一种或者类似商品上使用与其注册商标相同或者近似的商标，即属侵犯注册商标专用权的行为。对于侵权行为，由侵权人承担相应的法律后果。

（4）不能形成有效的知识产权，因而也不能成为使用人的无形资产。企业使用的商标如果是未注册商标，由于不享有商标专用权，且可能出现权属不确定甚至是侵犯他人权利的情形，不属于受到法律保护的知识产权，因此也不能成为使用人的无形资产。

## 2.1.6　未注册商标的法律保护

在商标领域内，我国法律主要保护的是注册商标专用权，但对于符合特定条件的未注册商标，法律也依据其知名程度不同，给予不同限度的保护，主要体现在禁止他人注册，对已注册商标申请撤销，或禁止他人未经许可使用。

1. 未注册商标法律保护的前提

未注册商标要获得法律意义上的保护，必须满足一定的前提条件，具体要求如下：

1）不得违反法律的强制性规定

《商标法》第六条对商标强制注册制度作了明确的规定："法律、行政法规规定必须使用注册商标的商品，必须申请注册商标，未经核准注册的，不得在市场销售。"如烟草、医疗等行业依据法律法规规定，必须申请商标注册，未经核准，不得在市场使用。此外，《商标法》第十条对于有欺骗性，容易使公众对商品的质量等特点或者产地产生误认的，或有害于社会主义道德风尚或者有其他不良影响等情形的，不得作为商标注册和使用。

2）必须先于冲突权利使用

未注册商标只有先于冲突权利在中国国内作为未注册商标使用的，才具有《商标法》或《反不正当竞争法》上的对抗效力及获得法律范围内的保护。反之，未注册商标如后于冲突权利的使用，不论多高的知名度，均无法获得法律的保护，不具有法律意义上的对抗效力。例如，在"微信"商标争议案中，腾讯公司未注册的"微信"商标因晚于创博亚太公司的商标，所以不能作为在先权利对抗创博亚太公司的在先商标注册。

3）必须满足商标法意义上的使用情形

商标法意义的使用，是指商标的商业使用。包括将商标用于商品、商品包装或者容器以及商品交易文书上，或者将商标用于广告宣传、展览以及其他商业活动中。主要包括以下几层含义：①使用的目的是"用于识别商品来源"；②使用的表现形式包括用于商品、商品包装或者容器以及商品交易文书上，或者将商标用于广告宣传、展览以及其他商业活动中；③使用的地域范围必须是在中国国内使用。

4）必须满足知名度要件

知名度要件是指未注册商标在中国范围内已经使用并为一定地域范围内相关公众所知晓程度。知名度直接决定了未注册商标保护的可能性、强度和范围。知名度越高，获得的保护力度越强，而当未注册商标的知名程度达到驰名的标准时，即可获得商标法意义上注册商标的对抗效力。

2. 我国目前相关法律对未注册商标的保护

1）《商标法》

第十三条第二款："就相同或者类似商品申请注册的商标是复制、摹仿或者翻译他人未在中国注册的驰名商标，容易导致混淆的，不予注册并禁止使用。"事实上，商标局和商标评审委员会已依据该条款对未注册商标作出驰名商标认定保护，如未注册商标"中化""惠尔康"及"小肥羊"等均被给予驰名商标保护。

第三十二条："申请注册商标不得损害他人现有的在先权利，不得以不正当手段抢先注册他人已经使用并具有一定影响的商标。"《商标法》设置该条规定，目的是对恶意抢注他人已经使用并享有一定知名度的未注册商标进行保护，在制止抢注方面起到了很大的作用。

第十五条："未经授权，代理人或者代表人以自己的名义将被代理人或者被代表人的商标进行注册，被代理人或者被代表人提出异议的，不予注册并禁止使用。

就同一种商品或者类似商品申请注册的商标与他人在先使用的未注册商标相同或近似，申请人与该他人具有前款规定以外的合同、业务往来关系或者其他关系而明知该他人商标存在，该他人提出异议的，不予注册。"

该条是对商业活动中的合作一方利用自身的便利，违反诚实信用原则，将另一方未注册商标进行恶意抢注的法律规制。对未注册商标的知名度没有要求，不管该未注册商标有无知名度或知名度高低程度，只要是违反该条之规定，被代理人或被代表人均可依此条寻求保护。

第四十四条第一款："已经注册的商标……是以欺骗或者其他不正当手段取得注册的，由商标局宣告该注册商标无效；其他单位或个人可以请求商标评审委员会宣告该注册商标无效。"该条是对违反诚实信用原则，通过欺骗或者其他不正当手段对他人未注册商标取得注册的事后纠正的程序性规定。尽管商标注册人已经通过欺骗或者其他不正当手段对他人未注册商标取得注册，但未注册商标持有人仍可通过该条规定的相关程序主张相应的法律保护。

第五十八条规定："将他人注册商标、未注册的驰名商标作为企业名称中的字号使用，误导公众，构成不正当竞争行为的，依照《中华人民共和国反不正当竞争法》处理。"

该条是新《商标法》中新增的条款，解决的是未注册商标、驰名商标与企业字号的关系，明确规定以反不正当竞争法来解决企业字号与商标权利的冲突。将他人未注册的驰名商标登记为企业字号，属于典型的"搭便车""傍名牌"行为，这类行为本质上属于不正当竞争行为，违背了"经营者在市场交易中，应当遵循自愿、平等、公平、诚实信用的原则，遵守公认的商业道德"的法律义务。

2）《反不正当竞争法》

我国的《反不正当竞争法》虽没有关于保护未注册商标的明确规定，但一些条款也体现了对未注册商标的保护，主要有：

第五条第二项："经营者不得……擅自使用知名商品特有的名称、包装、装潢，或者使用与知名商品近似的名称、包装、装潢，造成和他人的知名商品相混淆，使购买者误认为是该知名商品。"

由于名称、包装和装潢都是可视性的标志，可以作为商标的元素，而且"特有"意味着这些名称、包装和装潢具有区别性，所以一般认为，这里的"知名商品的特有名称、包装、装潢"指的主要就是未注册商标。

第二条："经营者在市场交易中，应当遵循自愿、平等、公平、诚实信用的原则，遵守公认的商业道德。"

3）《民法通则》

作为调整民事法律关系的一般法，《民法通则》并未直接就未注册商标的保护作出具体规定。但是《民法通则》所确立的一些基本原则，为保护未注册商标提供了基本的精神和理论基础，对今后进一步完善未注册商标的法律保护也具有重要的指导意义。这些基本原则主要有：

第四条："民事活动应当遵循自愿、平等、等价有偿、诚实信用的原则。"

第五条："公民、法人的合法的民事权益受到法律的保护，任何组织和个人不得侵犯。"

## 2.2 商标注册主管机关

我国《商标法》第二条规定，"国务院工商行政管理部门商标局主管全国商标注册和管理的工作。国务院工商行政管理部门设立商标评审委员会，负责处理商标争议事宜。"即法律规定了国家工商行政管理总局商标局（简称"商标局"）为商标注册和管理机构，国家工商行政管理总局商标评审委员会（简称"商标评审委员会"）为商标争议处理机构。商标局和商标评审委员会分别主管商标注册、管理和商标争议处理。

商标局的主要职责是：承担商标注册与管理等行政职能，具体负责全国商标注册和管理工作，依法保护商标专用权和查处商标侵权行为，处理商标争议事宜，加强驰名商标的认定和保护工作，负责特殊标志、官方标志的登记、备案和保护，研究分析并依法发布商标注册信息，为政府决策和社会公众提供信息服务，实施商标战略等工作，承办国家工商总局交办的其他事项。

根据上述职责，商标局设置综合处、申请受理处、审查一处、审查二处、审查三处、审查四处、审查五处、审查六处、审查七处、审查八处、地理标志审查处、国际注册处、异议形审处、异议裁定一处、异议裁定二处、异议裁定三处、异议裁定四处、商标信息档案管理处、变更续展处、法律事务处、商标监督管理处、商标审查质量管理处、计算机系统管理处、驻中关村国家自主创新示范区办事处等 24 个职能处。

任何单位或个人要在中华人民共和国大陆地区对其使用或准备使用的商标获得商标专用权的，都必须向商标局提出商标注册申请，商标局依职权对其申请进行审查。

商标局的审查包括形式审查和实质审查。经审查符合要求后，商标局对该商标予以初步审定并公告。公告期三个月，依据异议理由的不同，在先权利人、利害关系人或任何人均可以在公告期间内提出异议。无异议或异议不成立，商标局对该商标准予注册并颁发商标注册证。商标注册证是商标获准注册的证明。自商标被核准注册之日起，该商标即成为中华人民共和国的注册商标，商标的注册申请人即成为注册商标的注册人或称所有人。注册商标的注册人对该注册商标享有专用权，又称注册商标的专用权人。

商标评审委员会是国家工商行政管理总局下设的与商标局平行的商标争议处理机关。负责处理商标争议事宜，并依法作出裁决。主要职责是：对商标局驳回的商标申请，应当事人请求进行复审；对商标局作出的异议裁定、商标撤销裁定，应当事人请求进行复审；对当事人提出的商标争议申请进行审理；依法认定驰名商标；依法参加商标评审案件的行政诉讼；完成领导交办的其他工作。根据上述职责，商标评审委员会设置8个职能处：综合处、案件受理处、案件审理一处、案件审理二处、案件审理三处、案件审理四处、案件审理五处、案件审理六处。事实上，商标评审委员会行使的主要是对商标局的监督职权。对商标局作出驳回或部分驳回商标注册申请、商标异议裁定、撤销注册商标的决定、宣告商标注册无效的决定、撤销连续三年停止使用的注册商标的决定等，相关当事人均可向商标评审委员会提出撤销或变更商标局决定的评审请求。商标评审委员会依职权并根据法律和事实，作出维持、撤销或变更商标局决定的裁定。该裁定一旦生效，商标局必须执行。对于已经注册的商标有争议的，相关当事人也可以直接向商标评审委员会提出商标争议的裁定申请。

## 2.3　商标代理与商标代理机构

商标代理是指接受委托人的委托，以委托人的名义办理商标注册申请、商标评审或者其他商标事宜的行为。商标代理机构包括在工商行政管理部门登记从事商标代理业务的服务机构和从事商标代理业务的律师事务所。

商标代理机构应当依法设立，需要从事商标局、商标评审委员会主管的商标工作代理业务的，应当向商标局备案。已经备案的商标代理机构，可以在国家工商行政管理总局商标局网站的商标代理栏目查询，这是验证商标代理机构的重要途径。

根据《商标法》第十八条的规定，我国商标注册申请人申请商标注册或者办理其他商标事宜，可以自行办理，也可以委托商标代理机构办理。外国人或者外国企业在中国申请商标注册和办理其他商标事宜的，应当委托商标代理机构办理。一些商标代理机构为推广业务、方便客户，还开发了自己的APP应用软件。需要委托商标代理人的注册申请人，可以通过APP实现与商标代理机构的对接，如"八戒知识产权（手机猪八戒）""权大师"等，如图2-1~图2-6所示。

图2-1 "八戒知识产权"界面之一

图2-2 "八戒知识产权"界面之二

图2-3 "八戒知识产权"界面之三

图2-4 "八戒知识产权"界面之四

图 2 - 5　"权大师"界面之一　　图 2 - 6　"权大师"界面之二

商标代理机构应当遵循诚实信用原则，依法按照被代理人的委托办理商标注册申请或其他商标事宜，并负有保密义务。商标代理机构的从业人员不得以个人名义自行接受委托。

自 2003 年起，我国放开商标代理准入制度，商标代理机构呈现蓬勃发展趋势，至 2013 年 6 月，我国商标代理机构数量增长了 20 倍，由商标代理机构代理的商标注册申请量超过总申请量的 90% 以上，为商家和企业的知识产权观念的普及、提升起到了良好的促进作用。但整个商标代理行业的服务却不尽如人意，特别是从事低端业务的代理机构的数量远远超出市场需求，从业人员素质参差不齐、同行之间恶性竞争，导致出具虚假法律文件、欺诈委托人钱财、恶意抢注等现象屡屡发生。①

---

① 张晓松：《我国商标代理机构数量自 2003 年以来增长 20 倍》，国家知识产权局，2013 年 6 月 18 日。

## 2.4 商标注册主体

《商标法》第四条规定，"自然人、法人或者其他组织在生产经营活动中，对其商品或者服务需要取得商标专用权的，应当向商标局申请商标注册。本法有关商品商标的规定，适用于服务商标。"由此可见，我国能够申请商品商标和服务商标的是自然人、法人以及其他组织。这既包括中国的自然人、法人和其他组织，也包括外国自然人和外国企业。

### 2.4.1 商标注册的主体资格

1. 申请商品商标和服务商标的主体资格

根据我国《商标法》的规定，我国能够申请商品商标和服务商标的是自然人、法人以及其他组织。这里的自然人是指具有民事权利能力和民事行为能力的个人，包括中国人、外国人（港澳台自然人参照办理）和无国籍人。但是，国内自然人并非包括所有的自然人，申请注册商标时，需要同时提供《个体工商户营业执照》复印件或农村土地承包经营合同复印件，并且商标注册申请指定的商品和服务范围，应与其在营业执照或有关登记文件核准的经营范围一致，或者与其自营的农副产品一致。

法人是指具有民事权利能力和民事行为能力，依法独立享有民事权利和承担民事义务的组织。包括中国法人和外国法人（港澳台法人参照办理）。

其他组织是指合法成立，有一定的组织机构和财产，但又不具有法人资格的组织，这类组织必须具备下列条件：①依法成立，即必须是依照法律规定的程序和条件成立，法律认可的组织；②具有一定的组织机构，即有能够保证该组织正常活动的机构；③具有一定的财产，即必须具有能够单独支配的、与其规模和活动的内容和范围相适应的财产；④不具有法人资格，例如事业单位、政府机关、村民委员会、非正规劳动就业组织、工会组织、宗教组织等。

上述的法人包括依法成立的企业法人、事业单位法人和社会团体法人，而不包括机关法人。因为机关法人的主要职责是行政管理，除行政合同外，法律不允许其从事经营性的民商事活动，因此行政机关法人没有独立从事与其职能无关的民商事活动的行为能力，也就不可以作为现实的商标权人行使商标的专用权。

2. 申请集体商标和证明商标的主体资格

1）申请集体商标的主体资格范围和条件

集体商标注册申请的主体资格应当符合《商标法》第三条的"以团体、协会或者其他组织名义注册，供该组织成员在商事活动中使用，以表明使用者在该组织中的成员资格的标志"的规定，即申请集体商标的主体应当是具有主体资格的，以团体、协会或者其他组织为表现形式的集体组织，而不能由单个自然人、法人或者其他组织注册。因此，办理集体商标注册申请时，除提交按照规定填写打印的《商标注册申请书》并加盖申请人公章、商标图样、身份证明文件复印件（经申请人盖章确认）、经办人身份证复印件、委托代理的提供商标代理委托书外，还应当提交集体商标使用管理规则、集体成员名单等。提交申请的具体要求，可以查看"中国商标网——商标申请——申请指南"栏目。

2）申请证明商标的主体资格范围和条件

证明商标注册申请的主体资格应当符合《商标法》第三条规定的"对某种商品或者服务具有监控能力的组织"，即申请证明商标的注册申请人应当是对某种商品或服务的特定品质具有控制、检测和监督能力的组织。该组织必须具备以下条件：①必须是依法登记成立的；②必须有当地工商行政管理部门出具的申请人主体资格证明，并应当详细说明其所具有的或者其委托的机构具有的专业技术人员、专业检测设备等情况，以表明其具有监督该证明商标所证明的特定商品品质的能力；③以地理标志作为证明商标申请注册的，还应当附送管辖该地理标志所标示地区的人民政府或者行业主管部门的批准文件；④必须制定所申请证明商标的使用管理规则。

地理标志，是指标示某商品来源于某地区，该商品的特定质量、信誉或者其他特征，主要由该地区的自然因素或者人文因素所决定的标志。地理标志，可以依照《商标法》和《商标法实施条例》的规定，作为证明商标或者集体商标申请注册。

地理标志如：安徽太平猴魁、北京京西白蜜、新疆若羌红枣、广东德庆贡柑、山东大泽山葡萄等。以地理标志申请注册为证明商标或者集体商标的，除具备前述证明条件外，还应当在申请书件中说明下列内容并提供相应证明材料：①该地理标志所标示的商品的特定质量、信誉或者其他特征；②该商品的特定质量、信誉或者其他特征与该地理标志所标示地区的自然因素和人文因素的关系；③该地理标志所标示的地区范围。

## 2.4.2 外国人在中国申请注册商标

《商标法》第十七条规定，"外国人或者外国企业在中国申请商标注册的，应当按其所属国和中华人民共和国签订的协议或者共同参加的国际条约办理，或者按对等原则办理。"

国外自然人申请注册商标时，应提交护照复印件及公安部门颁发的、在有效期（一年以上）内的《外国人永久居留证》《外国人居留许可》或《外国人居留证》。

国外的法人或其他组织申请注册商标的，应当提交所属地区或国家的登记证件复印件，并提供相应的中文译文。

## 2.5 商标构成要素与注册实质条件

## 2.5.1 商标的构成要素

商标构成要素又称商标权的客体及客体的成分，一般包括文字、图形、字母、数字、三维标志、颜色、听觉、嗅觉、味觉及触觉能感知的标志。随着现代社会的发展和计算机软件的更新换代，商标的构成要素有逐渐扩大的趋势。

《商标法》第七条规定，"任何能够将自然人、法人或者其他组织的商品与他人的商品区别开的标志，包括文字、图形、字母、数字、三维标志、颜色组合和声音等，以及上述要素的组合，均可以作为商标申请注册"。由此可知，商标构成要素为文字、图形、字母、数字、三维标志、颜色组合和声音等，以及上述要素的组合。其中"声音"是在 2013 年商标法修订时新加入的构成要素，这也是 2013 年商标法修订的一大亮点，突破了商标可视性的要求。

在我国的商标法实践中，小霸王游戏机采用的著名播音员李扬所说的"哈哈小霸王其乐无穷"的声音作为商标开创了中国声音商标的先河。目前，已注册的声音商标包括英特尔的"Intel Inside"、诺基亚之歌、苹果麦金塔电脑的开机声音、米高梅公司"狮子吼"、中国国际广播电台"开始曲"、苹果手机铃声、腾讯 QQ 消息提示音等。

## 2.5.2 商标注册的实质条件

商标注册应当具备《商标法》及《商标法实施条例》所规定的实质条件和形式条件。商标注册的实质条件是指注册的商标本身应当具备的实质性特征，如商标应当具备合法性、显著性等；商标注册的形式条件是指商标注册申请应当具备的形式特征，如商标注册必须提交法定申请文件、缴纳费用等。

商标注册的实质条件具体包括合法性、显著性、非功能性和在先性条件等。

**1. 商标注册的合法性条件**

商标注册的合法性条件指的是要符合《商标法》及《商标法实施条例》的规定，也就是不得违反商标法及相关法律法规的强制性规定。合法性是一个标记注册成为商标的首要条件，商标不具有合法性是一个无法弥补的严重缺陷，即使"侥幸"成功注册，也可以通过后续程序将该商标注册宣告无效。

商标注册的合法性要求所注册的商标符合法定的构成要素、不得违反《商标法》规定的禁用条款、不得以欺骗手段或者其他不正当手段取得商标注册。

1）符合法定的构成要素

《商标法》第七条规定，"任何能够将自然人、法人或者其他组织的商品与他人的商品区别开的标志，包括文字、图形、字母、数字、三维标志、颜色组合和声音等，以及上述要素的组合，均可以作为商标申请注册"。即文字、图形、字母、数字、三维标志、颜色组合和声音等，以及上述要素的组合均可注册成为商标。

根据上述规定，我国允许商标注册的构成要素不包含单一颜色，也就是说，单一颜色不能作为商标注册，因为单一颜色无法达到区分和识别商品或服务的目的。而颜色组合应当是两种或者两种以上的颜色按照一定的方式组合而成的商标。

同样，根据上述规定，我国尚不允许"嗅觉""味觉"和"触觉"等要素成为注册商标的构成要素，包含"嗅觉""味觉"和"触觉"之类构成要素的标识也不能注册成为商标。但基于商标是区分商品或服务来源的基本特征，随着社会需求的不断增加、经济的快速发展与法律体制的日益完善，将来有可能逐步开放包含"嗅觉""味觉"或"触觉"构成要素的商标注册。

2）不得与《商标法》的禁用条款相冲突

根据《商标法》第十条的规定，有九类标志不得作为商标使用，同时也不得作为商标注册，这九类标志具体内容详见第 3 章 3.2.2 节。

实质审查中的具体标准参见本书第三章相关内容。

3）不得以不正当手段取得商标注册

《商标法》第四十四条规定，"以欺骗手段或者其他不正当手段取得注册的，由商标局宣告该注册商标无效"，该条款涵盖了一个较宽的无效范围，使以通过欺骗手段或者其他不正当手段取得商标注册的可能性进一步降低。整体分析《商标法》不难得出，以欺骗手段或者其他不正当手段获得商标注册的行为主要包括：

（1）《商标法》第十三条第二款、第三款规定的"就相同或者类似商品申请注册的商标是复制、摹仿或者翻译他人未在中国注册的驰名商标""就不相同或者不相类似商品申请注册的商标是复制、摹仿或者翻译他人已经在中国注册的驰名商标，误导公众，致使该驰名商标注册人的利益可能受到损害"的行为；

（2）《商标法》第十五条第一款规定的"未经授权，代理人或者代表人以自己的名义将被代理人或者被代表人的商标进行注册"的行为；

（3）《商标法》第十五条第二款规定的"就同一种商品或者类似商品申请注册的商标与他人在先使用的未注册商标相同或者近似，申请人与该他人具有前款规定以外的合同、业务往来关系或者其他关系而明知该他人商标存在"的行为；

（4）《商标法》第三十二条规定的"损害他人现有的在先权利""以不正当手段抢先注册他人已经使用并有一定影响的商标"的行为。

2. 商标注册的显著性条件

商标的基本功能在于识别和区分商品或服务来源，因此商标的显著性又称商标的识别性或区别性。区别性是实现商标基本功能的基本属性和必要属性。商标的区别性，主要在于其自身构成要素的显著性。商标的显著性是商标注册的核心要件和商标保护的主要对象，也是商标权直接保护的对象。因此，显著性是商标获得注册的基础和前提，是商标获得注册的关键性实质条件。

1）商标显著性的法律规定

在我国的《商标法》中，对商标显著性的规定主要体现在第八条、第九条和第十一条。其中，《商标法》第八条"任何能够将自然人、法人或者其他组织的商品与他人的商品区别开的标志"、第九条"申请注册的商标，应当有显著特征，便于识别"是从正面规定商标应当具有显著性，第十一条是从反面以排除的方式将一些缺乏显著特征的商标不能作为商标注册的限制性规定。第八条是从商标的基本功能角度强调商标显著性对商品或者服务的区别作用，第九条是从商标标识便于识别角度强调商标应当具有显著性，而第十一条以列举方式将"仅有本商品的通用名称、图形、型号或者仅直接表示商品的质量、主要原料、功能、用途、重量及其他特点"等原则上不具有显著性特征的标志予以限制注册。以上三个法律条款相辅相成，构建了商标应当具有显著性的法律体系。

2）商标显著性的分类

依据商标显著性产生的原因，可以将商标显著性分为固有显著性和获得显著性，相对应的，商标可以划分为固有显著性商标和获得显著性商标。若按显著性强弱区别，则固有显著性又俗称"强商标"，获得显著性商标又俗称"弱商标"。

商标固有显著性，是指商标本身所具有的标识和区别作用，相关消费者很容易就能将该商品或者服务区别于其他同类商品或者服务。商标固有显著性最主要是因为该商标具有独特的设计，且具有前所未有的特点。这类商标的组成要素不是描述商标使用的商品或者服务的特点，而是引用与商品或者服务无关的具有特殊含义的事物。商标文字或者图形的创新性设计，使商标天然地具有较强的显著性，所以商标构成要素的选择对商标固有显著性有重要影响。

商标获得显著性，是指如果商标本身不具有较强的显著性，但经过长期使用使该商标具有了本身含义以外的"第二含义"，产生了识别商品或者服务的能力，则该商标同样满足了商标的基本属性或功能，可以获得法律上的保护，如"五粮液"白酒、"两面针"牙膏和"青岛"啤酒等都属于获得显著性商标。

获得显著性规则在我国《商标法》中主要体现在第十一条，明确规定了通用名称、叙述性标志以及其他缺乏显著性的标志，如果通过使用取得了显著性，并便于识别的，此时该类标志产生"第二含义"，可以作为商标注册。

而实际上，固有显著性与获得显著性是相对的概念。没有天生的商标，任何标志都只有经历了商标使用（即获得显著性）的过程才成为真正的商标。因此，对商标的强度起决定作用的是获得显著性，而最终决定获得显著性强弱的是市场和消费者。

按照显著性强弱划分，固有显著性又可分为臆造性商标、任意性商标和暗示性商标。其中，臆造性商标是由设计者随意编造出来的、构成要素没有任何含义的商标。如"Exxon"（艾克森美孚公司的商标）、"海尔 Haier（海尔冰箱）"、"柯达 KODAK（胶卷）"等本身没有描述任何事物，也没有任何含义的商标。任意性商标是由常用词汇构成，构成商标的单词或者单词组合在词典上有固定含义，但与其指定的商品或者服务无关的商标。如"Yahoo!"（雅虎公司商标，该词含义为人形兽）使用在"互联网搜索引擎"上，"Black & White"（黑与白）使用在"酒精饮料""餐饮服务"上，"苹果"使用在电脑、手机等设备上。暗示性商标是指，对使用商品的性质或者质量具有影射或者暗示作用的商标。如"Rain Dance"使用在"汽车蜡"产品上暗示了"蜡将使雨水远离汽车的功能""健力宝"使用在"饮料"上具有明显的暗示作用。

3）商标显著性的判断

商标显著性的判断应当综合考虑构成商标的标志本身（含义、呼叫和外观构成等）、商标指定使用商品、商标指定使用商品的相关公众的认知习惯、商标指定使用商品所属行业的实际使用情况等因素。有关判断标准参见本书第 3 章相关内容。

**3. 商标注册的在先性条件**

申请注册的商标应当具有在先性，这一规定体现在《商标法》第九条的"不得与他人在先取得的合法权利相冲突"、第三十一条的"两个或者两个以上的商标注册申请人，在同一种商品或者类似商品上，以相同或者近似的商标申请注册的，初步审定并公告申请在先的商标；同一天申请的，初步审定并公告使用在先的商标，驳回其他人的申请，不予公告"以及第三十二条的"申请商标注册不得损害他人现有的在先权利"的规定上。以上三种不同的表述实质上都是要求申请注册的商标应当具有在先性，才能准予注册，这也是商标注册成功及有效的必要条件。

与商标权有关的在先权利包括但不限于在先注册商标权、驰名商标权、商号权、地理标志权、著作权、外观设计专利权、姓名权、肖像权、装潢权等。

（1）商号权：将与他人在先登记、使用并具有一定知名度的商号相同或者基本相同的文字申请注册为商标，容易导致相关公众混淆，致使在先商号权人的利益可能受到损害的，应当认定为对他人在先商号权的侵犯，争议商标应当不予核准注册或者宣告注册商标无效。

（2）著作权：未经著作权人的许可，将他人享有著作权的作品申请注册商标，应认定为对他人在先著作权的侵犯，争议商标应当不予核准注册或者宣告注册商标无效。

（3）外观设计专利权：未经授权，在相同或者类似商品上，将他人享有专利权的外观设计申请注册商标的，应当认定为对他人在先外观设计专利权的侵犯，争议商标应当不予核准注册或者宣告注册商标无效。

（4）姓名权：未经许可，将他人的姓名申请注册商标，给他人姓名权造成或者可能造成损害的，争议商标应当不予核准注册或者宣告注册商标无效。

（5）肖像权：未经许可，将他人的肖像申请注册商标，给他人肖像权造成或者可能造成损害的，争议商标应当不予核准注册或者宣告注册商标无效。

4. 声音商标申请注册的条件

声音商标是指由足以区别商品或服务来源的声音本身构成的商标。我国新修改的《商标法》正式将声音商标纳入到申请注册的范围，标志着声音商标正式进入我们的生活。《商标法》第八条规定：任何能够将自然人、法人或者其他组织的商品与他人的商品区分开的标志，包括文字、图形、字母、数字、三维标志、颜色组合和声音等，以及上述要素的组合，均可以作为商标申请注册。

申请注册声音商标需遵循一定的程序要求。《商标法实施条例》第十三条规定："以声音标志申请商标注册的，应当在申请书中予以声明，提交符合要求的声音样本，对申请注册的声音商标进行描述，说明商标的使用方式。对声音商标进行描述，应当以五线谱或者简谱对申请用作商标的声音加以描述并附加文字说明；无法以五线谱或者简谱描述的，应当以文字加以描述；商标描述与声音样本应当一致。"因此，申请注册声音商标应当符合以下申请注册的形式要件：①应当在申请书中予以声明；②说明商标的使用方式；③提交符合要求的声音样本。根据商标局的规定，这种样本应当是光盘形式，音频文件不得超过5MB，格式为wav或mp3。如通过纸质方式提交，声音样本的音频文件应当储存在只读光盘中；④对声音商标进行描述，如果声音是音乐性质的，这种描述可以采用五线谱或者简谱的方式，还要求附加文字说明；如果声音是非音乐性质的，无法以五线谱或者简谱描述，则要求必须以文字加以描述；⑤商标描述与声音样本应当一致。

自2014年5月1日新《商标法》实施后，中国国际广播电台在国家工商行政管理总局商标注册大厅成功提交了中国国际广播电台"开始曲"的声音商标申请。据悉，这也是新商标法实施后，国家工商总局接到的中国首例声音商标申请（见下图一）。

图一：

该声音商标是中国国际广播电台广播节目的开始曲，全长40秒，共18小节，四分之二拍慢板节奏，G大调和C大调交替转换。前四小节为整段声音商标前奏部分，曲调为G大调；中间11小节为整段声音商标主题部分，曲调为C大调，其中第十二、十三小节播音员报出"中国国际广播电台"的呼号后音乐延续两小节，主题部分结束；最后三小节钢片琴再次奏响主题音乐，转调回G大调，该声音商标结束。

该声音商标申请人为中国国际广播电台，商标申请号为14503615，申请形式为一标多类，其中包括35类、38类、41类、42类，服务项目涵盖了35类的广告宣传，38类的电视、广播播放，41类的培训、组织表演以及42类的计算机软件设计等。

根据中国商标网最新状态显示，该声音商标只在38类被核准了全部服务项目，并于2016年2月13日予以初步审定公告（见下图二）；在41类部分服务项目上予以初步审定公告，其余部分服务项目驳回；另外35类、42类上的申请被全部驳回，驳回理由为：商标缺乏显著性。目前被驳回的商标正在驳回复审中。

图二：

| 注册/申请号 | 14503615 | 国际分类号 | 38 | 申请日期 | 2014年05月04日 |
|---|---|---|---|---|---|
| 申请人名称(中文) | 中国国际广播电台 | | | 申请人地址(中文) | 北京市石景山区石景山路甲16号 |
| 申请人名称(英文) | | | | 申请人地址(英文) | |

商标图像 —— 点击图片查看原图

商品/服务列表：电视播放；新闻社；通讯社；无线广播；有线电视播放；无线电广播；提供与全球计算机网络的电讯连接服务；信息传送；语音邮件服务；电信信息；查看详细信息…

类似群：3801 3802

| 初审公告期号 | 1491 | 注册公告期号 | |
|---|---|---|---|
| 初审公告日期 | 2016年02月13日 | 注册公告日期 | |
| 专用期限 | | | |
| 后期指定日期 | | 国际注册日期 | |
| 优先权日期 | | 代理人名称 | |
| 颜色组合 | 否 | 商标类型 | 一般 |
| 是否共有商标 | 否 | | |
| 是否声音商标 | 是 | 点击播放 | |

另外一个案例，第 14502522 号声音商标（见下页图三），申请人为腾讯科技（深圳）有限公司，申请类别为 38 类。该声音商标是常用即时通信软件 QQ 中好友登录的"咚咚咚"敲门声，凡是 QQ 用户都是耳熟能详的。据悉，该商标已于 2015 年 9 月被驳回，驳回理由为"缺乏显著性，不具备商标的可识别作用。"目前，该商标正在驳回复审中。

前面两个案例中驳回声音商标注册申请的理由均为"缺乏显著性"。可见，申请注册的声音商标应当具备一般商标注册的实质条件，不是任何一种声音都可以注册成商标。

首先，声音应当具有显著性、独特性，不具有显著性的声音一般不能注册成商标，比如普通的鸟鸣、喇叭声不能注册成商标，特别刺耳、带有恐怖色彩的声音不能注册成商标。具体包含以下几个方面：

图三：

| 注册/申请号 | 14502522 | | 国际分类号 | 38 | | 申请日期 | 2014年05月04日 |
|---|---|---|---|---|---|---|---|
| 申请人名称(中文) | 腾讯科技（深圳）有限公司 | | 申请人地址(中文) | | | 广东省深圳市福田区赛格科技园2栋东403号 | |
| 申请人名称(英文) | | | 申请人地址(英文) | | | | |
| 商标图像 | 点击图片查看原图<br>本件声音商标是由三声较为低沉短促、类似敲门的"咚咚咚"（dong-dong-dong）声音构成。声音商标样本光盘后附，同时附上该声音商标光谱、频谱及波形图供官方审查。 | | 商品/服务列表 | 电视播放；新闻社；信息传送；电子邮件；电话会议服务；提供在线论坛；计算机辅助信息和图像传送；提供互联网聊天室；在线贺卡传送；数字文件传送；查看详细信息… | | 类似群 | 3801　3802 |
| 初审公告期号 | | | 注册公告期号 | | | | |
| 初审公告日期 | | | 注册公告日期 | | | | |
| 专用期限 | | | | | | | |
| 后期指定日期 | | | 国际注册日期 | | | | |
| 优先权日期 | | | 代理人名称 | | | 中原信达知识产权代理有限责任公司 | |
| 颜色组合 | 否 | | 商标类型 | | | 一般 | |
| 是否共有商标 | 否 | | | | | | |
| 是否声音商标 | 是 | 点击播放 | | | | | |

（1）过于简单、普通的音调或旋律。例如腾讯公司的 QQ 敲门声，仅仅由极为简单并常见的"咚咚咚"三声敲门声构成，尽管长期使用并在用户心目中形成了一对一的对应关系，但是由于商标本身独创性、可识别性太低，在审查阶段也予以了驳回。

（2）过于复杂或冗长的音调或旋律。这点与可视性商标的"过于复杂而缺乏显著特征"对应。例如以一首完整的歌曲进行声音商标的注册申请。

（3）行业内的通用音乐或声音。如将"婚礼进行曲"申请在婚庆服务上。

（4）以平常语调直接唱呼普通标语或口号。此点对应可视性商标"普通广告用语缺乏显著特征"一点。

（5）仅直接表示商品或服务的内容、消费对象及其他特点的声音，例如：儿童嬉笑声使用在"婴儿奶粉"商品上，直接表示了商品的消费对象。

通常情况下，声音商标需要经过长期使用，才能取得显著特征。商标局可以发出审查意见书，要求申请人提交使用证据，并就商标通过使用取得显著特征进行说明。

其次，声音商标的注册也要符合非功能性的要求。标志的功能性是指该标志的特性是由商品自身的性质产生或为达到某种技术效果而需要的。如，日常生活中的磨刀声不能注册在"磨刀"服务上，ATM 机在出钞时会发出"哗啦啦"的数钞声，这属于功能性声音而不能注册为 ATM 商标。

再次，没有固定的音调，没有一定音乐感的声音亦是不能注册成声音商标的。

另外，注册声音商标也同"可视性"商标一样，不能违反法律法规的禁止性规定，如国歌、军歌等不能申请注册为声音商标，或者不能将佛教音乐作为声音商标提出注册申请。

目前，声音商标在我国尚属新鲜事物，其受理标准以及审查标准依旧是在探索中，但是声音商标作为新的商标形式，势必会像立体商标、颜色组合商标一样，得到进一步的发展，同时，为今后的气味商标、触觉商标等其他形式的商标引入商标法铺垫好道路。

# 2.6　商标设计与商标查询

## 2.6.1　商标设计技巧

对于商标注册主体来说，不论是文字商标、图形商标或者其他符合商标构成的要素组合的商标，商标的设计至关重要，是关系到商标能否注册成功的关键。

1. 文字商标设计技巧

1）商标设计应简单明了，易读易记

过于复杂的商标设计容易产生沟通障碍，不易使公众留下印象。"海尔 Haier"商标、"Midea 美的"商标成功的关键正是如此。

海尔集团最早的商标是"琴岛—利勃海尔"，意思是青岛与德国合作。但明显比较繁琐难记，经过几次更改，最后改成"海尔 Haier"，就容易记忆了，读起来也顺口。这对品牌的传播起到了事半功倍的效果。

因此，文字设计重要的一点就是要服从商品信息、消费受众、表述主题的要求，不能相互脱离，不能相互冲突，破坏了文字的诉求效果。"易于识别、易于记忆"始终是文字商标设计的一贯宗旨,在设计时尽量不要过于繁琐,要减去不必要的修饰,简单明了,使人易懂、易识。

2)商标设计需隐含商品效能,具有独特创意性

"快克"商标作为国内感冒药的驰名商标,家喻户晓。"快克"商标准确地暗示其产品的功效及优良特征,暗含"快速治疗、克服病痛"的意思,间接地引导消费者,使消费者在购买该产品时放心。类似的经典案例还包括很多:

"好粥道"餐饮品牌,有吆喝"好粥到"的意思,也有服务"好周到"的发音与提示。

"洗啊洗啊洗澡澡,宝宝金水少不了,没有蚊子没虫咬",这是许多小朋友都会哼唱的一首广告歌。"宝宝金水"品牌成功的关键是该商标成功地打造了儿童专用的概念。"宝宝金水"的"金"字在汉语中有"富贵、尊贵"的意思,正好与中国父母视儿女为"掌上明珠""小皇帝",中国父母、爷爷奶奶深深关爱小宝宝的心理相吻合。

"红牛""健力宝"功能饮料,都是暗示精神饱满、健康有力的功能的。

从以上案例中可以看出,企业在设计文字商标时,如果能很好地暗示商品的特定功能,表达正面、积极的含义,并结合对人们具有深刻影响的中国传统文化,就能赢得消费者的好感、认同,最终实现使消费者购买其所指向的商品的目的。但是商标设计的含义不能明显夸大宣传产品的功能,否则,即使商标注册成功,也很容易被宣告无效。

3)商标设计应国际化,与国际接轨

实践中,很多企业设计的文字商标都会结合对应的拼音或英文一起申请注册,这有利于企业品牌运营的长远发展。我国加入 WTO 以后,国际市场的不断拓展和对外贸易规模的不断扩大,国内一些大型集团公司早就意识到品牌标志设计的重要性,已逐渐将品牌标志国际化,与国际接轨。

"LEGEND"是联想原来的英文商标,但是联想集团在申请国际商标注册时遇到了障碍,所以联想集团才决定更换商标,即产生了现在的"*lenovo*"标志,LENOVO = LEGEND + NOVO,指联想 + 创新(拉丁文)的含义。

同样如此,海信集团的"海信"英文商标是"Hisense",不同于一般国内企业采用拼音作为字母识别的标志,而是根据中文发音巧妙的设计了一个十分国际化的英文商标,从而为今后开拓国际市场奠定了基础。

4）商标设计切忌模仿他人，傍名牌

当今社会，市场上模仿驰名商标、著名商标的例子屡见不鲜，假名牌、山寨版到处都是。但是，仿冒他人的品牌没有一个能走向光明，企业应该打造属于自己的品牌，不应该走这样的捷径。

百事可乐和可口可乐的竞争从未停止，因为百事有自己的风格，有属于自己的消费群体，如果百事可乐从开始的定位到商标设计都模仿对手可口可乐，想必百事可乐早已消失了。因此，坚持自我，才是生存之道。

2. 图形商标设计技巧

图形商标可以是汉字、英文字母的图形化，也可以是卡通人物形象、动物、几何变形、植物、山水、星球、宇宙等元素组成。通过巧妙的线条设计，设计出简洁、鲜明、有冲击性的视觉形象。图形商标应以易于识别和易于传播为目的，不宜过于复杂、缺乏特色。

1）中文图形化的设计技巧

中国银行、中国工商银行的标志是典型的代表，"〇"是汉字"中"的简洁设计，"〓"是汉字"工"的抽象设计，易于识别和记忆，而且运用中国红的色彩，对于公众的视觉具有很大的冲击力，将中华传统与国际化的现代风格巧妙的融合，完美地诠释了"民族的，就是世界的"。

如果企业想用汉字作为识别的标记，应当参考典型中文图形化商标的设计意境与达到的效果，尽量通过汉字变形、图形化的字体起到含义深远、抽象、富于美感的目的。

2）字母变形的设计技巧

IBM（国际商用机器）、LG（通信产品）、KODAK（柯达）的设计给公众提供了很好的灵感和享受。

IBM标志"IBM"只是普通的英文字母，但水平切割成8个条纹就大大提高了美观度、独特性、冲击性、耐看性。

LG标志"〇"将字母LG巧妙组合，中间加一个圆点，形成了具有毕加索风格的现代主义"抽象人物"的美术作品，构思独特、线条简洁优美、视觉上呼之欲出。

KODAK 标志"▣"的设计通过将首字母"K"作几何式的分解,达到很好的效果。

世界上大多数的文字是字母化的,因此,通过巧妙设计的字母图形化商标,容易赢得消费者的青睐,为进一步开拓市场打下基础。

3)几何图形商标的设计技巧

由于几何图形具有构图简洁、立体感强、易于识别、易于辨别和易于操作的特点,随着社会经济的快速发展,几何图形商标运用得越来越广泛。

"奔驰"汽车商标"▣"是正圆中一个等距离的三角星,简洁、大气、立体感强,运用了三角星的阴影来表现它的立体感。将立体图形平面化后还不失立体效果,这一点设计的非常巧妙。

"三菱"汽车商标"▣"是等角度旋转的三个菱形钻石,向圆心做 120 度的排列的组合,紧凑、具有动感。

"奥迪"汽车商标"▣"是四个连接的圆环,环环相扣,代表由四家汽车公司合并而成,象征着公司成员平等、互利、协作的亲密关系和奋发向上的敬业精神。

因此,圆形商标设计在元素与方式上可以借鉴经典标志,但也应该要有自己的创造思维,这样才能形成超越。

## 2.6.2　商标查询

商标申请前的近似查询,是指商标注册申请人在向商标局提起商标注册申请前,对于申请商标相同或近似的在先商标进行查询,从而分析评估申请商标注册成功概率的前期工作。

1. 商标查询的必要性

商标查询是商标注册申请的前置程序,是必不可少的关键环节,商标查询的主要目的在于明确他人在先商标注册权利,发现拟注册商标在相同或相近似类别上是否存在相同或相近似的在先注册申请,减少商标注册被驳回的风险,提升商标注册成功率。因此,其重要性不容忽视:

(1)随着人们商标意识的逐渐增强,商标申请及注册量近几年突飞猛进地增加。如果不事先进行商标查询，很难保证该申请能够顺利通过核准。通过商标查询，可以使申请人了解该商标是否与他人在先权利相冲突，从而避免因盲目申请而造成的不必要的浪费。

（2）可以最大限度的避免商标申请费用的浪费，尽量减少商标申请人因商标被驳回造成的损失。

从商标申请到商标审查完毕后公告核准注册商标专用权，总体需要一年到一年半左右的时间。在此期间，商标申请人不可避免的会使用申请注册的商标，包括包装印刷、广告宣传、组织销售，最终有可能在该商标得到注册之前已经在市场占有一席之地，并且已经在消费者心中产生了一定影响。但如果商标注册申请被驳回，导致申请人或进行商标驳回复审，或放弃该商标，重新申请新的商标。不论商标注册申请人选择哪一种方法，都势必会受到损失，甚至会导致企业的一蹶不振。

如果商标注册申请人在商标驳回后请求以驳回复审为救济途径，但由于商标权处于不确定状态，企业势必不能投入太多的资金进行广告宣传和市场营销，这将直接影响企业的经营业绩。甚至如果他人恶意仿冒商标，被仿冒者也无计可施，因为其本身就不享有商标专用权。如果选择放弃该商标，那么该商标的所有投入都将付诸东流。所以，现在一些负责的商标代理机构不仅在帮客户申请注册商标之前会进行商标检索，提出商标注册建议，而且在递交商标申请后一段时间里会再一次进行商标查询，目的就是将商标注册风险降至最低，早发现，早解决，避免"亡羊补牢，为时已晚"的情况出现。

（3）可以及时发现抢注商标，积极维护自身合法权益。商标抢注是一个普遍现象，如果某个商标具有一定的知名度，产品销路也不错，就很有可能被其他人抢先以自己的名义注册。抢注者往往有三类：第一类是商标所有人的合作伙伴，如销售代理等。他们的目的往往是为了获得或巩固自己独家代理的地位，或者向被抢注人索取高额转让费；第二类是"搭便车者"，即企图利用被抢注商标的良好商誉，有意识的造成消费者误认并获取不当利益，这类人通常也是同类产品的生产经营者；第三类是商标掮客，即纯以诈取被抢注人商标转让费或许可使用费为目的而抢注他人的商标，自己并没有使用抢注商标的意图的人。第三类人在抢注后往往主动出击，在适当的时候对被抢注人进行要挟，以诈取转让费或许可使用费。而前两种人往往在注册后按兵不动，并不急于甚至刻意避免暴露其抢注的事实。

因此，及早进行商标查询，对于发现商标抢注，减轻、避免及挽回损失，具有重大意义。如果通过查询得知抢注商标尚在申请阶段，还未获得注册，就可及时在公告期间提出异议。否则，抢注商标获得注册后再提出注册商标无效宣告请求就会麻烦很多。因此在已使用或打算使用商标的国家或地区进行商标查询，对于及时发现商标抢注进而采取措施防止、制止乃至夺回被抢注商标是非常重要的。

2. 商标查询的局限性

如上所述，虽然商标查询可以减少不必要的损失发生。但是，由于各种条件限制及主观因素影响，商标查询也存在局限性：

1）查询的准确性无法得到绝对的保障

任何国家和机构都不保证查询结果的绝对准确性，造成这种情况的原因主要是供查询的档案不够完备、不够准确以及检索人员对官方关于近似的审查尺度把握不准确，将应该视为近似的商标视为不近似而不予报告，或不应视为近似的却判断为近似。

2）图形商标查询难度高

相对说来，文字商标及数字商标的查询比较简单，而图形商标的查询工作量大且难度较高，使得部分国家或地区不接受关于图形商标的查询。因此，在这些国家，人们在申请前无法通过查询获得在先注册或申请的图形商标的情况。

3）商标检索"空白期"的存在

即从申请人递交商标申请之日起往前推 4~6 个月，在此期间提交的所有注册申请是无法检索到的。

因为新提交的申请通常要等数星期才能获得官方的收据。而申请日期、申请号、商标图样、商品类别、申请人名称、地址等信息要在官方收据发出后才能被输入电脑数据库或记录在商标文献库内。因此，会有一部分提交不久的申请无法通过查询查出，而在这部分申请中可能存在对查询人所要提交的申请构成注册障碍的。

4）较难查明跨类近似的商标

在多数国家，查询是按照商品及服务的分类进行的，但在《商标注册用商品和服务国际分类》及其他一些国家或地区的分类中，都存在着跨类近似的问题。

比如在商标局使用的《类似商品和服务区分表》中明确写明：国际分类表第21类的"化妆用具"与第3类的"成套化妆用具"类似，第9类的"学习机、电子教学学习机、带有图书的电子发声装置"与第16类的"带有电子发声装置的儿童图书"类似。还有一些商品或服务虽然未在《类似商品和服务区分表》中列明为跨类类似，但根据商品的性质、用途，有可能被商标审查员认定与另一类别的商品类似，如某个使用商品为第7类的"火花塞"的商标申请经异议后被裁定与已注册的使用在第12类"汽车上使用的火花塞"的另一商标近似。

如上所述，虽然商标查询存在一定的局限性，但商标查询无法涵盖的商标注册申请毕竟是少数，跨类近似和驰名商标造成的障碍也只是特例。经过查询后再提交的商标申请，其注册的成功率远远高于未经过查询即提交申请的商标申请。因此，为使自己的商标尽可能顺利地获得注册及保护，商标注册申请人在商标注册申请前甚至在商标设计期间就应当仔细进行商标查询，以提高商标注册成功率及减少损失。

3. 商标查询的途径

1）通过商标局在线查询系统进行查询

商标查询的最终数据来源均为商标行政管理机关，在我国即为工商行政管理总局商标局。申请人可以直接登录商标局网站（中国商标网）进行查询。"中国商标网"是国家工商行政管理总局主办的唯一在线查询商标注册信息的网站，免费向公众开通商标网上查询。查询方式包括近似查询、综合查询、状态查询、公告查询。但通过"中国商标网"进行近似查询只能得到一份简单的检索结果，所罗列的近似商标范围过宽，商标申请人难以准确判断查询商标申请注册的成功机会，还需要专业代理人对查询结果进行进一步筛选和分析。

在进行图形商标查询时，商标申请人必须根据查询商标的图形要素进行查询，而图形要素的准确分类直接影响到查询的结果，但商标申请人往往很难以把握，同样需要专业代理人的辅助。

2）委托商标代理机构进行查询

商标查询，主要是对查询出的相同或近似商标进行分析，以筛选可能对申请商标造成障碍的商标。因此，可以委托专业服务机构进行查询，提供详细准确的查询报告和结果分析，给出申请成功概率的初步判断。

4. 查询结果分析及筛选

对于查询结果分析及筛选，可按照如下步骤进行：

1）类别群组相同或近似的判断

按照《类似商品和服务区分表》，每个类别都分为很多类似群。原则上，某一类别的类似群（又称群组）之间不构成类似，除非注释中标注"本类似群同＊构成类似"。中国商标网或其他软件查询出的近似商标的指定群组可能与查询商标的指定群组不相同或不类似，因此，可以首先删除不相同或不类似群组的商标。

2）商标相同或近似的判断

确定筛选后的商标和查询商标属于相同或类似群组后，再行根据《商标审查标准》对商标进行近似对比，最后初步判断商标申请的成功率。

## 2.7　商标注册流程

### 2.7.1　注册流程概要

在我国，商标注册是商标得到《商标法》保护的前提，是确定商标专用权的法律依据。商标注册申请一般经过以下程序（见下页"商标注册流程简图"）：

### 2.7.2　商标注册途径

商标注册申请人办理商标注册申请有两种途径：一是自行办理，即由申请人直接办理商标注册申请；二是委托依法设立的商标代理机构办理。

两种途径的主要区别是发生联系的方式、提交的书件和文件递交方式三个方面的不同。

（1）在发生联系的方式方面，直接到商标局办理的，在办理过程中申请人与商标局直接发生联系；委托商标代理机构办理的，在办理过程中申请人通过商标代理机构与商标局发生联系，而不直接与商标局发生联系。

（2）在提交的书件方面，直接到商标局办理的，申请人除应提交的书件，还应提交经办人本人的身份证复印件；委托商标代理机构办理的，申请人除应提交的书件，还应提交委托商标代理机构办理商标注册事宜的授权委托书。

# 商标注册流程简图①

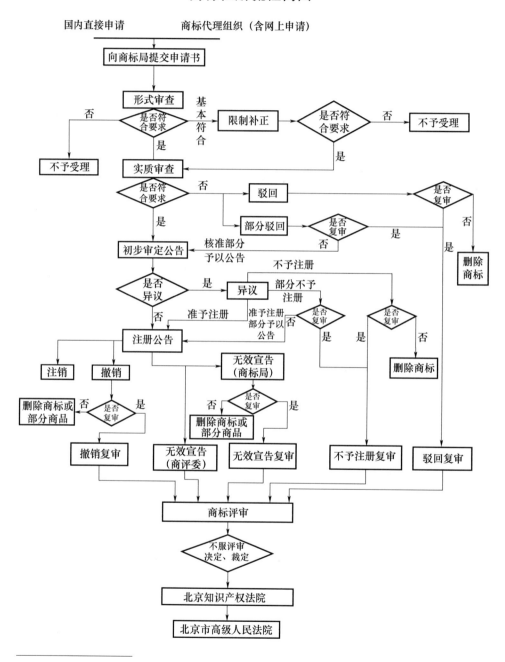

---

① 本流程图来源于国家工商行政管理总局商标局。

（3）在文件递交方式方面，申请人自行办理的，由申请人或经办人直接将申请文件递交到商标注册大厅受理窗口；代理机构可以将申请文件直接递交、邮寄递交或通过快递公司递交商标局，也可以通过网上申请系统提交商标注册申请。

外国人或者外国企业在中国申请商标注册和办理其他商标事宜的，应当委托依法设立的商标代理机构办理。但在中国有经常居所或者营业所的外国人或外国企业，可以自行办理。

## 2.7.3 商标注册提交的文件

申请商标注册，应当按照公布的《商标注册申请书》填报。每一件商标注册申请都应当向商标局提交《商标注册申请书》一份、商标图样一份；以颜色组合或者着色图样申请商标注册的，应当提交着色图样，并提交黑白稿一份；不指定颜色的，应当提交黑白图样。

商标图样应当清晰，便于粘贴，用光洁耐用的纸张印制或者用照片代替，长和宽应当不大于 10 厘米，不小于 5 厘米。

以三维标志申请商标注册的，应当在申请书中予以声明，说明商标的使用方式，并提交能够确定三维形状的图样，提交的商标图样应当至少包含三面视图。

以颜色组合申请商标注册的，应当在申请书中予以声明，说明商标的使用方式。

以声音标志申请商标注册的，应当在申请书中予以声明，提交符合要求的声音样本，对申请注册的声音商标进行描述，说明商标的使用方式。对声音商标进行描述，应当以五线谱或者简谱对申请用作商标的声音加以描述并附加文字说明；无法以五线谱或者简谱描述的，应当以文字加以描述；商标描述与声音样本应当一致。

申请注册集体商标、证明商标的，应当在申请书中予以声明，并提交主体资格证明文件和使用管理规则。

申请商标注册的，申请人应当提交其身份证明文件。商标注册申请人的名义与所提交的证明文件应当一致。

商品或者服务项目名称应当按照商品和服务分类表中的类别号、名称填写；商品或者服务项目名称未列入商品和服务分类表的，应当附送对该商品或者服务的说明。

商标为外文或者包含外文的，应当说明含义。商标注册申请等有关文件以纸质方式提出的，应当打印或者印刷。

商标注册申请人可以通过一份申请就多个类别的商品申请注册同一商标。

## 2.7.4 类似商品和服务区分表

《类似商品和服务区分表》是我国国家工商行政管理局商标局根据我国自1988 年 11 月 1 日起采用国际分类以来的使用实践，针对中国的实际国情对世界知识产权组织提供的《商标注册用商品和服务国际分类》中商品和服务的类似群组及商品和服务的名称进行了翻译，调整，增补和删减而制订的。《类似商品和服务区分表》亦随着国际分类表的修订而作相应的调整。

《类似商品和服务区分表》由多个层次部分所组成：

（1）类似商品和服务类别。用"第…类"表示，全表共分 45 个类别，其中前 34 类为商品分类，后 11 类为服务分类；

（2）类似商品和服务群组。用四位数字和相应的名称表示，数字中，前两位表示所属的类别，后两位表示类似群组号；

（3）类似商品和服务项目名称及编号。名称在前，编号在后，并由六位数所组成；前端有"C"字标注的编号，表示该商品和服务项目的名称及编号未在《商标注册用商品和服务国际分类》中列出，但属我国常用的。

《类似商品和服务区分表》的具体大类包括（小类及商品和服务项目未列出）：

第 01 类 工业化学品：用于工业、科学、摄影、农业、园艺和林业的化学品，未加工人造合成树脂，未加工塑料物质，肥料，灭火用合成物，淬火和焊接用制剂，保存食品用化学品，鞣料，工业粘合剂。

第 02 类 颜料油漆：颜料，清漆，漆；防锈剂和木材防腐剂；着色剂；媒染剂；未加工的天然树脂；画家、装饰家、印刷商和艺术家用金属箔及金属粉。

第 03 类 日用化学品：洗衣用漂白剂及其他物料；清洁、擦亮、去渍及研磨用制剂；肥皂；香料，香精油，化妆品，洗发水；牙膏。

第 04 类 工业用油：工业用油和油脂；润滑剂；吸收、润湿和粘结灰尘用合成物；燃料（包括马达用燃料）和照明材料；照明用蜡烛和灯芯。

第 05 类 医药制剂：药用和兽医用制剂；医用卫生制剂；医用或兽医用营养食物和物质，婴儿食品；人用和动物用膳食补充剂；膏药，绷敷材料；填塞牙孔用料，牙科用蜡；消毒剂；消灭有害动物制剂；杀真菌剂，除莠剂。

第 06 类 五金器具：普通金属及其合金；金属建筑材料；可移动金属建筑物；铁轨用金属材料；普通金属制非电气用缆线；五金具，金属小五金具；金属管；保险箱；不属别类的普通金属制品；矿石。

第 07 类 机械设备：机器和机床；马达和引擎（陆地车辆用的除外）；机器联结器和传动机件（陆地车辆用的除外）；非手动农业器具；孵化器；自动售货机。

第 08 类 手工用具：手工具和器具（手动的）；刀、叉和勺餐具；随身武器；剃刀。

第 09 类 电子产品：科学、航海、测量、摄影、电影、光学、衡具、量具、信号、检验（监督）、救护（营救）和教学用装置及仪器；处理、开关、传送、积累、调节或控制电的装置和仪器；录制、通信、重放声音或影像的装置；磁性数据载体，录音盘；光盘，DVD 盘和其他数字存储媒介；投币启动装置的机械结构；收银机，计算机器，数据处理装置，计算机；计算机软件；灭火器械。

第 10 类 医疗用品：外科、医疗、牙科和兽医用仪器及器械，假肢，假眼和假牙；整形用品；缝合用材料。

第 11 类 家用电器：照明、加热、蒸汽发生、烹饪、冷藏、干燥、通风、供水以及卫生用装置。

第 12 类 运载工具：运载工具；陆、空、海用运载装置。

第 13 类 军火烟花：火器；军火及弹药；爆炸物；烟火。

第 14 类 珠宝首饰：贵重金属及其合金，不属别类的贵重金属制品或镀有贵重金属的物品；珠宝首饰，宝石；钟表和计时仪器。

第 15 类 乐器：乐器。

第 16 类 文具用品：纸和纸板，不属别类的纸和纸板制品；印刷品；装订用品；照片；文具；文具或家庭用粘合剂；美术用品；画笔；打字机和办公用品（家具除外）；教育或教学用品（仪器除外）；包装用塑料物品（不属别类的）；印刷铅字；印版。

第 17 类 橡胶绝缘：橡胶、古塔胶、树胶、石棉、云母，以及不属别类的这些原材料的制品；生产用成型塑料制品；包装、填充和绝缘用材料；非金属软管。

第 18 类 皮革皮具：皮革和人造皮革，不属别类的皮革和人造皮革制品；毛皮；箱子和旅行袋；雨伞和阳伞；手杖；鞭和马具。

第 19 类 建筑材料：非金属的建筑材料；建筑用非金属刚性管；柏油，沥青；可移动非金属建筑物；非金属碑。

第 20 类 家具工艺：家具，镜子，相框；不属别类的木、软木、苇、藤、柳条、角、骨、象牙、鲸骨、贝壳、琥珀、珍珠母、海泡石制品，这些材料的代用品或塑料制品。

第 21 类 日用器具：家用或厨房用器具和容器；梳子和海绵；刷子（画笔除外）；制刷材料；清洁用具；钢丝绒；未加工或半加工玻璃（建筑用玻璃除外）；不属别类的玻璃器皿、瓷器和陶器。

第 22 类 缆绳袋子：缆，绳，网，帐篷，遮篷，防水遮布，帆，袋和包（不属别类的）；衬垫和填充材料（橡胶或塑料除外）；纺织用纤维原料。

第 23 类 纺织纱线：纺织用纱和线。

第 24 类 床上用品：料和不属别类的纺织品；床单；桌布。

第 25 类 服装鞋帽：服装，鞋，帽。

第 26 类 饰品编带：花边和刺绣，饰带和编带；钮扣，领钩扣，饰针和缝针；假花。

第 27 类 地席墙帷：地毯，地席，席类，油毡及其他铺地板材料；非纺织品制墙帷。

第 28 类 娱乐器械：游戏器具和玩具；不属别类的体育和运动用品；圣诞树用装饰品。

第 29 类 食品调料：肉，鱼，家禽和野味；肉汁；腌渍、冷冻、干制及煮熟的水果和蔬菜；果冻，果酱，蜜饯，蛋；奶和奶制品；食用油和油脂。

第 30 类 副食调料：咖啡，茶，可可和咖啡代用品；米；食用淀粉和西米；面粉和谷类制品；面包、糕点和甜食；冰制食品；糖，蜂蜜，糖浆，鲜酵母，发酵粉；食盐；芥末；醋，沙司（调味品）；辛香料；饮用冰。

第 31 类 林业农业：谷物和不属别类的农业、园艺、林业产品；活动物；蔬菜和新鲜水果；种籽；草木和花卉；动物饲料；麦芽。

第 32 类 啤酒饮料：啤酒；矿泉水和汽水以及其他不含酒精的饮料；水果饮料及果汁；糖浆及其他制饮料用的制剂。

第 33 类 酒精饮料：含酒精的饮料（啤酒除外）。

第 34 类 烟草烟具：烟草；烟具；火柴。

第 35 类 广告销售：广告，实业经营，实业管理，办公事务。

第 36 类 金融地产：保险，金融，货币事务，不动产事务。

第 37 类 建筑维修：房屋建筑，修理，安装服务。

第 38 类 通讯服务：电信。

第 39 类 运输旅行：运输，商品包装和贮藏，旅行安排。

第 40 类 材料处理：材料处理。

第 41 类 教育娱乐：教育，提供培训，娱乐，文体活动。

第 42 类 设计开发：科学技术服务和与之相关的研究与设计服务；工业分析与研究；计算机硬件与软件的设计与开发；法律服务。

第 43 类 餐饮住宿：提供食物与饮料服务；临时住宿。

第 44 类 医疗美容：医疗服务；兽医服务；人或动物的卫生和美容服务；农业、园艺或林业服务。

第 45 类 法律服务：法律服务，由他人提供的为满足个人需要的私人和社会服务；为保护财产和人身安全的服务。

## 2.7.5　类别、商品/服务项目

商标注册申请人应当按照规定的商品分类表填报使用商标的商品类别和商品名称，提出注册申请。商标注册申请人可以通过一份申请就多个类别的商品申请注册同一商标，即"一标多类"的原则。

（1）申请人应按《类似商品和服务区分表》填写类别以及规范的商品/服务项目名称。对于区分表中没有的商品/服务项目，应当附送说明。

（2）一标多类申请的商标/服务项目应按照类别及商标/服务项目对应进行顺序填写，每个类别的项目前应分别表明顺序号。

国内自然人申请的商品/服务范围应以其营业执照或有关登记文件核准的经营范围或其自营的农副产品为限。要求优先权申请的商品/服务项目不得超出首次商标注册申请指定的商品/服务范围，不得更改商品/服务描述。

## 2.7.6　商标注册申请的重新提出

《商标法》第二十四条规定："注册商标需要改变其标志的，应当重新提出注册申请。"因此，商标一旦经核准注册以后，不应随意变动，否则一方面会直接影响一般消费者对商品的识别和选择。另一方面，在使用注册商标的过程中，自行改变注册商标的，根据《商标法》第四十九条的规定："由地方工商行政管理部门责令限期改正；期满不改正的，由商标局撤销其注册商标。"因此，商标注册人需要改变注册商标标志的，就意味着需要使用一个新的商标，应经法定的程序重新取得新的商标专用权。

## 2.7.7　商标的恶意注册

《商标法》第三十二条明确规定："申请商标注册不得损害他人现有的在先权利，也不得以不正当手段抢先注册他人已经使用并有一定影响的商标。"然而，在我国恶意注册商标的行为却屡见报端，如神舟三号、水立方、哈利波特、易建联、日产嘉禾、雅虎、小护士等标志被恶意注册。再如，北京两名自然人将帕拉丁、菲亚特、切诺基等人们耳熟能详的汽车品牌，抢注在润滑油、除尘剂等相关商品上，同时遭抢的还有奥拓、菱帅、飞度、悍马、起亚等名称。国家工商行政管理总局在发布的《2013年全国市场主体发展分析》中明确指出："2013年我国商标恶意抢注案件共1826件，同比增长127.4%，其中在关联商品或服务上抢注他人具有一定知名度商标行为的案件占40%。"恶意抢注行为，扰乱市场秩序、损害权利人利益，在社会上造成了恶劣影响。

《商标法》的修改进一步完善了遏制恶意注册的相关规定，除《商标法》第三十二条明确规定外，还在第七条、第十五条、第十九条第四款等条款中进一步规定了不得申请注册商标的情形。

**案例分析1：第8601058号PRINETO商标无效宣告案**

# PRINETO

（"争议商标"）

**［案情介绍］**

在第8601058号"**PRINETO**"商标（以下称"争议商标"）无效宣告案中，上海圣堡楼宇机电设备工程有限公司（以下简称"被申请人"）于2010年8月23日就争议商标向商标局提出注册申请，并于2011年12月21日成功注册。申请人认为，被申请人在未经申请人许可的情况下，擅自以自己的名义将申请人的"PRINETO"商标在第6类商品上进行抢注的行为，已违反了诚实信用原则。

商评委经审理认为，从申请人提交的其与上海新昂工贸有限公司签署的产品价格协议、上海新昂工贸有限公司系申请人在中国区总代理证明等证据可知，上海新昂工贸有限公司与申请人之间构成了关于"PRINETO"品牌商品的代理关系。同时，从申请人提交的工商登记信息可知，被申请人与上海新昂工贸有限公司股东同为孙新和郁品菊，二者具有串通合谋行为，故可以认定本案被申请人为申请人的代理人。争议商标与申请人的商标同为英文商标 PRINETO。争议商标核定使用的普通金属合金、五金器具等商品与申请人使用的散热片及地暖取暖管道、铝塑管等商品在功能用途、销售途径、消费对象等方面相近，已构成类似商品。因此，在被申请人未取得申请人授权的情况下，擅自申请注册争议商标的行为，已构成未经授权擅自以自己的名义将被代理人的商标进行注册的行为。最终，争议商标的注册应宣告无效。

[评析]

《商标法》第十五条第一款中对代理关系进行界定时，应当结合本条制止代理人违反诚实信用原则的恶意抢注行为的立法目的，进行解释。该条款所述的代理人不仅包括《民法通则》《合同法》中规定的代理人，也包括基于商事业务往来而可以知悉被代理人商标的经销商。同时，虽不是以代理人名义申请注册被代理人的商标，但有证据证明注册申请人与代理人具有串通合谋行为的，亦应属于《商标法》第十五条第一款所指代理人的擅自注册行为。

本案的意义在于：企业在经营中，一定要注重企业商标/品牌在营销渠道的监督，尤其要防止产品经销商、代理商对品牌/商标的恶意抢注行为，一旦出现品牌的抢注行为，应及时运用相关法律手段或委托专业的商标代理机构采取商标维权措施。

**案例分析 2：第 10345536 号 KIDORABLE 商标异议复审案**

（"被异议商标"）

[案情介绍]

在第 10345536 号"Kidorable"商标异议复审案中，姜金荣（即本案被申请人）于 2011 年 12 月 26 日就"Kidorable"商标向商标局提出注册申请，指定使用在第 25 类雨衣、服装等商品上，于 2012 年 11 月 27 日获商标局初审公告。2014 年 4 月 1 日，海盐金创意工艺服饰有限公司（即本案申请人）不服商标局做出的（2013）商标异字第 38506 号裁定，依法向商评委申请复审。申请人认为：KIDORABLE 商标为申请人关联企业所独创，具有特殊的创意来源，经申请人长期使用已具有一定知名度。被申请人曾为申请人的雇员，其明确知晓申请人 KIDORABLE 商标的存在，其在雨衣等商品上申请注册被异议商标的行为违反了《商标法》第十五条第二款等规定，应不予核准被异议商标注册。

商评委经审理认为，从申请人提交的与被申请人之间的劳动合同、职工工资表及申请人与美国 ZM 国际有限公司签订的供货协议、产品订购单、申请人对 KIDORABLE 商标的宣传和使用证明材料等证据可知，在被异议商标申请日之前，申请人作为受委托方为美国 ZM 国际有限公司生产 KIDORABLE 牌雨衣、背包并出口，被申请人作为申请人的员工，对上述事实应当明知。故被申请人在明知 KIDORABLE 为申请人在先使用的商标的情况下，仍然在与雨衣相同或类似的雨衣、服装等商品上申请注册被异议商标，恶意明显，已构成现行《商标法》第十五条第二款所指的情形。综上，商标评审委员会对被异议商标不予核准注册。

[评析]

《商标法》第十五条第二款中对合同、业务往来或者其他关系范围的界定应当从维护诚实信用原则的立法宗旨出发，以保护在先权利，制止不公平竞争为落脚点，只要因合同、业务往来关系或者其他关系而明知他人在先使用商标存在而进行抢注的，均应纳入本款规定予以规制。该条款弥补了修改前《商标法》对利用其他特殊关系恶意抢注他人商标无法有效制止的法律漏洞，更加明确地彰显了加强打击恶意注册、维护诚实信用原则的立法目的，为在商标确权程序中保护正当合法的在先使用权益赋予了更加有力的法律武器。

本案的意义在于：企业在经营中，一定要注重企业商标/品牌在营销渠道的监督，尤其要防止产品经销商、代理商或其他有合同、业务往来关系的市场主体对品牌/商标的恶意抢注行为，一旦出现品牌的抢注行为，应及时运用相关法律手段或委托专业的商标代理机构采取商标维权措施。

资源链接

1.《商标注册申请须知》网址及二维码：http：//sbj. saic. gov. cn/sbsq/

sqzn/201404/t20140430_ 144508. html

2. 《申请注册商品商标或服务商标》网址及二维码：http：//sbj. saic. gov. cn/sbsq/sqzn/201404/t20140430_ 144506. html

3. 《办理商标异议申请》网址及二维码：http：//sbj. saic. gov. cn/sbsq/sqzn/201404/t20140430_ 144504. html

4. 《收费标准》网址及二维码：http：//sbj. saic. gov. cn/sbsq/sfbz/

5. 《商标代理管理办法》网址及二维码：http：//sbj. saic. gov. cn/flfg1/sbxzgz/200911/t20091116_ 72514. html

6. 《商标注册申请书》《商标异议申请书》《商标专用权质权登记申请书》《商标使用许可备案表》等，更多申请书式网址及二维码：http：//sbj. saic. gov. cn/sbsq/

# 第 3 章 商标注册的审查

## 3.1 商标注册的形式审查

### 1. 形式审查的内容

商标局收到商标注册申请件后，首先进行的是形式审查。形式审查，是指商标局根据《商标法》、《商标法实施条例》以及其他有关的规章，对商标注册申请的形式要件合法性进行审核的行为。形式审查主要包括：审查申请文件是否齐全、填写是否规范、签字或印章是否缺少，审查商标图样规格与清晰程序是否符合要求以及对必要的说明的审查，审查填报的商品或服务项目是否符合规定等。商标局根据形式审查的结果，发出《受理通知书》《补正通知书》或者《不予受理通知书》。

形式审查的内容具体包括：

（1）申请人资格审查。主要审查申请人是否具有申请注册商标的主体资格和申请人申请商标所指定保护的商品是否符合法律规定。

（2）外国申请人是否委托了我国的商标代理机构。国内申请人委托代理人的，其委托书是否符合要求。

（3）申请书填写是否符合规定。包括申请人的名义与印章、营业执照是否一致；申请人的地址是否准确；申请人指定的商品或服务填写是否规范、具体，分类是否准确；是否填写商标申请声明并附送相关文件；是否声明优先权并提交优先权证明文件副本。

（4）商标及商标图样的规格、数量是否符合要求。

（5）应交送的证明文件是否完备，规费（官方费用，下同）是否缴纳。

（6）审查一份申请就申报的多个类别的商品申请注册同一商标是否符合规定。

（7）审查商标局规定的在形式审查阶段的其他事项。

形式审查符合要求的，编定申请号。《商标法实施条例》规定，商标注册的申请日期，以商标局收到的申请书件的日期为准。通过审查认为申请手续齐备并按照规定填写申请书件的，编定申请号，发给《受理通知书》。

申请手续不齐备或者未按规定填写申请书件的，予以退回，申请日期不予保留。申请手续基本齐备或者申请书件基本符合规定，但是需要补正的，通知申请人予以补正。申请人在规定期限内补正并交回商标局的，保留申请日。

对于要求补正而未作补正或补正不符合要求，或补正超过期限的，也同样予以退回，申请日不予保留。

2. 相关注意事项

1）同日申请的处理

依据《商标法实施条例》之规定，两个或者两个以上的申请人，在同一种商品或者类似商品上，分别以相同或者近似的商标在同一天申请注册的，各申请人应当自收到商标局通知之日起 30 日内提交其申请注册前在先使用该商标的证据。同日使用或者均未使用的，各申请人可以自收到商标局通知之日起 30 日内自行协商，并将书面协议报送商标局；不愿协商或者协商不成的，商标局通知各申请人以抽签的方式确定一个申请人，驳回其他人的注册申请。商标局已经通知但申请人未参加抽签的，视为放弃申请，商标局应当书面通知未参加抽签的申请人。

2）注册申请审查的期限

依据《商标法》之规定，对申请注册的商标，商标局应当自收到商标注册申请文件之日起九个月内审查完毕，符合商标法有关规定的予以初步审定公告。

3）分割申请

依据《商标法实施条例》之规定，商标局对一件商标注册申请在部分指定商品上予以驳回的，申请人可以将该申请中初步审定的部分申请分割成另一件申请，分割后的申请保留原申请的申请日期。

需要分割的，申请人应当自收到商标局《商标注册申请部分驳回通知书》之日起 15 日内，向商标局提出分割申请。

商标局收到分割申请后，应当将原申请分割为两件，对分割出来的初步审定申请生成新的申请号，并予以公告。

# 3.2　商标注册的实质审查

商标注册申请的实质审查，是指商标局依照《商标法》和《商标法实施条例》的规定，对符合形式要件的商标注册申请，按其申请日期的先后，通过检索、对比，对其合法性进行分析研究，从而做出予以初步审定或者驳回的决定。经实质审查，凡是符合《商标法》有关规定的，予以初步审定公告；凡不符合《商标法》有关规定的，由商标局驳回申请，不予公告。

## 3.2.1　商标实质审查的内容

商标局在对商标注册申请进行实质审查时，将对下列事项进行审查：

（1）申请是否符合商标法第八条关于商标构成要素的规定。

（2）申请是否符合商标法第九条关于申请注册的商标应具有显著性、便于识别的规定。

（3）申请是否符合商标法第九条关于不得与他人在先取得的合法权利相冲突的规定。

（4）申请是否符合商标法第十条关于不得使用禁用性标志的规定。

（5）申请是否符合商标法第十一条关于不得注册不具有显著性的标志的规定。

（6）申请是否符合商标法第十二条关于三维标志商标的规定。

（7）申请是否属于商标法第十三条规定的就相同或者类似商品申请注册的商标是复制、摹仿或者翻译他人未在中国注册的驰名商标，容易造成混淆的情形。

（8）申请是否属于商标法第十三条规定的就不相同或者不相似商品申请注册的商标是复制、模仿或者翻译他人已在中国注册的驰名商标，误导公众的情形。

（9）申请是否含有商标法第十六条关于混淆商品来源地的地理标志的。

（10）申请是否属于商标法第十九条规定的商标代理机构除对其代理服务申请商标注册外，不得申请注册其他商标的情形。

（11）申请要求外国优先权的，是否符合商标法第二十五条的规定。

（12）申请要求优先权宽限期的，是否符合商标法第二十六条的规定。

（13）申请是否属于商标法第三十条规定的同他人在同一种商品或者类似商

品上已经注册或者初步审定的商标相同或者近似的情形。

（14）申请是否属于商标法第三十一条规定的两个或者两个以上的商标注册申请人，在同一种商品或者服务上以相同或者近似的商标申请注册的情形。

（15）申请是否属于商标法第三十二条规定的以不正当手段抢注他人已经使用并有一定影响的商标的情形。

（16）商标局规定的在实质审查阶段需要审查的其他事项。

虽然商标实质审查阶段需要审查的内容很多，但实质审查的主要内容是商标注册申请是否符合《商标法》第十条、第十一条、第十二条、第三十条的规定，即关于禁用标志、商标显著性、商标相同或近似的审查。

## 3.2.2 禁用标志的审查标准

1.《商标法》对禁用标志的规定

《商标法》第十条是商标局对商标注册申请进行禁用标志实质审查的法律依据，该条规定：

"下列标志不得作为商标使用：

（一）同中华人民共和国的国家名称、国旗、国徽、国歌、军旗、军徽、军歌、勋章等相同或者近似的，以及同中央国家机关的名称、标志、所在地特定地点的名称或者标志性建筑物的名称、图形相同的；

（二）同外国的国家名称、国旗、国徽、军旗等相同或者近似的，但经该国政府同意的除外；

（三）同政府间国际组织的名称、旗帜、徽记等相同或者近似的，但经该组织同意或者不易误导公众的除外；

（四）与表明实施控制、予以保证的官方标志、检验印记相同或者近似的，但经授权的除外；

（五）同"红十字""红新月"的名称、标志相同或者近似的；

（六）带有民族歧视性的；

（七）带有欺骗性，容易使公众对商品的质量等特点或者产地产生误认的；

（八）有害于社会主义道德风尚或者有其他不良影响的。

县级以上行政区划的地名或者公众知晓的外国地名，不得作为商标。但是，地名具有其他含义或者作为集体商标、证明商标组成部分的除外；已经注册的使用地名的商标继续有效。"

2.《商标审查标准》对禁用商标的规定

国家工商行政管理总局商标局和商标评审委员会制定的《商标审查标准》依据《商标法》第十条,对禁用标志的审查标准作出了详细规定。

(1) 同中华人民共和国的国家名称、国旗、国徽、国歌、军旗、军徽、军歌、勋章等相同或近似的,以及同中央国家机关的名称、标志、所在地特定地点的名称或标志性建筑物的名称、图形相同的,不得作为商标使用和注册。

由于国家名称、国旗、国徽、国歌作为国家的象征,军旗、军徽、军歌作为国家军队的象征,不适合作为商标使用,否则将有损国家尊严、军队威严。该款主要是从维护国家和军队的尊严角度加以严格规定的;而且,国家象征的标志也不能随意作为商标使用。

其中的"国家名称"包括全称、简称和缩写,我国国家名称的全称是"中华人民共和国",简称为"中国""中华",英文简称或者缩写为"CN""CHN""P. R. C""CHINA""P. R. CHINA""PR OF CHINA";"国旗"是五星红旗;国徽的中间是五星照耀下的天安门,周围是谷穗和齿轮;"军旗"是中国人民解放军的"八一"军旗,军旗为红底,左上角缀金黄色五角星和"八一"两字;"勋章"是国家有关部门授予对国家、社会有贡献的人或者组织的表示荣誉的证章;"中央国家机关所在地特定地点或者标志性建筑物"包括"中南海""钓鱼台""天安门""新华门""紫光阁""怀仁堂""人民大会堂"等。

① 商标的文字、字母构成与我国国家名称相同的,判定为与我国国家名称相同。例如:

China/中国　　　　　CHINA

② 商标的含义、读音或者外观与我国国家名称近似,容易使公众误认为我国国家名称的,判定为与我国国家名称近似。例如:

ZHONGGUO
指定使用商品:服装

CHINAR
指定使用服务:不动产出租

③ 商标含有与我国国家名称相同或者近似的文字,判定为与我国国家名称近似。例如:

指定使用商品；纸、印刷品          指定使用服务：广告

④ 商标的文字、图形或者其组合与我国国旗（五星红旗）、国徽的名称或者图案相同或者近似，足以使公众将其与我国国旗、国徽相联系的，判定为与我国国旗、国徽相同或者近似。例如：

⑤ 商标含有"五星""红旗"字样或者"五星图案""红旗图案"，但不会使公众将其与国旗相联系的，不判为与我国国旗、国徽相同或者近似。例如：

指定使用商品：肥料          指定使用商品：啤酒

⑥ 商标的文字、图形或者其组合与我国军旗的名称或者图案相同或近似，足以使公众将其与军旗相联系的，判定为与我国军旗相同或者近似。例如：

⑦ 商标的文字、图形或者其组合与我国勋章的名称、图案相同或者近似，足以使公众将其与特定勋章相联系的，判定为与我国勋章相同或者近似。例如：

独立自由勋章          解放勋章          八一勋章

⑧ 同中央国家机关所在地特定地点的名称或者标志性建筑物的名称、图形相同的，判定为与中央国家机关所在地特定地点的名称或者标志性建筑物的名称、图形相同。例如：

懷仁堂　　　　　　　新华门
　　　　　　　　　　XINHUAMEN

（2）同外国的国家名称、国旗、国徽、军旗相同或者近似的，不得作为商标使用和注册，但经该国政府同意的除外。

外国国家名称包括中文和外文的全称、简称和缩写；国旗是指由国家正式规定的代表本国的旗帜；国徽是由国家正式规定的代表本国的标志；军旗是由国家正式规定的代表本国军队的旗帜。

① 商标的文字构成与外国国家名称相同的，判定为与外国国家名称相同。商标的文字与外国国家名称近似或者含有与外国国家名称相同或者近似的文字的，判定为与外国国家名称近似。例如：

大韓
D.A.H.A.N

指定使用商品：油漆

Mei Guo

指定使用商品：茶饮料（水）、可乐

拉脱維雅

指定使用商品：服装

CANADA LIGHT

指定使用商品：香烟过滤嘴
（译为"加拿大之光"）

（"FRANCE"译为"法国"）

暹罗

（泰国旧称）指定使用商品：大米

但经该国政府同意的除外。适用本规定，申请人应当提交经该国政府同意的书面证明文件。申请人就该商标在该外国已经获得注册的，视为该外国政府同意。

② 商标的文字、图形或者其组合与外国国旗、国徽、军旗的名称或者图案相同或者近似，足以使公众将其与外国国旗、国徽相联系的，判定为与外国国旗、国徽相同或者近似。例如：

（英文译为"英国国旗"）

与美国国旗近似　　　　　　与意大利国旗近似

但经该国政府同意的除外。适用本规定，申请人应当提交经该国政府同意的书面证明文件。申请人就该商标在该外国已经获得注册的，视为该外国政府同意。

（3）同政府间国际组织的名称、旗帜、徽记相同或者近似的，不得作为商标使用和注册，但经该组织同意或者不易误导公众的除外。

政府间国际组织，是指由若干国家和地区的政府为了特定目的通过条约或者协议建立的有一定规章制度的团体。例如：联合国、欧洲联盟、东南亚国家联盟、非洲统一组织、世界贸易组织、世界知识产权组织等。国际组织的名称包括全称、简称或者缩写。例如：联合国的英文全称为 United Nations，缩写为 UN；欧洲联盟的中文简称为欧盟，英文全称为 European Union，缩写为 EU。

① 商标的文字构成、图形外观或者其组合足以使公众将其与政府间国际组织的名称、旗帜、徽记相联系的，判定为与政府间国际组织的名称、旗帜、徽记相同或者近似。例如：

"UN"为联合国的英文缩写

WTO为世界贸易组织的英文缩写

但经该政府间国际组织同意的除外。适用本条规定，申请人应当提交相关证明文件。

② 具有明确的其他含义或者特定的表现形式，从而不易误导公众的除外。例如：

指定使用服务：推销（替他人）

（"WHO"与世界卫生组织的英文简称字母构成相同，但具有明确含义"谁"）

指定使用商品：比重计

（"UN"与联合国英文缩写字母构成相同，但整体表现形式特殊）

（4）与表明实施控制、予以保证的官方标志、检验印记相同或近似的，不得作为商标使用和注册。

官方标志、检验印记，是指官方机构用以表明其对商品质量、性能、成分、原料等实施控制、予以保证或者进行检验的标志或印记。例如：

（中国强制性产品认证标志）　　　　　　　　　（免检产品标志）

① 商标的文字、图形或者其组合足以使公众将其与表明实施控制、予以保证的官方标志、检验印记相联系的，判定为与该官方标志、检验印记相同或者近似。例如：

　　　　　　　ISOTECH

指定使用商品：照明器械及装置　　　　指定使用商品：阀（机器零件）

但经该官方机构授权的除外。适用本条规定，申请人应当提交经授权的书面证明文件。

② 具有明确的其他含义或者特定的表现形式，从而不会误导公众的除外。例如：

指定商品：手机用电池；手机用充电器　　　　指定商品：水龙头、淋浴用设备

（5）同"红十字""红新月"的名称、标志相同或近似的，不得作为商标使用和注册。

"红十字"标志是国际人道主义保护标志，是武装力量医疗机构的特定标志，是红十字会的专用标志。"红新月"是阿拉伯国家和部分伊斯兰国家红新月会专用的，性质和功能与红十字标志相同的标志。红十字标志是白底红十字；红新月标志是向右弯曲或者向左弯曲的红新月。

① 商标的文字构成、图形外观或者其组合与"红十字""红新月"的名称、图案在视觉上基本无差别的，判定为与该名称、标志相同。例如：

# Red Cross

（"Red Cross"译为"红十字"）　　　（"red cresent"译为"红新月"）

② 商标的文字构成、图形外观足以使公众将其误认为"红十字""红新月"的名称、图案的，判定为同"红十字""红新月"的名称、标志近似。例如：

指定使用商品：医用药物

（6）带有民族歧视性的，不得作为商标使用和注册。

民族歧视性，是指商标的文字、图形或者其他构成要素带有对特定民族进行丑化、贬低或者其他不平等看待该民族的内容。民族歧视性的判定应综合考虑商标的构成及其指定使用的商品、服务。商标的文字构成与民族名称相同或者近似，并丑化或者贬低特定民族的，判定为带有民族歧视性。例如：

印第安人
INDIAN

指定使用商品：卫生洁具

（7）带有欺骗性，容易使公众对商品的质量等特点或者产地产生误认的，不得作为商标使用和注册。

带有欺骗性，是指商标对其指定使用商品或者服务的质量等特点作了超过固有程度的表示，容易使公众对商品或者服务的质量等特点产生错误的认识。

商标的文字或者图形对其指定商品或者服务的质量等特点作了夸大表示，从而欺骗公众的，判定为夸大宣传并带有欺骗性。商标中一般不得使用"最佳""无敌""第一"等文字。

指定使用商品：矿泉水

指定使用商品：计算机存储器

指定使用商品：白酒

**案例分析 1：第 13230501 号"三得利啤酒 SUNTORY PREMIUM 新鲜直送、当日生产、冷藏配送及图"商标驳回复审案**

（"申请商标"）

**[案情介绍]**

第 13230501 号三得利啤酒 SUNTORY PREMIUM 新鲜直送、当日生产、冷藏配送及图商标（以下称申请商标）由三得利控股株式会社（即本案申请人）于 2013 年 9 月 12 日提出注册申请，指定使用在第 32 类啤酒等商品上。后商标局以该商标中"当日生产、当日直送、新鲜直送"文字夸大表示了商品的品质特点，且易导致消费者误认，违反了修改前《商标法》第十条第一款第（七）项等规定为由驳回其注册申请。2015 年 5 月 11 日，申请人不服商标局的上述驳回决定，依法向商评委提出复审。

商评委经审理认为，申请商标中所含"当日生产""新鲜直送""当日直送""Premium""冷藏配送""Fresh Beer"等直接表示商品品质等特点的文字及图形不宜作为商标注册并为申请人独占使用，且上述文字图形易使相关公众对商品品质等特点产生误认，已构成《商标法》第十条第一款第（七）项所指情形，故对申请商标在复审商品上的注册申请予以驳回。

[评析]

现行《商标法》第十条第一款第（七）项在原有规定的基础上，去除了"夸大宣传"，修改为"带有欺骗性，容易使公众对商品的质量等特点或者产地产生误认的"，主要适用于商标使用在指定的商品上，可能使公众对商品的质量等特点或者产地产生误认，造成欺骗性后果的情形。本案中，申请商标虽然有"三得利"这一具有显著识别性的部分，但所含"当日生产""新鲜直送"等直接表示商品品质等特点的文字及图形不宜作为商标注册并为申请人独占使用，因为易使相关公众对商品品质等特点产生误认，已构成《商标法》第十条第一款第（七）项所指情形。另外，在具体案件审理过程中，如果商标局在旧法下以申请商标的注册易使消费者对商品的质量等特点产生误认，从而造成不良影响为由，依据修改前《商标法》第十条第一款第（七）项驳回该商标的注册申请，那么鉴于申请人复审申请及审理均在现行法施行后，申请人已就申请商标不会导致误认充分阐述了意见，商评委可以直接依据现行《商标法》第十条第一款第（七）项的规定作出裁定。

**案例分析 2：第 11629459 号奇灸及图商标驳回复审案**

（"申请商标"）

[案情介绍]

第 11629459 号奇灸及图商标（以下称申请商标）由广州金邦生物科技有限

公司（即本案申请人）于 2012 年 10 月 19 日提出注册申请，指定使用在第 5 类人用药等商品上。后商标局以该商标用于指定商品上易使消费者对商品的治疗方法等产生误认，从而造成不良影响，违反了修改前的《商标法》第十条第一款第（八）项等为由驳回其注册申请。申请人不服上述驳回决定，于 2014 年 1 月 9 日向商评委提出复审。

商评委经审理认为，申请商标违反修改前的《商标法》第十条第一款第（八）项规定的内容体现于现行《商标法》第十条第一款第（七）项规定之中。本案中，申请商标中"灸"为中医的一种治疗方法，该商标用于指定商品上，易使消费者对商品的治疗方法、功能用途等特点产生误认，已构成《商标法》第十条第一款第（七）项所指情形，故对申请商标在复审商品上的注册申请予以驳回。

[评析]

本案涉及驳回复审案件中，修改前的《商标法》第十条第一款第（八）项中关于"申请商标的注册易使消费者对质量等特点产生误认，从而造成不良影响"的情形与现行《商标法》第十条第一款第（七）项规定的转换适用问题。现行《商标法》第十条第一款第（七）项规定的"带有欺骗性，容易使公众对商品的质量等特点或者产地产生误认"，是指商标使用在指定的商品上，可能使公众对商品的质量等特点或者产地产生错误的认识，造成欺骗性后果。显而易见，在新法施行后，上述情形的法律适用更加明确。

（8）有害于社会主义道德风尚的或者有其他不良影响的，不得作为商标使用和注册。

社会主义道德风尚，是指我国人民共同生活及其行为的准则、规范以及在一定时期内社会上流行的良好风气和习惯；其他不良影响，是指商标的文字、图形或者其他构成要素对我国政治、经济、文化、宗教、民族等社会公共利益和公共秩序产生消极的、负面的影响。有害于社会主义道德风尚或者具有其他不良影响的判定应考虑社会背景、政治背景、历史背景、文化传统、民族风俗、宗教政策等因素，并应考虑商标的构成及其指定使用的商品和服务。因此，黄色、下流的标记，渲染恐怖主义、暴力的标记，带有反动色彩的标记，宣扬封建迷信思想的标记，均在禁止使用之列。

① 有害于社会主义道德风尚的，例如：

 干掉它们！ GANDIAO TAMEN 街頭霸王

② 具有政治上不良影响的，例如：

润芝

毛泽东字"润芝"　　　　　　普京为俄罗斯现任总统

（含有不完整的我国版图）

（殖民主义者对我国台湾的称谓）

③ 有害于种族尊严或者感情的，例如：

 HONKY

译为"白鬼子（黑人对白人的蔑称）"

④ 有害于宗教信仰、宗教感情或者民间信仰的，例如：

（佛教偶像）　　　　　（道教偶像）　　　　　（民间信仰）　　　　　（常见道观名称）

（MECCA的含义为宗教圣地"麦加"）

⑤ 与我国各党派、政府机构、社会团体等单位或者组织的名称、标志相同或者近似的，例如：

（民建为中国民主建国会的简称）　　　　　　（与我国海关关徽近似）

⑥ 与各国法定货币的图案、名称或者标记相同或者近似的，例如：

（欧元符号）　　　　　　　　　（美金即"美元"）

**案例分析 3：第 15063832 号"心满意竹 HEART SATISFYING BAMBOO"商标驳回复审案**

（"申请商标"）

[案情介绍]

第 15063832 号心满意竹 HEART SATISFYING BAMBOO 商标（以下称申请商

标）由成都蜀鑫泉贸易有限公司（即本案申请人）于2014年7月9日提出注册申请，指定使用在第24类浴巾等商品上。后商标局以申请商标心满意竹是对成语"心满意足"的不规范使用，用作商标注册，易产生不良社会影响，违反了《商标法》第十条第一款第（八）项等规定为由驳回其注册申请。2015年4月29日，申请人不服商标局的上述驳回决定，依法向商评委提出复审。

商评委经审理认为，申请商标心满意竹 HEART SATISFYING BAMBOO 中的"心满意竹"是对成语"心满意足"的不规范使用，作为商标使用在指定的浴巾等商品上，不仅扰乱规范汉语的使用秩序，且极易误导青少年对规范成语的认知，从而产生不良社会影响。申请商标已构成《商标法》第十条第一款第（八）项规定之情形，故对申请商标在复审商品上的注册申请予以驳回。

[评析]

《商标法》第十条第一款第（八）项规定，有害于社会主义道德风尚或者有其他不良影响的标志不得作为商标使用。其中，"其他不良影响"是指除了有害于社会主义道德风尚以外的情况，一般是指商标的文字、图形或者构成要素对我国政治、经济、文化、宗教、民族等社会公共利益和公共秩序产生消极的、负面的影响。具有其他不良影响应考虑社会背景、政治背景、历史背景、文化传统、民族风俗、宗教政治等因素，并应考虑商标的构成及其指定使用的商品和服务。由于本条属于禁用条款，当事人基于善意注册、有效使用并获得知名度等情况，并不能成为该标志不具有"其他不良影响"的合法抗辩事由。对于将汉字或者常见词汇不规范使用，容易误导公众特别是未成年人认知的，一般认为构成了"其他不良影响"。

（9）县级以上行政区划的地名或者公众知晓的外国地名，不得作为商标使用和注册。但具有其他含义或者作为集体商标、证明商标组成部分的除外，已经注册的使用地名的商标继续有效。

县级以上行政区划包括县级的县、自治县、县级市、市辖区；地级的市、自治州、地区、盟；省级的省、直辖市、自治区；两个特别行政区即香港、澳门；台湾地区。县级以上行政区划的地名以我国民政部编辑出版的《中华人民共和国行政区划简册》为准。本条中的县级以上行政区划地名包括全称、简称以及县级以上的省、自治区、直辖市、省会城市、计划单列市、著名的旅游城市的拼音形式。

公众知晓的外国地名，是指我国公众知晓的我国以外的其他国家和地区的地名。地名包括全称、简称、外文名称和通用的中文译名。

地名具有其他含义，是指地名作为词汇具有确定含义且该含义强于作为地名的含义，不会误导公众的。其他含义包括两种情形：一是构成地名的词汇本身有特殊的意义，如"花果山""长乐""长寿"等；二是地名作为商标已使用多年，已经具有了显著特征，便于识别，当公众提及该地名时，首先想到的是某种商标而非地名，如"贵州茅台"酒，"香槟"酒、"青岛"啤酒等。

① 商标由县级以上行政区划的地名构成，或者含有县级以上行政区划的地名，判定为与我国县级以上行政区划的地名相同。例如：

② 商标由公众知晓的外国地名构成，或者含有公众知晓的外国地名的，判定为与公众知晓的外国地名相同。例如：

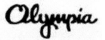

（美国加州）指定使用商品：啤酒、矿泉水

（希腊奥林匹亚）指定使用商品：服装

（德国首都柏林）指定使用商品：啤酒

（波兰首都华沙）指定使用商品：鞋

## 案例分析4：第6272283号"SWISSGEAR"商标异议复审案

# SWISSGEAR

（"被异议商标"）

**[案情介绍]**

第6272283号SWISSGEAR商标（以下称被异议商标）由威戈有限公司（即本案申请人）申请后遭驳回，福州跨洋贸易有限公司（即原异议人、本案被申请人）答辩称：被异议商标与瑞士国名"SWISS"近似，依法不得使用。申请人在瑞士注册的商标与被异议商标区别巨大，不能视为瑞士政府同意申请人在中国注册被异议商标。申请人在瑞士联邦知识产权局申请SWISSGEAR商标被驳回申请，申请人称瑞士政府同意其申请注册SWISSGEAR商标没有事实依据。申请人国际注册第978731号SWISSGEAR商标的申请亦因属于公共领域以及会引起误解被瑞士联邦知识产权局驳回。综上，被异议商标不应被核准注册。

商评委经审理认为，被异议商标易被识别为由"SWISS"和"GEAR"两个单词组合而成，其中"SWISS"（瑞士的、瑞士人的、瑞士文化的），与瑞士国家名称相近，属于《商标法》第十条第一款第（二）项所规定的不得作为商标使用的情形。另瑞士联邦知识产权局并未在瑞士核准申请人的SWISSGEAR商标注册，申请人在案主张的其在瑞士获准注册的SWISSGEAR BY WENGER商标与被异议商标SWISSGEAR差别明显，该商标在瑞士获准注册并不能视为瑞士政府同意申请人注册被异议商标。SWISSGEAR商标在欧盟内部市场协调局获准注册的情形亦不能视为其在瑞士本国已获准注册。综上，商评委裁定被异议商标不予核准注册。

**[评析]**

《商标法》第十条第一款第（二）项规定，同外国的国家名称、国旗、国徽、军旗等相同或者近似的标志不得作为商标使用，但经该国政府同意的除外。此例外规定中"经外国政府同意"应包括两种情形：一为明确同意，即外国政府明确授权申请人在其商标中使用该国国家名称，申请人应当提交经该外国政府同意的书面证明文件；二为视为同意，即申请人已将该商标在此外国国家获准注册，申请人应当提交该商标在此外国国家获准注册的证明材料。本案中，申请人仅提交了 SWISSGEAR BY WENGER 商标在瑞士的注册证明，不能视为瑞士政府同意本案被异议商标 SWISSGEAR 的注册。

## 3.2.3　商标显著性的判断标准

1.《商标法》对商标显著性的规定

《商标法》第十一条规定：

下列标志不得作为商标注册：

（一）仅有本商品的通用名称、图形、型号的；

（二）仅直接表示商品的质量、主要原料、功能、用途、重量、数量及其他特点的；

（三）其他缺乏显著特征的。

前款所列标志经过使用取得显著特征，并便于识别的，可以作为商标注册。"

《商标审查标准》对商标显著特征的审查标准的规定

《商标审查标准》依据《商标法》第十一条的规定，对商标显著特征的审查标准作出了详细规定。

商标显著特征的判断应当综合考虑构成商标的标志本身（含义、呼叫和外观构成等）、商标指定使用商品、商标指定使用商品的相关公众的认知习惯、商标指定使用商品所属行业的实际使用情况等因素。

1）仅有本商品的通用名称、图形、型号的

通用名称、图形、型号，是指国家标准、行业标准规定的或者约定俗成的名称、图形、型号，其中名称包括全称、简称、缩写、俗称。

（1）仅有指定使用商品的通用名称的，例如：

指定使用商品：人参

**MULLER**

指定使用商品：磨具（手工具）（"MULLER"可以译为"研磨机"）

指定使用商品：水果

指定使用商品：鞋底

（2）仅有指定使用商品的通用型号的，例如：

502
伍零贰

指定使用商品：胶

XXL

指定使用商品：服装

ZKT

指定使用商品：空调机

（ZK：组合式空调机代号；T：通用机组代号）

**案例分析 5：第 6257372 号"Cava"商标无效宣告案**

（"争议商标"）

[案情介绍]

第 6257372 号 Cava 商标（以下称争议商标）由太平洋食品有限公司（即本案被申请人）注册，核定使用在第 33 类酒（饮料）等商品上。2015 年 4 月 21日，该商标被卡瓦管理委员会（即本案申请人）提出无效宣告请求。申请人称："CAVA"是一种产自西班牙特定产区的气泡酒的名称，属于酒类商品的通用名称，故依据《商标法》第十一条第一款第（一）项等规定，应撤销争议商标注册。被申请人在规定期限内未予答辩。

商评委经审理认为，由关于"CAVA"的多份刊物记载及市场上有菲斯奈特、伯爵绿等多个品牌的西班牙产起泡酒（CAVA）销售等情况可知，相关公众普遍认为"CAVA"能够指代西班牙产的气泡酒这一类商品，故可以认定"CA-VA"为其通用名称。争议商标由外文"Cava"构成，核定使用在酒（饮料）等商品上，易使相关公众将其作为商品的通用名称来进行识别，缺乏商标应有的显著特征，已构成修改前《商标法》第十一条第一款第（一）项所指情形。综上，商评委裁定争议商标予以无效宣告。

[评析]

《商标法》第十一条第一款第（一）项规定，仅有本商品的通用名称的标志不得作为商标注册。考虑到通用名称作为商标注册不具有显著性，从消费者及同业生产经营者利益出发，通用名称是不得作为商标注册的。判断争议商标是否为通用名称时，应当审查其是否属于法定的或约定俗成的商品名称。本案就涉及约定俗成的通用名称的认定问题。如果在案证据可以证明该商标在指定商品上已被同行业或相关公众较为广泛使用，相关公众普遍认为其能够指代一类商品，那么应当认定该商标构成了约定俗成的通用名称。

2）仅直接表示商品的质量、主要原料、功能、用途、重量、数量及其他特点的

仅直接表示，是指商标仅由对指定使用商品的质量、主要原料、功能、用途、重量、数量及其他特点具有直接说明性和描述性的标志构成。

（1）仅仅直接表示指定使用商品的质量，例如：

指定使用商品：食用油

指定使用商品：面粉

指定使用商品：米

（2）仅仅直接表示指定使用商品的主要原料，例如：

# 柴鸡

指定使用商品：调味品

# 彩棉

指定使用商品：服装

# 龙眼

指定使用商品：非医用营养液、糖果

（3）仅仅直接表示指定使用商品的功能、用途，例如：

# *SAFETY*

指定使用商品：漏电保护器（"SAFETY"的含义为"安全、保险"）

# 纯净气

指定使用商品：气体净化装置

# 脑基因

指定使用商品：非医用营养液

（4）仅仅直接表示指定使用商品的重量、数量，例如：

# 50kg

指定使用商品：米

# 50支

指定使用商品：香烟

（5）仅仅直接表示指定使用商品的特定消费对象的，例如：

# 女过四十

指定使用商品：非医用营养液

醫　生

指定使用商品：医疗手术用手套

（6）仅仅直接表示指定使用商品的价格的，例如：

指定使用商品：磁带、光盘（音像）、眼镜

百元店

指定使用服务：推销（替他人）

（7）仅仅直接表示指定使用商品的内容的，例如：

法律之星

指定使用商品：光盘、计算机软件（已录制）

物流通

指定使用商品：计算机软件

（8）仅仅直接表示指定使用商品风格或者风味的，例如：

中式

指定使用商品：家具

果味夹心

指定使用商品：饼干

（9）仅仅直接表示指定使用商品的使用方式、方法的，例如：

自　助

指定使用服务：教育、书籍出版

冲泡

指定使用商品：方便面

（10）仅仅直接表示指定使用商品的生产工艺的，例如：

**湘 绣**
XIANGXIU

指定使用商品：服装

**蜡染**

指定使用商品：布

（11）仅仅直接表示指定使用商品生产地点、时间、年份的，例如：

AMERICAN NATIVE

指定使用商品：香烟（译为"美国本土、土产"）

**990418**
指定使用商品：酒

（12）仅仅直接表示指定使用商品的形态的，例如：

**SOLID**

指定使用商品：硅酸盐、工业用胶（译为"固体的"）

**果晶**

指定使用商品：无酒精果汁饮料（"果晶"为固体饮料的一种形式）

（13）仅仅直接表示指定使用商品的有效期限、保质期或者服务时间的，例如：

**全 天**

指定使用服务：无线电广播、有线电视

**24 小时**

指定使用服务：银行

（14）仅仅直接表示商品的销售场所或者地域范围的，例如：

大食堂
DASHITANG

指定使用商品：餐馆

酒　轩

指定使用商品：白酒

（15）仅仅直接表示商品的技术特点的，例如：

蓝牙

指定使用商品：电话机

NAMI
纳米

指定使用商品：浴室装置

共晶

指定使用商品：防冻剂

**案例分析 6：第 5324919 号"金絲贴"商标无效宣告案**

（"争议商标"）

[案情介绍]

第 5324919 号金丝贴商标（以下称争议商标）由德州市华夏民间工艺研究所（即本案被申请人）于 2006 年 4 月 29 日提出注册申请，于 2009 年 12 月 7 日获准注册，核定使用在第 24 类纺织品壁挂商品上。后被李福生（即本案申请人）提出撤销注册申请。被申请人答辩称："金丝贴"与"金丝彩贴"是根本不同的两码事。"金丝贴"不是产品制作工艺，与产品生产方法、使用原料及制作工艺无关，也不是商品通用名称。"金丝贴"在注册商标前就是被申请人独家使用的知名商品特有名称，与申请人无关，故争议商标应予维持注册。

商评委经审理认为，由申请人提交的《经济技术协作信息》（月刊）1994年第七期、《山东旅游年鉴》《大众日报》及科学技术成果鉴定证书等证据可知，"金丝彩贴"是一种手工艺品的制作工艺。争议商标金丝贴与"金丝彩贴"在文字构成、呼叫、外观等方面相近，且整体上未形成明显区别于"金丝彩贴"的其他含义，可以认定争议商标金丝贴与"金丝彩贴"的指称意义相同，即是一种手工艺品的制作工艺。故争议商标金丝贴作为商标指定使用在纺织品壁挂商品上，仅仅直接表示了指定商品的制作工艺等特点，不能起到区别商品来源的作用，缺乏商标应有的显著特征，其注册已违反修改前《商标法》第十一条第一款第（二）项的规定。综上，商评委裁定争议商标予以无效宣告。

[评析]

本案意义在于：《商标法》第十一条第一款第（二）项规定，仅直接表示商品的质量、主要原料、功能、用途、重量、数量及其他特点的标志不得作为商标注册。该条中的"仅直接表示"是指商标仅由对指定使用商品的质量、主要原料、功能、用途、重量、数量及其他特点具有直接说明性和描述性的标志构成。而是否属于描述性标志，不能仅以其是否包含描述性成分加以认定。描述性标志必须是整体均是对商品主要特点的描述，才会被禁止作为商标注册。

3）其他缺乏显著特征的

其他缺乏显著特征的标志，是指《商标法》第十一条第一款第（一）、（二）项以外的依照社会通常观念其本身或者作为商标使用在指定使用商品上不具备表示商品来源作用的标志。

（1）过于简单的线条、普通几何图形，例如：

但线条、几何图形与文字或者其他要素组合而整体具有显著特征的除外。例如：

指定使用商品：电炉        指定使用商品：白酒

（2）过于复杂的文字、图形、数字、字母或上述要素的组合，例如：

指定使用商品：茶、茶饮料

指定使用商品：糖果

（3）一个或者两个普通表现形式的字母，例如：

指定使用商品：服装        指定使用商品：手表、钟

（4）普通形式的阿拉伯数字指定使用于习惯以数字做型号或货号的商品上，
例如：

指定使用商品：口红

指定使用商品：消毒剂

（5）指定使用商品的常用包装、容器或者装饰性图案，例如：

指定使用商品：香烟

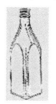

指定使用商品：酒

（6）非独创的表示商品或者服务特点的短语或者句子，例如：

**一旦拥有，别无所求**

指定使用商品：箱、包（对使用对象进行引导）

*让养殖业充满生机*

指定使用商品：饲料（暗示使用商品的效果）

但独创且非流行或者与其他要素组合而整体具有显著特征的除外，例如：

抓住它，
别让它轻飞走

指定使用商品：片剂

木匠是朋友
woodman is friend

指定使用商品：工业用粘合剂

（7）本行业或者相关行业常用的贸易场所名称，例如：

衣店

指定使用服务：服装

mall

指定使用服务：推销（替他人）

（8）本行业或者相关行业通用的商贸用语或者标志，例如：

指定使用商品：电脑软件（录制好的）

指定使用商品：修指甲工具

但与其他要素组合而整体具有显著特征的除外，例如：

# 卓越网购

指定使用服务：推销（替他人）

# 薇薇美容

指定使用服务：美容院

（9）企业的组织形式、本行业名称或者简称，例如：

# Inc

指定使用商品：印刷出版物（"INC"译为"公司"）

# 公司
## CO.

指定使用商品：印刷出版物

# 重 工

指定使用商品：起重运输机械（"重工"是本行业的简称）

但带有其他构成要素而整体具有显著特征的除外。例如：

## SUPERSOCPE INC.

指定使用商品：音频设备（"INC"译为"公司"）

指定使用商品：挖掘机

## 案例分析 7：第 13163781 号"就此时　享尽致"商标驳回复审案

就此时　享尽致

（"申请商标"）

[案情介绍]

第 13163781 号"就此时享尽致"商标（以下称申请商标）由观致汽车有限公司（即本案申请人）于 2013 年 8 月 30 日提出注册申请，指定使用在第 7 类汽车发动机冷却用散热器等商品上。后商标局以该商标文字为常用的广告宣传用语，整体缺乏显著特征，不具备商标识别作用，违反了《商标法》第十一条第一款第（三）项等规定为由驳回其注册申请。2014 年 10 月 30 日，申请人不服商标局的上述驳回决定，依法向商评委提出复审。

商评委经审理认为，申请商标文字"就此时 享尽致"为常用的广告宣传用语，整体缺乏显著特征，不具备商标识别作用。故申请商标已构成《商标法》第十一条第一款第（三）项规定之情形，对申请商标在复审商品上的注册申请予以驳回。

[评析]

《商标法》第十一条第一款第（三）项规定，其他缺乏显著特征的标志不得作为商标注册。该条"其他缺乏显著特征的标志"具体是指除《商标法》第十一条第一款第（一）、（二）项以外的依照社会通常观念其本身或者作为商标使用在指定商品上不具备表示商品来源作用的标志。在目前的审理案件实践中，广告语最终能够作为商标申请注册成功的案例很少，因为相关短语或句子自身的内容，通常会使相关公众将其作为广告宣传用语加以对待，缺乏商标应具备的显著特征。广告语是否独创或流行，并非判断其是否具有作为商标加以注册所需具备的显著特征的标准。

**案例分析 8：第 13231087 号三维标志商标驳回复审案**

（"申请商标"）

[案情介绍]

　　第 13231087 号三维标志商标（以下称申请商标）由 WD - 40 制造公司（即本案申请人）于 2013 年 9 月 12 日提出注册申请，指定使用在第 4 类润滑油等商品上。后商标局以该商标为本商品的普通包装图形，缺乏显著特征，不具备商标识别作用，违反了《商标法》第十一条第一款第（三）项等规定为由驳回其注册申请。2015 年 3 月 23 日，申请人不服商标局的上述驳回决定，依法向商评委提出复审。

　　商评委经审理认为，申请商标由三维标志加"WD - 40"等文字组成，该立体图形部分为申请商标指定使用的润滑油商品的普通包装图形，其整体缺乏商标应有的显著特征，已构成《商标法》第十一条第一款第（三）项所指的情形。商标审查遵循个案审查原则，其他商标的注册情况不能成为申请商标获准注册的当然依据。申请人向商评委提交的在案证据不足以证明申请商标经申请人的广泛使用和宣传已取得显著特征并便于识别从而具有商标的可注册性。故申请商标已构成《商标法》第十一条第一款第（三）项规定之情形，对申请商标在复审商品上的注册申请予以驳回。

[评析]

　　《商标法》第八条规定，任何能够将自然人、法人或者其他组织的商品与他人的商品区别开的标志，包括文字、图形、字母、数字、三维标志、颜色组合和声音等，以及上述要素的组合，均可以作为商标申请注册。立体商标是相对于平面商标而言的，是指占据了一定立体空间的三维标志。立体商标可分为单一立体商标与组合立体商标。在具体审理实践中，由于立体商标的申请注册涉及与外观设计或实用新型专利权的冲突与协调以及对公共利益的影响，且对于绝大多数立体商标而言，消费者易将其识别为商品的外形、包装或容器等，缺乏商标应有的显著特征，因此对立体商标的审查通常持审慎的态度。

除《商标法》第十一条规定"下列标志：（一）仅有本商品的通用名称、图形、型号的；（二）仅直接表示商品的质量、主要原料、功能、用途、重量、数量及其他特点的；（三）其他缺乏显著特征的。"不得作为商标注册外，"前款所列标志经过使用取得显著特征，并便于识别的，可以作为商标注册。"，即原本不具有显著性的标志，经过大量实际地使用，可获得商标的显著性特征。

**案例分析 9：第 5127315 号六个核桃商标无效宣告案**

（"争议商标"）

**[案情介绍]**

第 5127315 号六个核桃商标（以下称争议商标）由姚奎章于 2006 年 1 月 19 日向商标局申请注册，核定使用商品为第 32 类无酒精饮料等商品上，于 2009 年 6 月 28 日获准注册，商标专用权期限至 2019 年 6 月 27 日。2008 年 4 月 15 日该商标经商标局核准转让至河北养元智汇饮品股份有限公司（本案被申请人）。2013 年 11 月 15 日，河北智尊智圣饮料有限公司（本案申请人）对该争议商标提出撤销注册申请。申请人称：争议商标使用在无酒精饮料等商品上，仅仅直接表示了指定使用商品的主要原料等特点。且争议商标使用时间较短，未通过使用获得商标应有的显著特征。故依据修改前的《商标法》第十条第一款等规定，请求撤销争议商标的注册。被申请人答辩称：争议商标为被申请人首创，通过长期使用和宣传，已为消费者所广泛认可，具有极高的知名度和影响力，取得了商标应有的显著特征，应予维持注册。

商评委经审理认为，从被申请人提交的大量销售、广告、合同发票凭证等证据可知，使用争议商标的产品的销售区域至少涉及全国 13 个省和直辖市，被申请人聘请了梅婷和陈鲁豫作为使用争议商标产品的形象代言人，并通过报纸、户外广告牌等方式对争议商标进行了大量宣传，争议商标经过使用获得了多项荣誉证书，并被河北省工商局认定为知名商品。上述证据可以证明争议商标通过广泛宣传和使用，已能够起到区分商品来源的作用，取得了商标应有的显著特征，并便于识别。因此，争议商标符合修改前的《商标法》第十一条第二款所规定之情形，并未违反修改前的《商标法》第十一条第一款之规定，应予维持注册。

[评析]

《商标法》第十一条第二款规定，前款所列标志经过使用取得显著特征，并便于识别，可以作为商标注册。因此，对不具有固有显著特征的标志，如果商标的使用人能够提供证据证明该标志通过长期的宣传使用等，达到了相关公众能够通过该标志对商品来源加以识别的程度，则可以认定上述标志已获得了作为商标注册所要求的显著特征。

## 3.2.4　商标相同或近似的判断标准

### 1. 相同商品或类似商品的界定

《商标法》第三十条规定："申请注册的商标，凡不符合本法有关规定或者同他人在同一种商品或者类似商品上已经注册的或者初步审定的商标相同或者近似的，由商标局驳回申请，不予公告"。

从上述条文不难看出，两个商标是否构成相同或近似，其必要条件是"申请在同一种商品或者类似商品上"，首先，解释一下何为同一种商品、类似商品。

同一种商品，是指名称、用途、功能或者销售渠道等方面相同的商品，一般来说，同一种商品的名称应该相同，但有时两种商品名称虽然不同，但实质是完全一致的，如"面"和"面粉"。类似商品，是指在功能、用途、生产部门、销售渠道、消费对象等方面相同，或者相关公众一般认为其存在着特定联系、容易造成混淆的商品。

认定商品相同或者类似，一般以商标局公布的《类似商品和服务区分表》

作为判断的参考，该表将商品和服务共分为 45 类，每个类别之下又分设群组。一般来说，每个群组中的商品或服务互为类似，群组与群组互不类似，但也有例外。如 05 类 01 群组为药品等商品，共有 8 个自然段，但这 8 个自然段之间互不类似；02 类第 05 群组为油漆、涂料等商品，该群组的商品与 19 类 12 群组建筑涂料互为类似。

2. 商标相同或近似的审查标准

商标相同和近似的判定，首先应认定指定使用商品或服务是否属于同一种或类似商品或者服务；其次应从商标本身的形、音、义和整体表现形式等方面，以相关公众的一般注意力为标准，并采取整体观察与比对主要部分的方法，判断商标标志本身是否相同或者近似。

《商标审查标准》对商标相同或近似规定了详细的审查标准。

1）文字商标的审查

（1）中文商标的汉字构成相同，仅字体或设计、注音、排列顺序不同，易使相关公众对商品或者服务的来源产生误认的，判定为近似商标。例如：

（2）商标由相同外文、字母或数字构成，仅字体或设计不同，易使相关公众对商品或者服务的来源产生误认的，判定为近似商标。例如：

但有下列情形之一的除外：

① 商标由一个或两个非普通字体的外文字母构成，无含义且字形明显不同，使商标整体区别明显，不易使相关公众对商品或者服务的来源产生误认的。例如：

② 商标由三个或者三个以上外文字母构成，顺序不同，读音或者字形明显不同，无含义或者含义不同，使商标整体区别明显，不易使相关公众对商品或者服务的来源产生误认的。例如：

（译为"出租马车"）

（3）商标由两个外文单词构成，仅单词顺序不同，含义无明显区别，易使相关公众对商品或者服务的来源产生误认的，判定为近似商标。例如：

**HAWKWOLF** 与 **WOLFHAWK**

（HAWK译为"鹰"，WOLF译为"狼"）

**Wintech** 与 **Techwin**

（Win译为"赢"，tech译为"技术学院"）

（4）中文商标由三个或者三个以上汉字构成，仅个别汉字不同，整体无含义或者含义无明显区别，易使相关公众对商品或者服务的来源产生误认的，判定为近似商标。例如：

蒙尔斯特 与 蒙尔斯吉

帕尔斯 与 帕洛尔斯

但首字读音或者字形明显不同，或者整体含义不同，使商标整体区别明显，不易使相关公众对商品或者服务的来源产生误认的除外。例如：

东方雪 与 東方雪狼

迷尔派斯 与 舒尔派斯

电老虎 与 电飛虎

（5）外文商标由四个或者四个以上字母构成，仅个别字母不同，整体无含义或者含义无明显区别，易使相关公众对商品或者服务的来源产生误认的，判定为近似商标。例如：

SOMI 与 SOMIS

SUNMIGHT 与 SUNLIGHT

（译为"太阳力量"） （译为"阳光"）

CAROLFLEX 与 CARPOFLEX

但首字母发音及字形明显不同，或者整体含义不同，使商标整体区别明显，不易使相关公众对商品或者服务的来源产生误认的除外。例如：

RELGAN 与 SELGAN

HORSE 与 HOUSE

（译为"马"） （译为"房子"）

（6）商标文字字形近似，易使相关公众对商品或者服务的来源产生误认的，判定为近似商标。例如：

酷几 　与　 酷儿

花中王 　与　 花中玉

**CTI** 　与　 GTI

（7）商标文字读音相同或者近似，且字形或者整体外观近似，易使相关公众对商品或者服务的来源产生误认的，判定为近似商标。例如：

洛淇 　与　 洛淇

惠特曼 　与　 蕙特曼

CATANA 　与　 **KATANA**

但含义、字形或者整体外观区别明显，不易使相关公众对商品或者服务的来源产生误认的除外。例如：

**好哥** 　与　 好歌

高太丝 　与　 高泰斯

**幸 运 树** 　与　 **幸运数**

（8）商标文字含义相同或近似，易使相关公众对商品或者服务的来源产生误认的，判定为近似商标。例如：

**玫瑰花** 　与　 **玫瑰**

**精卫** 　与　 **精 卫 鸟**

**CROWN** 与 **皇冠**

（译为"皇冠"）

**SK-TWO** 与 **SK-Ⅱ**

（9）商标文字由字、词重叠而成，易使相关公众对商品或者服务的来源产生误认的，判定为近似商标。例如：

**星** 与 **星星**

**哈罗** 与 **哈罗哈罗**

**Vicki** 与 **VICKI·VICKI**

（10）外文商标仅在形式上发生单复数、动名词、缩写、添加冠词、比较级或最高级、词性等变化，但表述的含义基本相同，易使相关公众对商品或者服务的来源产生误认的，判定为近似商标。例如：

**BIG FOOT** 与 **BIG FEET**

（单数形式） （复数形式）

**SAIL** 与 **SAILING**

（动词普通形式） （动名词形式）

**BEGONIA** 与 **La Begonia**

（名词普通形式） （名词加冠词形式）

**Beautiful** 与 **More Beautiful**

（形容词原级） （形容词比较级）

**Brave** 与 Bravery
（形容词形式） （名词形式）

（11）商标是在他人在先商标中加上本商品的通用名称、型号，易使相关公众对商品或者服务的来源产生误认的，判定为近似商标。例如：

蒙原 与 蒙原肥羊
（指定使用商品：加工过的肉） （指定使用商品：肉）

绿安 与 绿安服饰
（指定使用商品：工作服） （指定使用商品：衬衫）

（12）商标是在他人在先商标中加上某些表示商品生产、销售或使用场所的文字，易使相关公众对商品或者服务的来源产生误认的，判定为近似商标。例如：

丽人 与 丽人坊
（指定使用服务：美容院） （指定使用项目：美容院）

金鼎 与 金鼎轩
（指定使用商品：家具） （指定使用商品：家具）

红鸟 与
（指定使用商品：服装） （指定使用商品：服装）

 与
（指定使用商品：食用蜂胶） （指定使用商品：非医用营养液）

（13）商标是在他人在先商标中加上直接表示商品的质量、主要原料、功能、用途、重量、数量及其他特点的文字，易使相关公众对商品或者服务的来源产生误认的，判定为近似商标。例如：

（指定使用商品：植物生长调节剂）　　（指定使用商品：消灭有害动物制剂）

（指定使用商品：酸奶）　　（指定使用商品：冻酸奶）

（指定使用商品：豆制品）　　（指定使用商品：食物蛋白）

（14）商标是在他人在先商标中加上起修饰作用的形容词或者副词以及其他在商标中显著性较弱的文字，所表述的含义基本相同，易使相关公众对商品或者服务的来源产生误认的，判定为近似商标。例如：

（指定使用商品：服装）　　　　（指定使用商品：服装）

但含义或者整体区别明显，不易使相关公众对商品或者服务的来源产生误认的除外。例如：

# 太阳 与 蓝太阳

（15）两个商标或其中之一由两个或者两个以上相对独立的部分构成，其中显著部分近似，易使相关公众对商品或者服务的来源产生误认的，判定为近似商标。例如：

| | | |
|---|---|---|
| 精彩生活 愛麗斯 | 与 | 愛麗斯 |
| ADA SMC | 与 | ada |
| benge 奔鸽 | 与 | benge 本格 |
| FENICIA | 与 | FELICIA 法莱亚 |

但整体含义区别明显，不易使相关公众对商品或者服务的来源产生误认的除外。例如：

（16）商标完整地包含他人在先具有一定知名度或者显著性较强的文字商标，易使相关公众认为属于系列商标而对商品或者服务的来源产生误认的，判定为近似商标。例如：

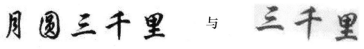

（指定使用服务：饭店）　　　　　　（指定使用服务：饭店）

<table>
<tr><td>星星梦特娇<br>（指定使用商品：服装）</td><td>与</td><td>夢特嬌<br>（指定使用商品：服装）</td></tr>
<tr><td>欧莱雅海皙<br>（指定使用商品：化妆品）</td><td>与</td><td>欧莱雅<br>（指定使用商品：化妆品）</td></tr>
<tr><td>红狮兰龙<br>（指定使用商品：油漆）</td><td>与</td><td>红 狮<br>（指定使用商品：漆）</td></tr>
</table>

**案例分析 10：第 8288451 号九狼王 JOWOLFWOR 商标无效宣告案**

| | |
|---|---|
| 争议商标 | JOWOLFWOR<br>九狼王 |
| 引证商标一 | Jiumuwang<br>九牧王 |
| 引证商标二 | 九牧王 |
| 引证商标三 |  |

[**案情介绍**]

　　第 8288451 号九狼王 JOWOLFWOR 商标（以下称争议商标）由郁振威于 2010 年 5 月 12 日提出注册申请，2011 年 5 月 14 日获准注册，核定使用在第 25 类服装等商品上。2013 年 5 月 27 日，该商标经核准转让给美国九狼王控股集团有限公司（即本案被申请人）。后该商标被九牧王股份有限公司（即本案申请人）提出无效宣告请求。申请人称：争议商标与申请人在先注册的第 1271023 号九牧王 Jiumuwang 及图商标（以下称引证商标一）、第 4863828 号九牧王商标

（以下称引证商标二）构成使用在类似商品上的近似商标。且争议商标与申请人已经在中国注册的驰名商标即第3062459号 九牧王 JOE ONE 及图商标（以下称引证商标三）构成近似，其注册会误导公众，致使申请人的利益可能受到损害。综上，请求依据《商标法》第三十条等规定，宣告争议商标无效。被申请人在规定期限内未予答辩。

商评委经审理认为，争议商标核定使用的服装等商品分别与引证商标一、二、三核定使用的衣物、服装等商品在功能、用途等方面相同或关联密切，为同一种或类似商品。争议商标由中文"九狼王"和英文"JOWOLFWOR"构成，引证商标一、二、三显著识别部分为汉字"九牧王"。争议商标与引证商标一、二、三首尾文字相同，仅中间一字不同，商标整体外观近似，相关公众施以一般注意力不易区分。同时，申请人提交的驰名商标批复、荣誉证书等证据表明三引证商标在争议商标申请前即已具有较高知名度，该知名度加大了争议商标与三引证商标混淆的可能性。因此，争议商标与引证商标一、二、三已构成修改前《商标法》第二十八条所指同一种或类似商品上的近似商标，应予以无效宣告。

**[评析]**

本案涉及适用《商标法》第三十条近似商标的判定问题。两商标是否构成近似商标，既要考虑商标标志构成要素及其整体的近似程度，也要考虑相关商标的显著性和知名度、所使用商品的关联程度等因素，以是否容易导致混淆作为判断标准，应避免简单地把商标构成要素近似与商标近似等同起来。

2）图形商标的审查

（1）商标图形的构图和整体外观近似，易使相关公众对商品或者服务的来源产生误认的，判定为近似商标。例如：

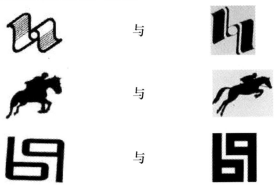

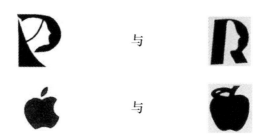

（2）商标完整地包含他人在先具有一定知名度或者显著性较强的图形商标，易使相关公众认为属于系列商标而对商品或者服务的来源产生误认的，判定为近似商标。例如：

（指定使用商品：服装）　　　　　　　　　（指定使用商品：服装）

**案例分析 11：第 15963963 号"金正方 GOLDEN SQUARE TECHNOLOGY 及图"商标驳回复审案**

申请商标　　　　　　　　　　　　　引证商标

[**案情介绍**]

"深圳市金正方科技股份有限公司"（以下称"申请人"）于 2014 年 12 月 18 日向国家商标局申请在第 11 类的"灯；发光二极管（LED）照明器具；路灯；运载工具用灯；照明用提灯；冷冻设备和装置；蓄热器；太阳能收集器；水净化设备和机器；聚合反应设备"商品项目上注册第 15963963 号"金正方 GOLDEN SQUARE TECHNOLOGY 及图"（以下称"申请商标"），国家商标局于 2015 年 09 月 29 日对申请人的"金正方 GOLDEN SQUARE TECHNOLOGY 及图"商标注册申请作出部分驳回决定。

申请人在法定的期限内就申请商标向商标评审委员会提出驳回复审申请，

认为申请商标为申请人的独创设计，与商标局引证的第 11628907 号商标（即引证商标）；在图形构成及设计方式、要素、显著识别部分、呼叫、含义及整体外观上等方面差异极大，不构成使用在同一种或类似商品上的近似商标，同时提交了证据证明申请人拥有的申请商标经过使用和宣传取得一定的知名度，申请商标与引证商标并存使用，并不会使消费者对商品的来源产生混淆和误认。

商评委经审查认为，申请商标与引证商标不构成类似商品上的近似商标，并存使用在市场上并不会使消费者对商品的来源产生混淆、误认，最终依据《商标法》第二十八条的规定，申请商标予以初步审定，由商评委移交商标局办理相关事宜。

[评析]

根据《最高人民法院关于审理商标授权确权行政案件若干问题的意见》（法发（2010）12 号）第 16 条的规定，人民法院认定商标是否近似，既要考虑商标标志构成要素及其整体的近似程度，也要考虑相关商标的显著性和知名度、所使用商品的关联程度等因素，以是否容易导致混淆作为判断标准。

根据《商标审查标准》第三部分关于组合商标近似审查之第 4 项规定：商标图形部分近似，易使相关公众对商品或者服务的来源产生误认的，判定为近似商标。但因图形为本商品常用图案，或者主要起装饰、背景作用而在商标中显著性较弱，商标整体含义、呼叫或者外观区别明显，不易使相关公众对商品或者服务的来源产生误认的除外。

据此，商标近似的判断是综合考虑各种因素的结果，其中，商标的显著性和知名度是重要的考虑因素，而最终标准是商标共存是否容易导致相关公众的误认、混淆。

认定本案申请商标与引证商标是否构成近似，关键在于其显著识别部分、整体含义及整体外观上的差异性。首先，在显著识别部分上，由于国内谙熟中文的语言环境，遂申请商标显著识别部分为汉字"金正方"；而引证商标显著识别部分为其图形本身；很显然，申请商标有着不同于引证商标的显著识别部分的"金正方"，在两商标的整体含义上也存在较大差异。其次，申请商标由汉字要素、英文要素及图形要素组合构成，其在整体外观与纯图形商标的引证商标有明显区别。在公众的一般注意力下，很难将视觉效果如此迥异的两商标混淆。且申请商标经宣传、推广及使用已享有一定的知名度，申请商标与引证商标并存使用并不会使消费者对商品的来源产生混淆和误认，以致商评委支持了申请人的复审理由，对本案申请商标做出准予其初审公告的决定，从而让申请人的品牌推广、宣传及市场使用得以正常进行。

3）组合商标的审查

（1）商标的汉字部分相同或近似，易使相关公众对商品或者服务的来源产生误认的，判定为近似商标。例如：

（2）商标的外文、字母、数字部分相同或近似，易使相关公众对商品或者服务的来源产生误认的，判定为近似商标。例如：

但整体呼叫、含义或者外观区别明显，不易使相关公众对商品或者服务的来源产生误认的除外。例如：

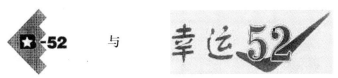

（3）商标中不同语种文字的主要含义相同或基本相同，易使相关公众对商品或者服务的来源产生误认的，判定为近似商标。例如：

但整体构成、呼叫或者外观区别明显，不易使相关公众对商品或者服务的来源产生误认的除外。例如：

（HAPPYTREE可译为"快乐树、开心树、幸福树"等）

（UNIQUE译为"唯一的、独特的"，与"不二"有一定对应关系）

（4）商标图形部分近似，易使相关公众对商品或者服务的来源产生误认的，判定为近似商标。例如：

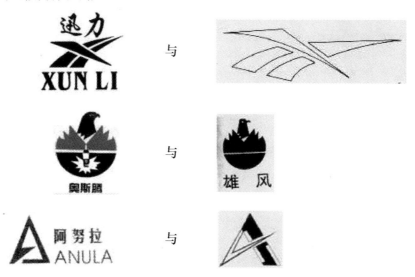

与

与

与

但因图形为本商品常用图案，或者主要起装饰、背景作用而在商标中显著性较弱，商标整体含义、呼叫或者外观区别明显，不易使相关公众对商品或者服务的来源产生误认的除外。例如：

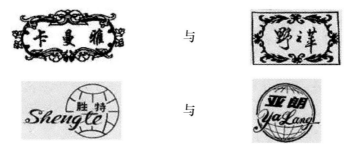

与

与

（5）商标文字、图形不同，但排列组合方式或者整体描述的事物基本相同，使商标整体外观或者含义近似，易使相关公众对商品或者服务的来源产生误认的，判定为近似商标。例如：

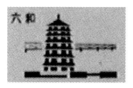

与

指定使用商品：龙头防溅喷嘴　　　　　　　指定使用商品：水管龙头

## 3.3　商标注册申请的处理

### 3.3.1　初步审定公告

初步审定公告是《商标法》规定的核准注册商标的必经程序，意味着该商标注册申请经形式审查和实质审查初步符合《商标法》及《商标法实施条例》的规定，作出可以初步核准注册的审定结论时发布的商标公告。初步审定公告的期限为三个月，自公告之日起计算。

初步审定公告的目的在于：

（1）可以公开征求社会各方面的意见，增加商标审查工作的透明度，使社会公众、机关团体都可以依照商标法规，对商标局初步审定的商标进行监督，以利于准确地核准商标注册；

（2）使注册在先的商标注册人、申请在先的申请人及其他在先权利人，有维护自身权益的机会，以避免和减少商标注册后可能发生的权利冲突；

（3）便于申请人在申请前查询拟申请注册的商标，以免申请后遭到驳回。

普通商标的商标初步审定公告，依商品类别申请序号分类公告：审定号、申请日期、商标及图样、指定使用商品、申请人（法人或自然人名称或姓名）、地址、代理人等。

集体商标和证明商标的商标初步审定公告，除了普通商标所有的内容外，还包括该商标的使用管理规则的全文或者摘要。集体商标、证明商标及其商标使用管理规则的公告，是使集体商标、证明商标的注册、使用及管理公诸于众，并受社会各界的监督。

初步审定商标公告并不是商标申请人取得其所申请的商标专用权的凭证，而是取得商标专用权的必经程序。初步审定公告的商标不等于核准注册，也就是说该商标申请人尚未取得该商标的专用权。

对初步审定公告的商标，自公告之日起三个月内，在先权利人、利害关系人认为违反《商标法》第十三条第二款和第三款、第十五条、第十六条第一款、第三十条、第三十一条、第三十二条规定的，或者任何人认为违反《商标法》第十条、第十一条、第十二条规定的，可以向商标局提出异议。公告期满无异议的，予以核准注册，发给商标注册证，并予公告。公告期间存在商标异议的，商标局将依法对所提异议进行裁定。

## 3.3.2　商标注册申请的驳回与复审

对于申请注册的商标，商标局自收到商标注册申请文件之日起九个月内完成审查，经过形式审查及实质审查，对于符合《商标法》及《商标法实施条例》相关规定的，予以初步审定公告；对于不符合《商标法》及《商标法实施条例》相关规定的，由商标局驳回申请，不予公告。

商标驳回决定的法律依据主要有两种：

1. 绝对理由

绝对理由，是指违反了《商标法》有关商标禁用和禁注的规定。

以下标志不得作为商标使用（"禁止使用"）：

（1）同中华人民共和国的国家名称、国旗、国徽、军旗、勋章相同或者近似的，以及同中央国家机关所在地特定地点的名称或者标志性建筑物的名称、图形相同的；

（2）同外国的国家名称、国旗、国徽、军旗相同或者近似的，但该国政府同意的除外；

（3）同政府间国际组织的名称、旗帜、徽记相同或者近似的，但经该组织同意或者不易误导公众的除外；

（4）与表明实施控制、予以保证的官方标志、检验印记相同或者近似的，但经授权的除外；

（5）同"红十字""红新月"的名称、标志相同或者近似的；

（6）带有民族歧视性的；

（7）带有欺骗性，容易使公众对商品的质量等特点或者产地产生误认的；

（8）有害于社会主义道德风尚或者有其他不良影响的。

县级以上行政区划的地名或者公众知晓的外国地名，不得作为商标。但是，地名具有其他含义或者作为集体商标、证明商标组成部分的除外；已经注册的使用地名的商标继续有效。

下列标志不得作为商标注册（"禁止注册"）：

（1）仅有本商品的通用名称、图形、型号的；

（2）仅直接表示商品的质量、主要原料、功能、用途、重量、数量及其他特点的；

（3）其他缺乏显著特征的。

前款所列标志经过使用取得显著特征，并便于识别的，可以作为商标注册。

2. 相对理由

相对理由，是指申请注册的商标与在先权利存在冲突。

1）同在先已注册或初步审定商标的权利冲突

申请商标，若不符合《商标法》有关规定或者同他人在同一种商品或者类似商品上已经注册的或者初步审定的商标相同或者近似的，由商标局驳回申请，不予公告。

2）同在先申请或使用商标的冲突

先后申请，在先申请优先。先后在同一种商品或类似商品上，以相同或者近似的商标申请注册的，初步审定并公告申请在先的商标，驳回其他人的申请，不予公告。

同日申请，在先使用优先。同日在同一种商品或者类似商品上，以相同或者近似的商标申请注册的，初步审定并公告使用在先的商标，驳回其他人的申请，不予公告。

对驳回申请、不予公告的商标，商标局应当书面通知商标注册申请人。商标注册申请人不服的，可以自收到通知之日起十五日内向商标评审委员会申请复审。商标评审委员会应当自收到申请之日起九个月内做出决定，并书面通知申请人。有特殊情况需要延长的，经国务院工商行政管理部门批准，可以延长三个月。当事人对商标评审委员会的决定不服的，可以自收到通知之日起三十日内向人民法院起诉。

商标注册申请人申请复审的，应当按规定提交《驳回商标注册申请复审申请书》并缴纳相应的官方费用，委托商标代理机构的，还应当提交《商标评审代理委托书》。

《驳回商标注册申请复审申请书》中必须填写申请人的基本信息，申请人的基本信息必须和商标驳回通知书中的申请人名称、地址一致，同时要求申请书具有详细、明确的评审请求和复审理由，商标注册申请人有证据证明驳回理由不成立的，应当及时提交相关证据材料。商标复审请求的理由和证据应当是针对商标注册申请的驳回理由提出的。

根据《商标评审规则》之规定，申请人提供的证据包括书证、物证、视听资料、电子数据、证人证言、鉴定意见、当事人陈述等。申请人向商标评审委员会提供书证的，应当提供原件，包括原本、正本和副本。提供原件有困难的，可以提供相应的复印件、照片、节录本；提供由有关部门保管的书证原件的复制件、影印件或者抄录件的，应当注明出处，经该部门核对无异后加盖其印章。申请人向商标评审委员会提供物证的，应当提供原物。提供原物有困难的，可以提供相应的复制件或者证明该物证的照片、录像等其他证据；原物为数量较多的种类物的，可以提供其中的一部分。

申请人向商标评审委员会提供外文书证或者外文说明资料，应当附有中文译文。未提交中文译文的，该外文证据视为未提交。

《商标评审代理委托书》中的申请人必须是驳回商标的申请人，委托专业的商标代理机构，必须填写详细的商标代理机构的名称，在填写完整商标代理委托书后，需要加盖申请人公司的公章，若申请人为个人，只需要签名即可。

《商标评审代理委托书》、《驳回商标注册申请复审申请书》的首页和正文需要申请人加盖公章，代理机构在递交复审材料时，需要加盖代理机构相应的公章，必须按照一定的顺序整理复审的材料、编辑材料目录。

提交材料的顺序如下：

（1）驳回复审申请书（首页）；

（2）评审材料目录；

（3）驳回复审申请书（正文）；

（4）商标代理委托书（如委托商标代理机构办理，需签章的委托书）；

（5）申请人的主体资格证明文件；

（6）证据目录及证据材料。

复审材料中必须要提供商标驳回/部分驳回通知书原件，还有商标局邮寄相应文件的信封扫描件（去商标局大厅现场递交材料，必须要提供商标局邮寄信封的原件），扫描件必须清晰的看到邮局相应的章戳，以便商标评审委员会核实复审请求是否在法律规定的有效期间内。

申请人需要在提出商标驳回复审申请后补充有关证据材料的，应当在申请书中声明，并自提交申请书之日起 3 个月内提交；期满未提交的，视为放弃补充有关证据材料。但是，在期满后生成或者当事人有其他正当理由未能在期满前提交的证据，在期满后提交的，商标评审委员会将证据交对方当事人并质证后可以采信。

商标评审委员会在收到复审申请之后，一般会指派三名专业的商标评审人员对复审理由、相应的证据材料、申请商标和引证商标等因素进行审查，在自收到申请之日起九个月内做出决定，并书面通知申请人。

有特殊情况需要延长的，经国务院工商行政管理部门批准，可以延长 3 个月。申请人对评审的决定不服的，可以自收到通知之日起 30 日内向人民法院起诉。

### 案例分析 12：第 12445892 号 "GRANDIOSE" 商标驳回复审案

（"申请商标"）

[案情介绍]

第 12445892 号 "GRANDIOSE" 商标（以下称申请商标）由兰金香水美容有限公司（即本案申请人）于 2013 年 4 月 18 日提出注册申请，指定使用在第 3 类化妆品、化妆剂商品上。后商标局以该商标与 COSMOS MODE AG 在类似商品上的国际注册第 813143 号 "GRANDIOSA" 商标（以下称引证商标）近似，从而违反了修改前的《商标法》第二十八条的规定为由予以驳回申请商标的注册申请。2014 年 5 月 8 日，申请人不服商标局的上述驳回决定，依法向商标评审委员会提出复审。

商标评审委员会经审理认为，申请商标与引证商标的显著识别部分"grandiosa"在拉丁字母构成、呼叫等方面相近，已构成近似商标。申请商标指定使用的化妆品、化妆剂商品与引证商标核定使用的商品属于相同或类似商品。鉴于申请商标与引证商标高度近似，两商标并存于上述商品上，不能排除一般相关消费者对商品来源的混淆、误认。故商标评审委员会对于双方当事人达成的《商标共存协议》不予采信。综上，申请商标与引证商标已构成《商标法》第三十条所指使用在相同或类似商品上的近似商标，对申请商标在复审商品上的注册申请予以驳回。

[评析]

本案涉及在驳回复审案件中适用《商标法》第三十条审查判断近似商标可注册性时，对共存协议是否采信的问题。一方面，商标权是私权，评审时商标评审委员会充分尊重在先商标所有人对其商标专用权的自由处分；但另一方面，由于保护消费者利益亦是《商标法》的立法目的之一，故如若两商标共存有造成消费者混淆之虞时，则商标评审委员会对该共存协议不予采信。

**案例分析 13：第 14392707 号"Formax 及图"商标驳回复审案**

申请商标 　　　　　　　　引证商标一 　　　　　　引证商标二

[案情介绍]

2014 年 4 月 16 日，申请人 Formax 集团有限公司（以下简称"申请人"）向国家商标局申请在第 36 类的"保险，金融服务；资本投资；古玩估价；不动产出租；经纪；担保；募集慈善基金；受托管理；典当"服务项目上注册第 14392707 号"Formax 及图"商标（以下称"申请商标"），国家商标局于 2015 年 3 月 31 日对申请人的"Formax 及图"商标注册申请作出驳回决定。

申请人在法定期限内就申请商标向商标评审委员会提出驳回复审申请，认为申请商标与商标局引证的第 7825712 号"新乡银行及图"商标（以下称引证商标一）、第 3765710 号图形商标（以下称引证商标二），在商标的组合方式、文字构成、构图方式及视觉效果等方面差异极大，不构成使用在同一种或类似服务上的近似商标，同时提交了大量证据证明申请人拥有的"Formax 及图"商标经过长期使用和广泛宣传具有较高的知名度，申请商标与引证商标并存使用并不会使消费者对服务的提供者产生混淆和误认。商评委经审查认为申请商标与各引证商标不构成类似商品上的近似商标，并存使用在市场上并不会使消费者对服务的提供者产生混淆误认，最终依据《商标法》第三十条的规定，申请商标予以初步审定，由商评委移交商标局办理相关事宜。

[评析]

根据《最高人民法院关于审理商标授权确权行政案件若干问题的意见》（法发（2010）12 号）第 16 条的规定，人民法院认定商标是否近似，既要考虑商标标志构成要素及其整体的近似程度，也要考虑相关商标的显著性和知名度、所使用商品的关联程度等因素，以是否容易导致混淆作为判断标准。

据此，商标近似的判断是综合考虑各种因素的结果。其中，商标的显著性和知名度是重要的考虑因素，而最终标准是商标共存是否容易导致相关公众的误认、混淆。认定本案申请商标与各引证商标是否构成近似，关键在于其构成的图形部分及商标整体方面的差异性。申请商标的图形与引证商标一的图形、引证商标二的图形在构图方式及视觉效果上，以及商标在文字构成、整体上的差异极为显著，且申请商标经宣传、推广及使用已享有一定的知名度，申请商标与各引证商标并存使用并不会使消费者对服务的提供者产生混淆和误认，以致商评委支持了申请人的复审理由，对本案申请商标做出准予其初审公告的决定，从而促使申请人的品牌推广、宣传及市场使用得以正常进行。

**案例分析 14：第 12260271 号"新九洲 XJZ 及图"商标驳回复审案**

申请商标　　　　　　　　　　　　　　　引证商标

[案情介绍]

2013 年 3 月 13 日，申请人"深圳市新九洲环境技术有限公司"（以下称"申请人"）向国家商标局申请在第 11 类的"海水淡化装置，水净化装置，水过滤器，水消毒器，过滤器（家用或工业装置上的部件），饮用水过滤器，水净化设备和机器，消毒器，水软化设备和装置"商品项目上注册第 12260271 号"XJZ 新九洲"（以下称"申请商标"），国家商标局于 2014 年 2 月 25 日对申请人的"XJZ 新九洲"商标注册申请作出驳回决定。

申请人在法定期限内就申请商标向商标评审委员会提出驳回复审申请，认为申请商标为申请人的独创设计，与商标局引证的第 4419603 号""商标（以下简称"引证商标"）在文字构成、图形设计及整体外观上等方面差异极大，不构成使用在同一种或类似商品上的近似商标。与此同时，申请人在征得引证商标持有人同意的情况下，及时将引证商标转让于申请人，与申请商标成为同一权利人所有，引证商标便不再构成申请商标获准注册的在先权利障碍。商评委最终依据原《商标法》第二十八条的规定决定：申请商标予以初步审定，由商评委移交商标局办理相关事宜。

[评析]

根据《最高人民法院关于审理商标授权确权行政案件若干问题的意见》（法发（2010）12 号）第 16 条的规定，人民法院认定商标是否近似，既要考虑商标标志构成要素及其整体的近似程度，也要考虑相关商标的显著性和知名度、所使用商品的关联程度等因素，以是否容易导致混淆作为判断标准。

本案申请商标与引证商标在商标本身即存在明显差异，不构成近似商标。

此外，因本案仅有唯一一件引证商标，这就意味着，如果能消除引证商标的在先障碍，申请人提交驳回复审即能够获得成功。因此，申请人通过与引证商标持有人协商、交易的方式，成功地将引证商标转让给申请人，使引证商标与申请商标成为同一权利人所有，引证商标便不再构成申请商标获准注册的在先权利障碍。由此看出，申请人在面对申请商标存在在先近似商标障碍时，通过购买的方式使之成为申请人名下的商标，从而消除在先障碍，亦是寻求商标注册的一种快捷并可行的策略。

## 3.3.3 商标异议

对初步审定公告的商标，自公告之日起三个月内，在先权利人、利害关系人认为违反商标法第十三条第二款和第三款、第十五条、第十六条第一款、第三十条、第三十一条、第三十二条规定的，或者任何人认为违反商标法第十条、

第十一条、第十二条规定的，可以向商标局提出异议。

对商标局初步审定予以公告的商标提出异议的，异议人应当向商标局提交下列商标异议材料（一式两份并标明正、副本）：①《商标异议申请书》；②异议人的身份证明；③以违反商标法第十三条第二款和第三款、第十五条、第十六条第一款、第三十条、第三十一条、第三十二条规定为由提出异议的，异议人作为在先权利人或者利害关系人的证明；④被异议商标初步审定公告页复印件；⑤证据目录及证据材料。委托商标代理机构的，还应当提交《商标代理委托书》。《商标异议申请书》应当有明确的异议理由、事实和法律依据，并附送有关证据材料。

《商标异议申请书》必须按照要求进行填写，特别要明确写明被异议的商标、注册号、类别和被异议商标的申请人，同时在异议人章戳的位置加盖异议人的公章。商标代理委托书中也要详细写明异议的基本信息，并加盖异议人的公章，若申请人为个人，只需要签名即可。

商标局收到《商标异议申请书》后，经审查，符合受理条件的，予以受理，向申请人发出受理通知书。但商标异议申请有下列情形之一的，商标局不予受理，书面通知申请人并说明理由：①未在法定期限内提出的；②申请人主体资格、异议理由不符合《商标法》第三十三条规定的；③无明确的异议理由、事实和法律依据的；④同一异议人以相同的理由、事实和法律依据针对同一商标再次提出异议申请的。

商标局应当将商标异议材料副本及时送交被异议人，限其自收到商标异议材料副本之日起三十日内答辩。被异议人未按期进行答辩或者补充证据材料的，视为放弃异议答辩或者补充证据材料。被异议人不答辩的，不影响商标局作出决定。

答辩所需材料主要为：

（1）异议答辩书；

（2）商标代理人委托书；

（3）被异议商标初步审定公告页复印件；

（4）答辩人（即被异议人）的主体资格证明文件；

（5）商标局异议通知书原件及商标局寄送异议通知书的信封。

当事人需要在提出异议申请或者答辩后补充有关证据材料的，应当在商标异议申请书或者答辩书中声明，并自提交商标异议申请书或者答辩书之日起三个月内提交；期满未提交的，视为当事人放弃补充有关证据材料。但是，在期满后生成或者当事人有其他正当理由未能在期满前提交的证据，在期满后提交的，商标局将证据交对方当事人并质证后可以采信。

对初步审定公告的商标提出异议的，商标局应当听取异议人和被异议人陈述事实和理由，并自公告期满之日起十二个月内做出是否准予注册的决定，并书面通知异议人和被异议人。有特殊情况需要延长的，经国务院工商行政管理部门批准后可以延长六个月。

商标局做出准予注册决定的，发给商标注册证，并予公告。异议人不服的，可以依照商标法第四十四条、第四十五条的规定向商标评审委员会请求宣告该注册商标无效。

商标局做出不予注册决定，被异议人不服的，可以自收到通知之日起十五日内向商标评审委员会申请不予注册复审。

商标不予注册复审的申请人必须是原商标异议案件的被异议人，其他人不得申请不予注册复审。对于不予注册复审案件的审理，商评委应当通知原异议人参加并提出意见。原异议人的意见对案件审理结果有实质影响的，可以作为评审的依据；原异议人不参加或者不提出意见的，不影响案件的审理。

被异议人提出商标不予注册复审申请应当准备以下文件：

（1）商标不予注册复审申请书（首页）；

（2）评审材料目录；

（3）商标不予注册复审申请书（正文）；

（4）商标评审代理委托书（如委托商标代理机构办理，需一并签章委托书）；

（5）商标不予注册决定原件及商标局寄送商标不予注册决定的信封；

（6）申请人的主体资格证明文件；

（7）证据目录及证据材料。

申请人需要在提出商标不予注册复审申请后补充有关证据材料的，应当在商标不予注册复审申请书中声明，并自提交申请书之日起3个月内提交，期满未提交的视为放弃补充有关证据材料。但是，在期满后生成或者申请人有其他正当理由未能在期满前提交的证据，在期满后提交的，商评委将证据交原异议人并质证后可以采信。

经过形式审查后，商评委对符合受理条件的商标不予注册复审申请发出受理通知书并将申请书副本送达原异议人，要求原异议人在收到不予注册复审答

辩通知书以及不予注册复审申请书副本之日起 30 日内，向商评委提交书面答辩
理由和相应证据材料。

　　商标评审委员会应当自收到申请之日起十二个月内做出复审决定，并书面
通知异议人和被异议人。有特殊情况需要延长的，经国务院工商行政管理部门
批准，可以延长六个月。商评委作出准予注册决定的，移交商标局发放商标注
册证，并予公告。商评委维持不予注册决定的，原被异议人对商标评审委员会
的决定不服的，可以自收到通知之日起三十日内向人民法院起诉。人民法院应
当通知异议人作为第三人参加诉讼。

### 案例分析 15：第 3735206 号南少林寺商标异议复审案

| | |
|---|---|
| 被异议商标 | 南少林寺 |
| 引证商标一 | 寺林少 |
| 引证商标二 | 少林寺 |
| 引证商标三 | 少林 |
| 引证商标四 | 少林 |

[案情介绍]

　　第 3735206 号南少林寺商标（以下称被异议商标）由福建省福清南少林寺
（即本案申请人）于 2003 年 9 月 27 日提出注册申请，指定使用在第 41 类体操训
练等服务上。中国嵩山少林寺（即原异议人、本案被申请人）答辩称：被异议
商标与被申请人在先的"少林寺"及"少林"商标共存易造成相关公众的混淆
和误认，已构成了类似服务上的近似商标。申请人虽然申请注册了多件南少林

商标，但在与被申请人在先注册的少林商标相同或相类似的群组，均已经被驳回，且"南少林"并未与申请人形成唯一的对应关系。综上，请求不予核准被异议商标注册申请。

商评委经审理认为，申请人所提交的古籍、史料、新闻报道等足以证明申请人具有较高的知名度，其与被申请人在历史沿革、文化渊源等方面具有较大差异，这些足以使相关公众能够将被异议商标南少林寺与本案被申请人在第 41 类体育教育等服务上在先注册的第 1394826 号、第 3678629 号少林寺商标及第 1352473 号、第 3678632 号"少林"商标（以下统称引证商标）相区分，双方商标共存不易造成相关消费者的混淆和误认，未构成近似商标。因此，被异议商标与引证商标未构成使用在同一种或类似服务上的近似商标。被异议商标应予核准注册。

[评析]

本案涉及对《商标法》第三十条近似商标问题的理解。《商标法》意义上的近似是指足以产生市场混淆的近似，而不仅仅是指标志上的近似。两商标均具有较高知名度，并且两商标共存是特殊条件下形成的，认定商标近似还应根据两者的实际使用状况、使用历史、相关公众的认知状态、使用者的主观状态等因素综合判定，注意尊重已经客观形成的市场格局，处理好最大限度划清商业标志之间的边界与特殊情况下允许构成要素近似商标之间适当共存的关系。

**案例分析 16：第 7679143 号创新工场 INNOVATION – DREAM WORKS 商标异议复审案**

（"被异议商标"）

[案情分析]

第 7679143 号创新工场 INNOVATION – DREAM WORKS 商标（以下称被异议商标）由北京君杜知识产权代理有限公司（即本案被申请人）于 2009 年 9 月

7 日提出注册申请，指定使用在第 42 类工业品外观设计等服务上。2014 年 1 月 6 日，创新工场有限公司（即本案申请人）不服商标局做出的（2013）商标异字第 22623 号裁定，依法向商评委申请复审。申请人复审的主要理由为：被申请人是一家从事商标代理业务的公司，曾多次抢注他人知名商标，恶意明显，其在非代理服务上申请注册被异议商标，违反了《商标法》第十九条第四款的规定。对此，被申请人答辩称：被异议商标未违反《商标法》相关规定，请求核准其注册申请。

商评委经审理认为，被申请人为商标代理机构，而被异议商标指定使用的第 42 类工业品外观设计等服务与被申请人从事的商标代理服务毫无关联。因此，被异议商标的注册申请违反了《商标法》第十九条第四款的规定，裁定不予核准注册。

[评析]

随着商标代理机构数量飞速增长，商标代理活动随之产生了一系列问题，如恶性竞争、恶意抢注、诚信缺失等。为净化和规范我国商标代理市场，现行《商标法》新增了第十九条第四款的规定，即商标代理机构除对其代理服务申请注册商标外，不得申请注册其他商标。

**案例分析 17：第 8526629 号丰田丰商标异议复审案**

（"被异议商标"）

[案情介绍]

第 8526629 号丰田丰商标（以下称被异议商标）由徐金福（即本案被申请人）于 2010 年 7 月 30 日提出注册申请，指定使用在第 44 类水龙头、地漏等商品上。2013 年 6 月 28 日，丰田汽车公司（即本案申请人）不服商标局作出的（2013）商标异字第 14840 号裁定，向商评委申请复审。申请人复审的主要理由为：申请人是世界最著名的汽车公司之一，其使用在第 12 类汽车及其零配件商品上的丰田商标于 2006 年被商标局认定为驰名商标。被异议商标完整包含申请人丰田商标，其注册和申请极易误导公众，并损害申请人驰名商标利益。因此，请求依据修改前的《商标法》第十三条第二款等规定，不予核准被异议商标的注册申请。对此，被申请人答辩称：申请人商标虽然在汽车行业曾被认定为中国驰名商标，但其跨类受保护应该是有限的，请求核准被异议商标的注册。

商评委经审理认为，申请人提供的相关宣传及使用证据可以证明，申请人的丰田商标在被异议商标申请注册前在汽车及其零配件商品上经过申请人长期、广泛的使用与宣传，已在中国大陆地区建立了较高知名度及广泛的影响力，为相关消费者普遍知晓，已达到驰名商标的知名程度，根据《商标法》第十四条的规定可以认定为驰名商标。被异议商标丰田丰完整包含引证商标丰田，两商标高度近似。虽然被异议商标初步审定的水龙头、洗涤槽等商品与申请人丰田商标赖以驰名的汽车及其零配件商品并非密切相关，但是被异议商标的使用在客观上易使消费者与申请人丰田商标产生联想，从而削弱丰田商标作为驰名商标所具有的显著性和良好商誉，致使驰名商标所有人的利益受到损害。因此，被异议商标的注册使用构成《商标法》第十三条第三款所指的情形，对被异议商标不予核准注册。

[评析]

目前，试图借助驰名商标的声誉打擦边球、傍名牌的行为较普通商标更为常见。由于相关公众已经在驰名商标与其使用的商品或服务之间建立了强烈的联系，若允许他人在其他类别的商品或服务上注册、使用与驰名商标相同或近似的商标，会淡化、稀释这种联系，即破坏该驰名商标的显著性，甚至会贬损驰名商标的声誉。在目前的评审和司法实践中，对于驰名商标的跨类保护已不限于混淆要求，而是有限引入了反淡化保护，该案就属于此情形。关于驰名商标反淡化保护的标准，目前尚未形成明确一致的意见。

# 第4章　商标国际注册

## 4.1　商标国际注册的意义

商标国际注册，是指中国企业在世界其他国家或地区取得商标专用权的法律行为。众所周知，商标权具有地域性，中国企业在国内取得的商标注册并不代表在其他国家就能获得法律保护，若要取得其他国家的保护就必须在该国注册商标。同理，在美国获得的注册商标，若需获得中国的法律保护，也必须在中国提出申请并获得中国商标专用权。

如上所述，商标是品牌的载体，企业若要建立国际性品牌，就必须进行商标国际注册。

商标国际注册对于国内企业建立国际性品牌就显得十分必要，主要体现在以下几个方面：

1. 商标权利的地域性

商标权利的地域性是指一国或地区依照本国的商标法或者地区条约授予的商标权，仅在本国或者本地区范围内有效，在其他国家或地区并不具有约束力，即其他国家或地区对其地域范围外取得的商标权可不予承认其效力。

国内企业依照我国的商标法或者商标法实施条例申请并获准注册的商标，仅在国内具有法定的效力，对于其他国家或地区并无任何的约束力。国内企业商标在中国取得注册，只在中国范围内对该商标享有专用权，一旦要出口到其他国家，就必须在进口国家进行注册，获得该商标的专用权，该商标才受到进口国的法律保护。如该商标在进口国未及时注册，进口国完全可以该商标与其本国在先商标相同或近似而禁止其使用，从而造成巨大损失。

2. 防止商标被抢先注册

商标是企业重要的无形资产之一，在企业的国际经济交往及市场竞争中发挥着重要作用。随着我国经济对外交往的日益密切，国内企业亦加大了产品国际市场的布局。一直以来，国内企业商标保护意识并不强，从而导致国内企业品牌在其他国家屡遭抢注，直接阻碍了国内企业品牌国际市场布局的进程，甚至对原已打开国际市场的国内企业来说，不得不因此退出国际市场。

我国企业过去对此认识严重不足，因而造成了巨大的经济损失或者品牌伤害，为此我国企业不得不花费巨大代价与抢注方谈判、合作，重金回购或者被迫重新树立品牌。如联想的"Legend"在多国被注册而不得不重新启用"Lenovo"商标，创维的"Skyworth"在印度被抢注，海信的"Hisense"在德国被抢注，上海"英雄"笔在日本被抢注，长虹品牌商标在南非、印尼、泰国等地被抢注，"红塔山"、"阿诗玛"、"云烟"、"红梅"等香烟商标被菲律宾商人抢注，吉利汽车在智利被抢注，同仁堂与狗不理在日本被抢注等。据初步统计，中国知名品牌商标超过20%在其他国家已被抢注，造成了极大的品牌价值流失。因此，对于一些开拓国际市场的国内企业来说，商标国际注册并不是可有可无，而是必须提前布局，通过商标国际注册获得该国商标专用权利，以保障该品牌不受国外排挤，产品销售市场不被侵占。

3. 实现企业的自我保护

商标获准注册即享有排他的专用权利，对于其他人来说即不可在相同或类似商品上抢注及使用与该商标相同或近似的商标，从而有效地防止他人对自己商标的抢注或侵权行为。商标国际注册亦是如此，国内企业在其他国家或地区的注册，即可获该国或地区的法律保护。一方面，可避免因未及时注册而被该国或地区企业或个人的抢注行为所造成的损失；另一方面，可有效防止该国或地区企业或个人的侵权，一旦被侵权，可依据该国或地区的法律，提起诉讼或采取其他维权措施，对侵权方进行索赔或寻求其他补偿措施。因此，国内企业走出国门，商标国际注册是必由之路，在扩大海外产品市场的同时，实现品牌的自我保护。

4. 为打造国际性品牌奠定基础

国内企业要打造国际性品牌，商标国际注册是必不可少的环节。国内企业在其他国家获得注册后，可排除如侵权等因素的干扰，稳定持续在多个国家或地区使用，在保证产品或服务质量的前提下，扩大产品销售市场，保持产品的良好信誉。经过长期的市场宣传及推广，建立起品牌的国际知名度，成为国际知名商标。相反，如国内企业商标不及时在其产品销售的国家或地区注册，很容易被他人抢先注册，从而造成其商标被禁止在该国或地区使用。与之同时，为产品的宣传、推广花费的大量资金、人力、物力亦将付之东流，毫无经济效益，反而为商标抢注方作宣传。

面对竞争激烈的国际市场，中国企业要在国际市场占有一席之地，获得长足发展，造就国际知名产品或服务品牌，就必须对其品牌做出准确定位，制定好商标发展战略，提前做好商标国际注册，采用国际一流知名品牌的商标管理与品牌运营成功经验，扩大市场，打造品牌的国际知名度，以提高企业的知名度和市场竞争力。国内知名电器品牌"Haier"／"海尔"就是一个成功案例。上世纪90年代，海尔公司抓住国家实施对外开放的重大机遇，大规模拓展海外市场。与此同时，也根据不同国家的市场实际情形，实施商标注册的海外战略布局，进行大量的商标国际注册和保护。迄今为止，海尔公司在全球的190个国家和地区共申请注册4800多件商标，为海尔的国际化战略提供了强有力的品牌法律基础支撑，为"Haier"／"海尔"成为世界知名品牌奠定了坚实的基础。

## 4.2 商标国际注册优先权

商标国际注册优先权指的是注册申请人的基础申请在商标国际注册时享有优先权。优先权原则是《保护工业产权巴黎公约》为工业产权的国际保护确立的重要原则之一，对商标国际注册的申请同样适用。优先权是商标国际注册最重要的基础和保障。

商标国际注册优先权具体是指根据《保护工业产权巴黎公约》的规定，自各成员国国民首次向一成员国提出商标注册申请之日起六个月内，在相同商品或服务范围内以同一商标又向其他成员国提出商标注册申请时享有优先权，其后来的商标注册申请被视为是与前一申请同一天提出的。例如，某成员国国民在2014年8月15日首次在中国提出商标注册申请，2015年2月15日又在相同商品或服务范围内以同一商标向法国提出商标注册申请时，此成员国国民享有商标注册的优先权法国和中国都是此公约的成员国，所以在法国的商标注册日期应视为2014年8月15日。这样就保障了成员国国民的利益，阻止他人在法定期限内（自注册申请之日起六个月内）在相同或类似的商品或服务范围内以相同或近似的商标提出申请。优先权的前提是申请人必须提交要求优先权的申请，否则受理国的商标主管部门不给予优先权。

此外，《保护工业产权巴黎公约》还规定了在国际展览会上使用未注册的商标，而在申请商标注册时的优先权。商标在成员国承认的国际展览会展出的商品上首次使用的，自该商品展出之日起六个月内，该商标的注册申请人可以享有优先权。

我国《商标法》第二十五条、第二十六分别规定了外国第一次申请在中国享有优先权及参加国际展览享有优先权的情形和要求：

"第二十五条商标注册申请人自其商标在外国第一次提出商标注册申请之日起六个月内，又在中国就相同商品以同一商标提出商标注册申请的，依照该外国同中国签订的协议或者共同参加的国际条约，或者按照相互承认优先权的原则，可以享有优先权。

依照前款要求优先权的，应当在提出商标注册申请的时候提出书面声明，并且在三个月内提交第一次提出的商标注册申请文件的副本；未提出书面声明或者逾期未提交商标注册申请文件副本的，视为未要求优先权。

第二十六条商标在中国政府主办的或者承认的国际展览会展出的商品上首次使用的，自该商品展出之日起六个月内，该商标的注册申请人可以享有优先权。

依照前款要求优先权的，应当在提出商标注册申请的时候提出书面声明，并且在三个月内提交展出其商品的展览会名称、在展出商品上使用该商标的证据、展出日期等证明文件；未提出书面声明或者逾期未提交证明文件的，视为未要求优先权。"

国内企业在涉外商标注册申请时主张优先权，必须注意如下几点：

（1）商标申请日期及申请号的确认。按照目前国内商标申请的实践，由于商标局对递交的申请文件要进行事先的审查，那么《商标注册申请受理通知书》一般是在递交商标申请的一段时间后才能下发，这就会造成该商标注册申请号也会在申请提交后一段时间内才能下发。例如，若国内某申请人的商标申请是在 2015 年 6 月 20 日提交，2015 年 8 月 10 日才取得受理通知书，那么申请人在 2015 年 8 月 10 日至 12 月 20 日之间提交的商标申请才能主张优先权。

（2）首次申请国家。国内企业进行商标国际注册时，可以其他国家的商标申请为基础，不一定以国内商标申请为前提。

（3）商标申请指定的商品项目。因各国商品或服务分类方法的差异导致商标申请指定的项目无法进行统一归类，需要进行前期的确认，同时要保证其主张优先权的商品/服务项目保持一致，不能超出其他国家指定的范围。

（4）官方文件递交标准。在单一国家注册情况，在中国或者其他国家取得的"受理通知书"必须要提供对应的英文或指定国语言的翻译。

（5）主体资格要求。国内申请人进行商标国际注册，申请人必须符合指定国对提交商标申请的资格要求。

# 4.3　商标国际注册的途径

申请人到国外申请注册商标有两种途径：一种是逐一国家注册或单一国家注册，即分别向各国商标主管机关申请注册；一种是马德里体系的商标国际注册，即根据《商标国际注册马德里协定》（以下简称"马德里协定"）或《商标国际注册马德里协定有关议定书》（以下简称"马德里议定书"）的规定，在马德里联盟成员国间所进行的商标注册。

马德里商标国际注册是马德里所有缔约国之间的一种商标国际注册保护方式，它最大的特点就是只需要提交一份申请就可以要求在多个缔约国进行注册。该体系解决了一个基础商标如何跨国注册和在多个国家得到保护的问题，通常可形容为一对多体系。

## 4.3.1　马德里商标注册

### 1. 马德里商标国际注册概述

马德里商标国际注册体系由 1891 年签订的《商标国际注册马德里协定》和 1989 年签订的《商标国际注册马德里协定有关议定书》构成。这两个条约并行且独立运作，其共同实施细则于 1996 年生效。使商标所有人以最简单的行政程序，在最短的时间内以最低的成本在指定国家里获得商标保护一直是该体系所遵循的宗旨。

马德里商标国际注册的有效期为 10 年，从国际注册日开始计算。

马德里国际注册由世界知识产权组织国际局（以下简称国际局）统一管理。国际局位于瑞士日内瓦，属于世界知识产权组织（WIPO）下辖机构之一。截止到 2014 年 12 月，马德里联盟共有 94 个缔约方，具体成员国如下：

马德里协定成员国有 56 个：阿尔巴尼亚、阿尔及利亚、亚美尼亚、奥地利、阿塞拜疆、白俄罗斯、比利时、不丹、波斯尼亚—黑塞哥维那、保加利亚、中国、克罗地亚、古巴、塞浦路斯、捷克、朝鲜、埃及、法国、德国、匈牙利、伊朗、意大利、哈萨克斯坦、肯尼亚、吉尔吉斯斯坦、拉脱维亚、莱索托、纳米比亚、利比里亚、列支敦士登、卢森堡、摩纳哥、蒙古、摩洛哥、莫桑比克、荷兰、波兰、黑山、葡萄牙、摩尔多瓦、罗马尼亚、俄罗斯、圣马力诺、塞尔维亚、塞拉利昂、斯洛伐克、斯洛文尼亚、西班牙、苏丹、斯威士兰、叙利亚、瑞士、塔吉克斯坦、马其顿、乌克兰、越南。

马德里议定书成员国有 93 个：阿尔巴尼亚、安提瓜和巴布达、亚美尼亚、澳大利亚、奥地利、阿塞拜疆、巴林、白俄罗斯、比利时、不丹、波斯尼亚—黑塞哥维那、博茨瓦纳、保加利亚、中国、克罗地亚、古巴、塞浦路斯、捷克、朝鲜、丹麦、埃及、爱沙尼亚、芬兰、法国、格鲁吉亚、德国、希腊、加纳、匈牙利、冰岛、伊朗、爱尔兰、意大利、日本、哈萨克斯坦、肯尼亚、吉尔吉斯斯坦、拉脱维亚、莱索托、纳米比亚、欧盟、以色列、新西兰、墨西哥、卢旺达、利比里亚、列支敦士登、立陶宛、卢森堡、摩纳哥、蒙古、摩洛哥、马达加斯加、莫桑比克、荷兰、挪威、波兰、黑山、葡萄牙、韩国、摩尔多瓦、罗马尼亚、俄罗斯、圣马力诺、塞尔维亚、塞拉利昂、新加坡、斯洛伐克、斯洛文尼亚、西班牙、苏丹、斯威士兰、瑞典、叙利亚、瑞士、塔吉克斯坦、马其顿、土耳其、土库曼斯坦、乌克兰、英国、美国、乌兹别克斯坦、越南、赞比亚、阿曼、圣多美和普林西比、菲律宾、哥伦比亚、印度、突尼斯、津巴布韦、非洲知识产权组织（OAPI）。

马德里纯协定成员国只有 1 个：阿尔及利亚。

马德里纯议定书成员国则有 38 个：非洲知识产权组织、安提瓜和巴布达、澳大利亚、巴林、博茨瓦纳、丹麦、爱沙尼亚、芬兰、格鲁吉亚、希腊、加纳、冰岛、爱尔兰、日本、欧盟、以色列、新西兰、墨西哥、卢旺达、立陶宛、马达加斯加、挪威、韩国、新加坡、瑞典、土耳其、土库曼斯坦、英国、美国、乌兹别克斯坦、赞比亚、阿曼、圣多美和普林西比、菲律宾、哥伦比亚、印度、突尼斯、津巴布韦。

2.《马德里协定》与《马德里议定书》的区别

（1）缔约方的主体范围不同：《马德里协定》规定只有巴黎公约成员国才有

资格加入；而《马德里议定书》则规定，除巴黎公约成员国外，政府间组织（如欧盟）也可以加入。

（2）申请注册要求不同：申请国际注册指定保护为《马德里协定》缔约方的，其商标必须是已获准注册或已被初步审定；申请国际注册指定保护为纯《马德里议定书》缔约方的，其商标既可以是已经注册的商标，也可以是刚被受理的注册申请。

（3）工作语言不同：《马德里协定》使用的工作语言仅为法语；《马德里议定书》使用的工作语言可选择法语、英语或西班牙语。

（4）规费不同：申请国际注册指定保护为《马德里协定》缔约方的，其申请只要缴纳统一规费即可；申请国际注册指定保护为纯《马德里议定书》缔约方的，其申请除要缴纳统一规费外，还需依照各国规定缴纳单独规费。

（5）驳回期限不同：《马德里协定》规定缔约方的审查期限为十二个月，也就是说一个商标国际注册向国际局登记此项国际注册之日起，十二个月左右后申请人没有收到驳回通知，该商标一般已在被指定的国家给予保护；而《马德里议定书》则赋予缔约方一定选择权，审查期限可以是十二个月，也可以是十八个月。

（6）国家基础注册与商标国际注册的关系不同：依照《马德里协定》保护的国际注册商标，自国际注册（申请）之日起五年内，如果该商标在国内注册已全部或部分被撤销、注销，那么，无论国际注册是否已经转让，该国际注册商标在所指定国家都会被撤销，并丧失保护。而依照《马德里议定书》保护的国际注册商标，自国际注册之日起五年内，如果该商标在国内的注册已全部或部分被撤销、注销，商标所有人可在该商标被撤销之日起三个月内，向所指定的《马德里议定书》缔约方商标主管机关提交一份申请，并按照各缔约方的规定缴纳一定的费用，即可将商标国际注册转换为缔约方国家注册。

需要注意的是，虽然《马德里协定》与《马德里议定书》存在诸多区别，但它们之间也存在一定的联系，表现在：①对于签署了《马德里协定》和《马德里议定书》的"双料"缔约方，在相互关系中只适用议定书规则。②就"双料"缔约方而言，18 个月驳回期限、异议导致的驳回，可在 18 个月期限届满后通知以及单独规费的规定，对其与另一个"双料"缔约方之间的关系不产生任何效力。只有对纯议定书缔约方，驳回期限才为 18 个月。

综上所述，《马德里议定书》是在《马德里协定》的基础上发展而来，并在申请条件、审查周期、工作语言、收费标准和收费方式、保护期限以及国际注册与基础注册的关系等程序方面做了重要修改，使得商标国际注册程序更加公平、科学、便捷，更加有利于保护商标注册当事人的权益，也更加有利于各缔约方商标主管机关独立审查并协调一致工作。

3. 马德里商标国际注册体系优点

1）对于申请人而言

（1）申请手续简单：申请人只需要通过国际局使用一种指定语言（法语、英语或西班牙语）、提交一份申请、缴纳一次费用就可以向除原属国之外的其他所有加入相同条约的缔约方提出商标注册申请，不需要再委托其他国家的商标代理机构或组织办理，省去了向这些国家逐个申请注册的程序，也免去了分别向这些缔约方商标主管机关使用不同语言、提交不同申请、分别缴费的繁琐程序。因此，对于申请人而言，商标马德里国际注册的手续非常简单。

（2）申请费用较低：商标国际注册的费用包含基础注册费、指定国家的费用、本国商标主管机关收取的费用三个部分。申请人可提交一份申请，在申请中指定一个或者多个成员国要求对其商标进行保护，而申请人只需缴纳一份基础注册费，指定的国家越多，缴纳的费用会更加合算。因此，通过该体系申请商标国际注册比在各国逐一申请商标注册的费用更为便宜。申请的国家越多，费用节省得越多。例如，申请商标被注册在 3 个类别以内的，《马德里协定》或《马德里议定书》缔约方的基础费用均为 100 瑞士法郎，比绝大部分缔约方的国内申请实际费用要低。

（3）审查周期较短：如果商标国际注册申请人提交的申请材料齐备，缴纳了规定的费用，大约在 6 个月的时间内，国际局会颁发商标国际注册证明，并载明商标的国际注册号和国际注册日。该证明只表明国际局收到了国际注册申请，符合国际局审查的要求，已向或即将向各指定国提交审查申请，但各指定国能否核准该注册申请，要根据各指定国的审查来确定。《马德里协定》及《马德里议定书》明确规定，商标注册申请在指定缔约方的审查驳回期限为，自通知日期起算的十二个月（注：适用于纯《马德里协定》缔约方及《马德里协定》和《马德里议定书》双缔约方）或十八个月（注：仅适用于纯《马德里议定书》缔约方）。大大缩短了商标审查周期，使得申请人能在更短的时间内确认自己的商标是否能在指定缔约方获得注册。

（4）维护管理便捷：申请人提出商标国际注册申请后，便可获得国际局颁发的国际注册证明，并获得对应的国际注册号。通过该国际注册号，可在世界知识产权组织网站上对自己所申请注册的商标指定的各个缔约方的审查情况进行查询，随时掌握商标在各指定国的最新进展同时获得官方文件，便于了解商标后续状态。申请人也可通过该国际注册号直接在国际局办理商标的后续事宜，比如变更、转让、续展、注销等。因此，通过马德里体系申请商标国际注册使得申请人对自身的商标维护管理更为便捷。

2）对于缔约方商标主管机关而言

马德里商标国际注册体系最大优点是减少了缔约方商标主管机关的工作量。因为商标国际注册申请的形式审查部分是由国际局完成，而且国际局还负责国际注册公告的发行，以及收取和分配国际注册规费，所以，大大减少了缔约方商标主管机关的工作量。

4. 马德里商标国际注册体系缺点

（1）马德里商标国际注册必须以国内申请或者注册基础，而单一国家注册一般不需要。因此，在申请时间上有一定的限制，对于急于通过马德里国际注册，以使其产品在海外市场销售的国内企业来说，会产生一定的影响。

（2）通过马德里体系进行国际注册，国际局对于通过马德里提交的商标国际注册申请，仅仅是负责向各指定国传递相关的申请材料，并不负责对申请商标进行审查，而各指定国商标主管机关有权依据各自的法律规定进行审查。若遇到某指定国认为该申请不符合该国商标法律规定而要求作出补正、修改，或者初审（部分或全部）驳回需复审或者被异议而需答辩等情形，则需要按照该国的商标注册程序另行处理，由申请人另行委托各指定国认可的当地代理机构或律所依照相关程序处理，且需要另行支付包括代理费在内的相应费用。对于这些情形的处理，与选择逐一国家注册途径是一样的，马德里商标国际注册并无任何优势。

（3）国际注册商标事先查询方式的局限性。商标的事先查询对于商标能否顺利获得注册至关重要。马德里国际注册，只能查询到通过马德里申请注册的国际商标信息，各成员国间的商标信息并没有实现共享，因而不具备统一事先查询的功能。因此，对于准备申请商标国际注册，需要了解该商标的指定国或地区的商标注册情况的人，只能通过该指定国的商标代理机构或代理人进行预先查询和分析判断。由此便需另行支付一定的检索查询费用，且该商标在各指定国注册的可行性分析主要依赖于实施查询的代理机构或代理人。而马德里国际注册不能进行近似性查询，如果在后期实质审查中由于存在近似或相同商标而在有些国家被驳回，不仅已交注册费不会退，还降低了商标国际注册成功的机率。

（4）不颁发统一的注册证。申请人通过马德里国际注册途径提出申请后，可以快速收到国际局颁发的国际注册证明，但国际注册证明仅是该商标国际注册申请的凭证，相当于国内商标提交注册申请后的受理通知书，并不代表该商标在指定国家已具有法律保护的效力。因此，马德里国际注册仅有一份国际局核发的国际注册证明，而没有直接证明商标权利的注册证（绝大多数成员国不会单独核发商标注册证），对于习惯于经商标局核准盖章而获得商标注册证的国内企业来说，商标国际注册不颁发注册证会令他们感觉不踏实。若需要指定国家的商标注册证书，则需要产生不菲的费用；而单一国家注册，在完成后都会核发注册证，直观地表明了在各国的商标权利。

（5）注册效力不稳定。马德里国际注册与基础注册商标联系紧密——中心打击原则，由于"中心打击原则"致使商标国际注册效力具有不稳定性。自该商标国际注册之日起的五年内，商标基础注册或基础申请与国际注册的关系是相互依附的。如果该商标在原属国的基础注册被撤销或宣布无效或该商标在原属国的基础申请被驳回，它在其他被指定缔约方的保护也就不再具有效力。

（6）后期商标管理不方便。一份马德里国际注册申请可涵盖若干个国家，对于商品项目删除，部分转让，变更，甚至商标注册人也不清楚自己的商标在马德里体系中各成员国的最终保护状态。

5. 马德里国际注册在国内遇到的问题

（1）马德里注册成员国数量有限。目前中国企业产品出口的海外市场中，其中一些亚洲、非洲及拉丁美洲的国家，大多不是马德里体系的成员国，如东南亚的老挝、柬埔寨、马来西亚；非洲的南非、安哥拉、刚果；南美的巴西、阿根廷、委内瑞拉等国，因此，这就导致国内企业无法通过马德里商标国际注册进入这些国家。

（2）由于马德里注册官费确定明确，各商标代理机构仅能通过降低代理费用以取得商标国际注册市场的竞争优势，而国内企业委托的代理机构的递交费用相对较低，同时国际合作的商标代理机构因无法直接接触到商标申请业务，缺少对马德里商标国际注册的参与、推进的积极性。

（3）主体资格的受限。按照目前的实践，中国国内申请人（包括国内企业和中国国籍的自然人）可以通过国家商标局办理马德里商标国际注册业务，同时规定台湾的申请也可以通过马德里体系办理，但是在香港登记的企业及个人无法通过国家商标局办理马德里商标国际注册。此外，一些在开曼、马绍尔、英属维尔京群岛等国办理登记成立离岸公司的中国实际控股的互联网企业，按照国家商标局的实际操作要求，无法通过国家商标局办理商标马德里国际注册，而只有在中国国内登记的企业才能办理。

（4）优先权主张问题。按照《巴黎公约》的有关规定，商标国际注册申请人主张优先权的前提是其必须首先在其原属国提出申请。而以国内商标申请的实际为例，中国基础申请下发的商标申请受理通知书往往出现延缓的情形，加上国家商标局对于马德里递交新申请形式审查的拖延，这导致在马德里注册新申请中优先权主张的时限非常紧迫，个别情况下超出了优先权主张的六个月的时限，导致无法主张优先权。

（5）国内商标代理机构处理能力不足。商标马德里国际注册后期可能会遭遇驳回、异议等，而国内部分商标代理机构在处理后期审查意见过程中因与国外合作的资源缺乏，导致对官方审查意见的处理能力不足，从而在一定程度上制约了马德里注册量的增长。

6. 马德里商标国际注册程序

马德里商标国际注册申请包括以中国为原属国的商标国际注册申请（由内向外）、指定中国的领土延伸申请（由外向内）及其他有关的申请。

（1）申请主体。以中国为原属国的商标国际注册申请，申请人必须具有一定的主体资格。申请人应在我国设有真实有效的工商营业场所或在我国境内有住所或拥有我国国籍。另外，台湾地区的法人或自然人均可通过商标局提出国际注册申请。而香港和澳门特别行政区的法人或自然人目前还不能通过商标局提出国际注册申请。马德里联盟成员国的国民，若在我国有其合资或独资企业，可以通过国家商标局提出国际注册申请。

（2）申请方式。申请人办理马德里商标国际注册申请，可委托商标代理机构办理马德里商标国际注册申请，也可直接向商标局提交马德里商标国际注册申请。

申请人需要申请《马德里协定》成员国商标的，其商标应当已在中国商标局获得注册的，否则不能办理《马德里协定》商标国际注册。申请人需要申请《马德里议定书》成员国商标的，其商标应当已在商标局获得注册，或者已向商标局提出商标注册申请并被受理，否则不能办理《马德里议定书》商标国际注册。

以中国为原属国申请商标国际注册的，应当通过商标局向国际局申请办理。

以《马德里协定》方式由内向外的商标国际注册申请，其后期指定、放弃、注销，应当通过商标局向国际局申请办理；其转让、删减、变更、续展，可以通过商标局向国际局申请办理，也可以直接向国际局申请办理。以《马德里议定书》方式由内向外的商标国际注册申请，其后期指定、转让、删减、放弃、注销、变更、续展，可以通过商标局向国际局申请办理，也可以直接向国际局申请办理。

通过商标局向国际局申请商标国际注册及办理其他有关申请的，应当提交符合国际局和商标局要求的申请书和相关材料。

（3）申请范围。商标国际注册申请指定的商品或者服务不得超出国内基础申请或者基础注册的商品或者服务的范围。

（4）程序要求。商标国际注册申请手续不齐备或者未按照规定填写申请书的，商标局不予受理，申请日不予保留。申请手续基本齐备或者申请书基本符合规定，但需要补正的，申请人应当自收到补正通知书之日起三十日内予以补正，逾期未补正的，商标局不予受理，并书面通知申请人。

通过商标局向国际局申请商标国际注册的，应当按照规定缴纳费用。申请人应当自收到商标局缴费通知单之日起十五日内，向商标局缴纳费用。期满未缴纳的，商标局不受理其申请，并书面通知申请人。

商标局经形式审查，符合马德里商标国际注册申请规定的，由商标局将该马德里商标国际注册申请传送国际局。国际局将申请转交至指定保护的国家，各国依其本国法律进行审查及决定是否予以保护。

世界知识产权组织对商标国际注册有关事项进行公告，商标局不再另行公告。

7. 马德里商标国际注册需要提交的文件

以中国为原属国的马德里商标国际注册申请，需要提交以下申请文件：①马德里商标国际注册申请书；②相应的外文申请书；③国内商标注册证复印件或受理通知书复印件；④申请人资格证明文件，如营业执照复印件、居住证明复印件、身份证件复印件等；⑤基础注册或申请的商标如在国内进行过变更、转让或续展等后续业务，一并提交核准证明复印件；⑥申请人使用英文名称的，必须提供使用该英文名称的证明文件；⑦委托代理人的，应附送代理委托书；⑧指定美国的，一并提交 MM18 表格（如指定的缔约方仅限于纯协定缔约方，选用 MM1 表格；如指定的缔约方不包含纯协定缔约方，选用 MM2 表格；如指定的缔约方包含纯协定缔约方，选用 MM3 表格。所有新申请都可选用英语或法语。如选用英语为申请语言，请下载英文版 MM 表格填写；如选用法语为申请语言，请下载法文版 MM 表格填写）。

马德里国际注册商标必须与基础商标类型一致。要求申请的商标图样与基础商标的图样完全一致，颜色完全一致。如基础商标为黑白图样，马德里申请必须是黑白商标；如基础商标为彩色图样，则马德里申请也必须是彩色商标图样。如果基础商标是集体或证明商标，必须作为集体或证明商标进行马德里国际注册申请。

8. 商标局审查及递交

国家商标局国际处一般在收到商标国际注册申请文件后会进行形式审查，审查时间大约 2 个月，若商标局发现有相关问题，将要求申请人在 30 天内进行补正，形式审查内容主要包括材料、表格等基本信息。

9. 费用计算及缴纳

根据《商标国际注册马德里协定》《商标国际注册马德里议定书》以及《共同实施细则》，商标申请人通过国家商标局向国际局申请上报国际注册及办理其他有关申请的，应当按照相关规定向世界知识产权组织国际局缴纳费用。商标申请人应当自收到国家商标局缴费通知单之日起 15 日内，向商标局缴纳费用。期间未缴纳的，商标局不受理其申请，书面通知申请人。

国家商标局在收到整理齐全的申请文件，并确认无误后，进行申请日期登记录入，确定申请号，按照当日汇率计算瑞士法郎和人民币，并发出缴费通知，申请人或代理人应在收到费用通知之日起 15 日内向商标局缴纳有关费用。商标局只有在收到该款项后，才会向国际局递交申请。相关规费如下：

1）新申请

马德里商标国际注册新申请费用由以下几部分组成：

（1）基础注册费：653 瑞士法郎（黑白图样）或 903 瑞士法郎（彩色图样）。

（2）补充注册费：每个指定缔约方收取 100 瑞士法郎，要求单独规费的缔约方除外。

（3）附加注册费：在有补充注册费的情况下，如商品/服务的类别超过 3 个，每增加 1 个类别，增加 100 瑞士法郎。

（4）单独规费：某些缔约方会要求收取单独规费，详见下表。

| 项目 / 国家 | 指定申请 | | | 续展 | | |
|---|---|---|---|---|---|---|
| | 首一类 | 三个类以内 | 每增加一个类 | 首一类 | 三个类以内 | 每增加一个类 |
| 英国 | 262 | | 73 | 291 | | 73 |
| 丹麦 | | 330 | 84 | | 330 | 84 |
| 挪威 | | 278（278） | 78（78） | 314（314） | | 121（121） |
| 芬兰 | 225（304） | | 84（84） | 262（341） | | 131（131） |
| 瑞典 | 260 | | 102 | 260 | | 102 |
| 冰岛 | 221（221） | | 47（47） | 221（221） | | 47（47） |
| 爱沙尼亚 | 151（203） | | 47（47） | 188（235） | | 0 |
| 格鲁吉亚 | 314 | | 115 | 314 | | 115 |
| 日本 | 99 328 | | 75 328 | 423 | | 423 |
| 土库曼斯坦 | 178 | | 90 | 448 | | 0 |
| 希腊（请见注6） | 133（663） | | 24 *（120） | 108（542） | | 24 *（120） |
| 新加坡 | 272 | | 272 | 197 | | 197 |
| 澳大利亚 | 357 | | 357 | 255 | | 255 |
| 爱尔兰 | 325 | | 93 | 332 | | 166 |
| 韩国 | 233 | | 233 | 266 | | 266 |
| 美国 | 301 | | 301 | 370 | | 370 |
| 欧盟 | | 1111（2070） | 192（383） | | 1533（3449） | 511（1022） |
| 土耳其 | 207 | | 40 | 202 | | 0 |
| 巴林 | 274（297） | | 274（297） | 137（137） | | 137（137） |

（续）

| 项目\国家 | 指定申请 | | | 续展 | | |
|---|---|---|---|---|---|---|
| | 首一类 | 三个类以内 | 每增加一个类 | 首一类 | 三个类以内 | 每增加一个类 |
| 乌兹别克斯坦 | 1028（1543） | | 103（154） | 514（1028） | | 51（103） |
| 加纳 | 129<br>86 | | 129<br>86 | 291 | | 291 |
| 阿曼 | 484（1211） | | 484（1211） | 727（1453） | | 727（1453） |
| 以色列 | 404 | | 304 | 721 | | 608 |
| 库拉索 | | 272（540） | 28（55） | | 272（540） | 28（55） |
| 波内赫、圣尤斯特歇斯和萨巴群岛 | | 195（279） | 20（20） | | 319（581） | 56（56） |
| 菲律宾 | 95 | | 95 | 146 | | 146 |
| 新西兰 | 115 | | 115 | 268 | | 268 |
| 墨西哥 | 193 | | 193 | 204 | | 204 |
| 哥伦比亚（请见注（7）） | 373（497） | | 187（248） | 204（宽展期：每类加收278） | | 99 |
| 叙利亚 | 116 | | 116 | 116 | | 116 |
| 印度 | 62（156） | | 62（156） | 78（156） | | 78（156） |
| 突尼斯 | 155 | | 20 | 222 | | 47 |
| 圣马丁 | | 298（593） | 31（61） | | 298（593） | 31（61） |
| 非洲知识产权组织（请见注（8）） | | 733 | 150 | 917（宽展期：加收238） | | 183 |

注：① 圆括号中数字为集体、证明商标收费标准。

② 单独收费的标准不是固定的，国际局将根据汇率的变化或者应单独收费国因国内收费标准变化的要求及时将各国新的单独收费标准通知各成员国（请登录 www.wipo.int 进行查询）。

③ 日本申请费用为第一个类 99 瑞士法郎，每增加一个类增加 75 瑞士法郎，注册成功后收取注册费用每个类 328 瑞士法郎；加纳申请费用为每个类 129 瑞士法郎，注册成功后收取注册费用为每个类 86 瑞士法郎。

④ 表上没有列的国家均为 3 个类别以内 100 瑞士法郎。

（5）后续业务的收费标准：后期指定的基础注册费为 300 瑞郎，转让规费为 177 瑞郎（每个国际注册号），变更规费为 150 瑞郎（每件变更申请），删减规费为 177 瑞郎（每个国际注册号），续展基础注册费 653 瑞郎，宽展费 326.5 瑞郎。放弃申请、注销申请、代理人名称或地址变更申请、指定代理人申请均免费办理。

（6）关于希腊单独规费收取的具体说明：

关于马德里新申请和后期指定，希腊知识产权局对超过第 10 个类别后不再要求收取额外的费用。举例说明如下：

如指定希腊时申请 1 个类别，单独规费为 133 瑞士法郎；

如 2 个类别，单独规费为 $133 + 24 = 157$ 瑞士法郎；

如 10 个类别，单独规费为 $133 + 24 \times 9 = 349$ 瑞士法郎；

如申请的类别超过 10 个，单独规费仍为 349 瑞士法郎。

此原则适用于集体商标。

关于马德里续展，希腊知识产权局对超过第 10 个类别后不再要求收取额外的费用。举例说明如下：

如续展涉及 1 个类别，单独规费为 108 瑞士法郎；

如 2 个类别，单独规费为 $108 + 24 = 132$ 瑞士法郎；

如 10 个类别，单独规费为 $108 + 24 \times 9 = 324$ 瑞士法郎；

如涉及的类别超过 10 个，单独规费仍为 324 瑞士法郎。

此原则适用于集体商标。

（7）哥伦比亚：进入宽展期的商标，续展费每类加收 278 瑞士法郎。

（8）非洲知识产权组织：进入宽展期的商标，续展费加收 238 瑞士法郎。

2）后期指定

马德里商标国际注册后期指定申请费用由以下部分组成：

（1）基础注册费：300 瑞士法郎。

（2）补充注册费：每个指定缔约方收取 100 瑞士法郎，要求单独规费的缔约方除外。

（3）单独规费：某些缔约方会要求收取单独规费，详见单独规费表。

3）转让

转让规费：177 瑞士法郎（每个国际注册号）

4）注册人名称和/或地址变更

变更规费：150 瑞士法郎（每件变更申请）

5）删减

商品/服务删减规费：177 瑞士法郎（每个国际注册号）

6）续展

续展申请费用由以下部分组成：

（1）基础注册费：653 瑞士法郎。

（2）补充注册费：每个指定缔约方收取 100 瑞士法郎，要求单独规费的缔约方除外。

（3）附加注册费：在有补充注册费的情况下，如商品/服务的类别超过 3 个，每增加 1 个类别，增加 100 瑞士法郎。

（4）单独规费：某些缔约方会要求收取单独规费，详见单独规费表。

（5）宽展费：逾期未续展的，仍有 6 个月的宽展期，需加收宽展费 326.5 瑞士法郎。

7）汇率计算

以国家商标局收文日的中国银行零点卖出价为准。

例如 2013 年 8 月 1 日的汇率为：1 瑞士法郎兑换 6.6374 元人民币。

8）免费办理项目

放弃申请、注销申请、代理人名称或地址变更申请、指定代理人申请均免费办理。

10. 商标国际注册的审查

商标局自收到商标申请材料及确认缴纳费用后，将有关材料寄交设在瑞士日内瓦的世界知识产权组织国际局，由其办理商标注册。对于商标国际注册申请材料不齐全或未按规定填写申请书的，商标局不予受理，申请日不予保留。对于手续齐全，但需要补正的，申请人应自收到补正通知书之日起 30 日内予以补正，逾期未补正的，商标局不予受理，书面通知申请人。

国际局收到商标国际注册申请材料后，对申请进行审查后，该商标即获得国际注册并颁发商标国际注册证，同时通知指定保护的国家限期（马德里协定成员国为 1 年，马德里议定书成员国为 18 个月）进行审查。但国际注册并不代表申请人即享有专用权，只有当注册人申请在某个成员国得到保护，且被请求国的商标主管机关在规定的期限内没有驳回其保护要求时，该国际注册商标才能在该国享有同本国注册商标相同的权利。

## 4.3.2 单一国家商标注册

**1. 单一国家商标注册概况**

单一国家注册，是指直接向各个国家商标主管机关分别递交注册申请的注册方式，也称"逐一国家注册"，是商标国际保护常用的一种方式。

由于世界各国对商标保护的法律与体制不同，因此其商标注册与保护的原则、程序、期限、有效期、使用要求以及费用等有较大差别。例如美国等国家采用"使用在先"原则，即最先使用者优先获得商标权，而绝大多数国家则采用"申请在先"原则，即最先申请者优先获得商标权；各国注册所需的时间也差异较大，短的仅需半年左右，长的则需四至五年。

**2. 欧盟商标注册**

1）欧盟商标注册概况

1993年12月20日，欧盟会议通过了《欧洲共同体商标条例》，简称CMTR。该条例于1994年3月15日生效。根据该"条例"规定，在欧盟内部设立"欧盟内部市场协调局（OHIM）"，简称"内协局"，负责处理商标注册事宜。英、德、法、意大利、西班牙等欧盟国家开始实行一种在欧盟全部国家使用的商标体制。欧盟商标局于1996年1月1日开始受理欧盟商标申请。

欧盟商标的申请人不限于欧盟成员国的国民，其他《巴黎公约》《世界知识产权组织》成员国的国民也可以提出申请。欧盟商标注册申请若被核准，将在欧盟成员国范围内统一有效并予以保护。

目前，欧盟成员国共有28个：奥地利、法国、意大利、西班牙、比利时、德国、卢森堡、瑞典、丹麦、希腊、荷兰、英国、芬兰、爱尔兰、葡萄牙、匈牙利、波兰、捷克、斯洛文尼亚、斯洛伐克、爱沙尼亚、立陶宛、马耳他、塞浦路斯、拉脱维亚、保加利亚、罗马尼亚、克罗地亚。

欧盟商标的有效期为十年，自申请日起计算，期满后可以续展，每次续展注册的有效期为十年。

2）欧盟商标注册的优点

（1）费用低。只须申请注册一次，即可在整个欧盟的28个成员国使用并获得保护；较之于在各个成员国分别提出申请，费用大幅度减少。

（2）保护程序集中化。一件商标注册可获得欧盟28个成员国的保护，有关商标案件的裁决将在欧盟所有国家得到执行。

（3）优先适应与对抗。已经在一个欧盟成员国公布的注册商标，在申请欧盟商标时，可请求并享有优先权。另外，某商标在欧盟任何一个国家的使用可以对抗以未使用商标为由提出的撤销申请。

（4）注册商标在欧盟成员国具有整体效力。申请人只需提交一份申请即可在欧盟所有成员国内使该商标得到保护，而无需再分别指定希望该商标得到保护的国家。

3）欧盟商标注册的缺点

（1）欧盟商标注册对商标的显著性要求很高，欧盟 28 个成员国中只要一个成员国有人提出异议，且异议成立，将导致整个欧盟商标注册被驳回。尽管该驳回商标可以转换为国家申请，且保留原欧盟商标申请日，但申请人须另向每个国家支付转换费用。因此选用商标的显著性不是很强的，则不适合申请欧盟商标注册。

（2）欧盟商标注册费用高。单独提交欧盟商标注册申请费用要高一些，但申请人也可以选择马德里国际注册指定欧盟，费用相对要低一些。

（3）欧盟商标注册时间不确定。在欧洲内部市场协调局申请商标注册的时间较难确定，如果一切顺利，商标可能在一年内获得注册。然而，只要有一个国家提出异议，该商标就不能及时得到注册，解决异议需花费很长的时间，通常需 2 年左右时间。在 28 个国家中均无异议的情况很少见，因此，欧盟商标申请往往在很长时间内不能获准注册。

4）欧盟商标注册程序

（1）向欧洲内部市场协调局（以下称"协调局"，简称 OHIM）递交申请书，该局认为符合条件的商标申请即予以受理，给予申请日和申请号。

（2）商标注册申请受理后，协调局进行在先商标检索，同时将申请书转送给各成员国进行在先商标检索，各成员国在三个月内将检索报告送交内部市场协调局。

（3）协调局收到各成员国检索报告后连同本局的检索报告提供给申请人参考。

（4）协调局对申请的商标不进行实质审查，如果申请被初步接受注册即公告，自公告之日三个月为异议期，欧盟 28 个成员国的任何自然人或法人均有权对该商标提出异议，若无异议或者异议不成立的，商标予以注册。

（5）如果申请人申请注册的商标被驳回（包括因成员国有人提出异议而导致欧盟商标申请被驳回），申请人可以在三个月内将欧盟商标转换为在一个或几个国家单独的商标申请，享受其原申请日的优先权。

（6）如果申请人申请注册的商标被驳回，申请人不服，可以向欧盟商标复审委员会申请复审，在有理由认为欧盟商标复审委员会的复审裁定违反罗马条约或共同体商标条例的情况下，还可以向位于卢森堡的欧洲法庭上诉。

3. 非洲知识产权组织商标注册

1）非洲知识产权组织概况

非洲知识产权组织（African Intellectual Property Organization，OAPI）是由前法国殖民地中的官方语言为法语的国家组成的保护知识产权的一个地区性联盟。由设在喀麦隆首都雅温得的总部统一管理各个成员国的商标事务。商标核准注册后在该组织成员国均受保护。各成员国在商标领域内受非洲知识产权组织的约束，没有各自独立的商标制度，因此在各个成员国并不存在逐一国家注册，只能通过非洲知识产权组织统一注册获得保护。

截止 2015 年，非洲知识产权组织成员共有 17 个：喀麦隆、贝宁、布基纳法索、中非共和国、刚果（布）、乍得、加蓬、几内亚、几内亚比绍、科特迪瓦（象牙海岸）、马里、毛里塔尼亚、尼日尔、塞内加尔、多哥、赤道几内亚、科摩罗。

非洲知识产权组织的商标专用权有效期十年，从申请日起计算，每次续展注册的有效期为十年。

2）非洲知识产权组织商标注册程序

（1）向非洲知识产权组织提出注册申请，每份申请可以申请三个类别。

（2）商标注册申请受理后，注册官根据有关部门规定对申请进行形式审查和实质审查。

（3）商标注册申请若通过形式审查和实质审查，即被核准注册。注册后的商标会在官方公报上予以公告，公告期为六个月。没有异议或者异议不成立，商标予以注册。

（4）审查官在形式审查和实质审查期间，如果要驳回申请，在听取申请人或代理人的答辩之后方能决定。

（5）如果有人在异议期内对公告商标提出异议，申请人也可以作出答辩，供审查官听取。如果申请人对异议决定不服，还可以向法院起诉。

4. 美国商标注册

1）美国商标制度简介

美国是英美法系国家，美国现行商标法是 1948 年颁布的《兰哈姆法》，后经多次修订和完善。美国的商标注册制度非常独特，是全世界少数实行"在先使用"原则的国家，美国法律规定必须先有贸易和商标的实际使用，才能获得商标的法律保护。虽然美国引入了注册制度，但"在先使用"仍然是申请注册的先决条件之一。虽然美国在 1988 年做出的修改，允许申请人可以基于"意图使用"而申请商标，对"在先使用"原则有所松动，但仍然带有浓厚的"使用"色彩，申请人必须在三十六个月内真实使用后，并且向商标局提交真实使用证明才有可能获得商标注册专用权。

美国的商标注册分联邦注册和州注册。联邦注册适用于州际间贸易以及美国与其他国家和地区间的贸易。联邦注册在美国的 50 个州以及西萨摩亚群岛、关岛、巴拿马运河区、维尔京群岛、波多黎各岛和北马利亚纳群岛有效。美国联邦注册的注册管理机关是美国专利商标局（United States Patent and Trademark Office，USPTO）。

联邦注册分为主簿注册与副簿注册两部分。目前，大多数申请人到美国申请注册商标都是指主簿注册，除非有特殊说明。商标在主簿或副簿注册的区别，以商标是否具有显著性为依据。美国把不具有显著性并缺乏第二含义，但是能够区别申请人的商品或服务的商标注册到副簿，因此获得副簿注册的商标在保护力度上不如主簿注册。

申请人申请主簿注册，应当符合下列 4 种情形之一：①实际使用，即欲申请的商标在提交注册申请以前已经在美国使用。②意图使用，即欲申请的商标在提交注册申请时还没有在美国使用，但是必须有诚意将来在美国商业中使用该商标。依据美国商标法第一条（d）规定，申请人最晚必须在核准通知签发之日起三年内使用该申请的商标并递交使用声明，否则该商标申请将被撤销。③基于国外注册，即与美国有条约关系的国家的国民可以基于其商标已在国内注册而在美国提交商标注册申请。④基于国外申请（或称国外优先权），即巴黎公约成员国的国民在国内提交申请之日起的六个月内可以基于国内申请在美国申请优先权。基于优先权提交的申请需在官方规定的时间内提供国内注册证明。

申请人申请副簿注册必须基于实际使用，也就是说该商标必须已经在美国合法地使用才能申请副簿注册。在副簿注册的商标，如果经过连续五年使用证明它完全具备注册商标条件，则可以上升到主簿中去。因此，副簿相当于准注册簿。

美国注册商标的有效期为十年，自商标获得注册之日起计算。在十年期限届满前一年内或十年期限到期后六个月内的宽展期可进行商标的续展，每次续展期为十年。

2）美国商标的构成要素

与中国商标的构成要素相比，美国商标法允许注册的商标的构成要素要宽泛得多，这也意味着美国商标保护的范围更广。随着时间的推移和社会的进步，更多的一些新的构成要素也慢慢被美国商标法所接纳。

根据《兰哈姆法》第45条，商品商标、服务商标、集体商标和证明商标可以由"文字、姓氏、象征、设计或以上之组合"构成。虽然"象征"和"设计"等用词和表述比较抽象，但也同时赋予其丰富而广泛的内涵。一般来说，美国的商标构成要素有文字、颜色、气味、声音、产品的包装和外观设计等。

文字商标包括单词、短语、字母和数字等，是最常见的商标形式。字母和数字的组合可以作为商标，如"3M"；仅以数字和字母作为商标，如通过使用获得了第二含义，则也可以注册，如"7–eleven"便利店。

颜色商标一般可以作为商标的一个构成成分，与单词、字母、数字、图案等共同构成一件商标，或者由几种颜色的组合构成一件商标。但对于单一颜色注册商标的问题，美国直到1995年由最高法院判决了"夸里泰克斯"一案后才解决。此案判决"金绿色"这个单一颜色可以作为商标得到保护。

气味商标是通过1990年的"克拉克"一案确定下来的。该案认定克拉克女士使用在缝纫线和绣花线上的花香气味可以作为商标注册。

美国第一个获得商标注册的声音商标是"全国广播公司NBC"就其广播服务注册的三声钟声。我们所熟悉的声音商标还有英特尔芯片广告的音乐声，微软视窗操作系统用户开机的音乐声等。

"标签的位置"也可以注册为商标。李维斯公司将一块长方形的纤维标签固定在牛仔裤的右后兜上使用，可以指示商品的来源。

美国商标法规定以下文字、符号或标记不准作为商标注册：

（1）不道德的、具有欺骗性或诽谤性的商标；

（2）由美国或其任何州、市的旗帜或徽记或外国的旗帜、徽记或其模仿物构成的商标；

（3）红十字标志及其符号、徽记的模仿物或其组合；

（4）联合国的徽记或其模仿物；

（5）当商标用在申请人商品上时，仅仅是描述或欺骗性错误描述商品或主要为地理描述或欺骗的、错误的商标；

（6）仅为姓氏的商标；

（7）未经他人的书面同意，使用其名字、肖像或签字作为商标；或在总统夫人在世时，未经其书面同意，使用美国已故总统的名字、签字或肖像作为商标；

（8）此外，与在美国专利商标局已注册的商标或与他人在美国在先使用而未放弃的商标、商号相似的，并且当使用在申请人的商品上时，很可能造成混淆、欺骗或误解的商标。

3）美国商标注册程序

（1）审查程序：申请人提交商标注册申请文件后，经审查员的审查，如果认为该商标不能被注册，则会发出审查意见通知书，列明商标被拒绝注册的实质理由及其他技术上或程序上的缺陷让申请人进行答复。申请人必须自邮寄审查意见通知书之日起六个月内完成答复，否则将被视为放弃对该商标的申请。

如果申请人的答复并没有克服所有的列明缺陷，商标局会发出最终拒绝通知，在此情况下，申请人只能通过支付额外费用后向美国专利商标的行政法庭——商标评审委员会（Trademark Trial and Appeal Board，TTAB）上诉进行救济。

（2）公告程序：如果审查员没有发现申请的商标具有不被注册的缺陷或申请人通过答复克服了审查意见通知书中所列的所有缺陷，审查员将会将该商标公布于美国商标公告上。

（3）异议程序：商标公告后，美国专利商标局会向商标申请人发出公告通知，告知其商标公告的具体时间。自商标公告之日起三十天内任何第三方如认为该公告的商标的注册将会损害其利益都可向美国专利商标局提出异议，或请求延期提出异议。如果在商标公告期内无人提出异议或提出异议的理由不成立，该商标将进入注册程序。

（4）商标要获得注册必须有实际商业使用的证据。如果该商标是基于商业实际使用或基于本国已获注册提出申请，并且在商标公告期内，无人提出异议或要求延期提出异议，则通常情况下美国专利商标局会在商标公告后十二周颁发商标注册证；如果该商标是基于意向使用申请，并且在商标公告期内，无人提出异议或要求延期提出异议，则通常情况下美国专利商标局会在商标公告后十二周颁发核准通知，申请人应根据是否实际在商业中使用该商标的情况，声明已使用或请求延期提出使用声明。

5. 日本商标注册

1）日本商标制度简要介绍

日本商标制度延续至今，已有一百多年的历史。近年来，为适应其本国经济、社会发展的需要及商标法律国际接轨的要求，日本对其商标法进行了多次的补充和修改，形成了独具特色的日本商标制度。

日本商标法实行"申请在先"原则。根据日本《商标法》第8条之规定，"申请在先原则"体现为：①两个以上的申请人在不同的日期内，在相同或类似的商品或服务上申请相同或近似的商标，最先提出注册申请的人可获得商标的注册。②两个以上的申请人在相同的日期内，在相同或类似的商品或服务上申请相同或近似的商标，由双方进行商定，商定的一方可获得商标的注册。如双方协商未达成协议或者在指定的期限内未呈报协商的结果，则进行抽签，由抽签确定的中签人可获得该商标的注册。

日本商标法实行一商标一注册原则。在提交注册申请的时候可以一标多类，即在提交商标注册申请时，可以在提交一份申请时，同时指定多个类别。

2）日本商标注册程序

（1）申请人的主体资格。在日本，自然人和法人均可申请商标注册。对于不具有法人资格的社团或财团，不得以其名义享有商标保护权利。商标申请人必须是与自己业务有关的商品或服务上使用或将来计划使用商标的人。因此，在商标申请时，必须填写自己的业务范围。

（2）申请所需提交的材料。日本由特许厅（简称"JPO"）作为商标注册申请的受理部门。申请注册商标必须向特许厅长官提交以下申请材料：①载有注册申请人姓名或名称、居所或住所地址的申请书；②申请注册的商标并附有图样；③商标申请指定的商品或服务项。

（3）审查程序。商标注册申请提交至日本特许厅，由特许厅对申请文件是否齐备进行形式审查。如材料不符合要求，通知申请人进行更正。对于符合要求的，进入商标实质审查阶段，对商标注册是否符合要求进行实质审查。通过实质审查的，由特许厅作出准许商标注册的决定。交付注册费用，即确立商标权，予以公告，异议期为两个月，15～20 个月左右颁发商标注册证书。对于驳回注册的商标，申请人可提交抗辩书或理由书，如不能消除驳回理由，驳回裁定成立。对裁定不服的，可以起诉，不服起诉结果的，可向东京高级法院提出上诉，如对上诉结果仍不服的，可继续向最高法院提起上告。

日本商标权的有效期原则上为 10 年，每次续展注册期限为 10 年，可提前 6 个月申请续展注册，有 6 个月的宽展期，但在宽展期内提出续展的，需缴纳额外的费用。

6. 台湾地区商标注册

1）台湾商标制度简介

台湾地区（下简称"台湾"）商标法属于中国法系地区，采用的是先申请原则。自然人、法人、非法人组织均可向台湾地区主管机关提出商标注册申请。台湾商标申请注册不需进行实质性核查该商标是否在台湾地区进行使用，只要申请人提出申请，符合法律规定就可以获得商标权。

台湾由"经济部智慧财产局"负责台湾地区商标注册事务。台湾依据台湾地区的有关规定及其相关实施条例来保护台湾地区的商标权益。

台湾的商标类别包括商品商标、服务商标、团体商标和证明商标。商标可以是由文字、图形、记号、颜色、声音、立体形状或其组合成的任何标识。

台湾商标法规定，商标必须具有显著性，即相关消费者能够明显区分商品或服务的来源。台湾不要求商标注册申请前必须使用该商标。但商标注册后，若一直未使用或者有连续停止使用满三年的情况，可以撤销该注册商标。

台湾商标法包括商标异议和评定制度。商标异议，是指任何人自商标注册公告之日起三个月内认为该商标的注册有违反商标法规定情形的，可以提出异议，要求撤销其商标注册。提出异议的理由通常是存在该核准注册的商标有相同或者近似于他人知名商标的，或者有相同或者近似于他人同一类似商品/服务的注册商标或者申请在先的商标，而导致相关消费者容易产生混淆误认或者有可能减损知名商标的识别性或商业信誉。

商标评定制度，是指利害关系人自商标注册公告之日起五年内认为该商标的注册有违反商标法规定的情形，可以对其提出评定申请，要求撤销该注册商标。提出评定的理由与提出异议的理由相同，但基于一事不再理原则，经过异议程序确定的注册商标，任何人不得就同一事实、同一证据及同一理由再次申请评定。

申请人不服台湾智慧财产主管部门对其申请注册的商标驳回、异议或者评定决定的，可向台湾经济主管部门提出诉愿，不服台湾经济主管部门决定的，可向"智慧财产"法院提出行政诉讼。

台湾地区的注册商标专用权有效期十年，从申请日起计算，每次续展注册的有效期为十年。

2）台湾商标注册程序

（1）查询（非必须程序）：台湾商标免费查询，任何人都可随时使用"台湾行政院经济部智慧财产局"商标查询网站检索是否有相同或相似的商标。

（2）申请：填妥申请表格并签名或盖章，提交台湾智慧财产主管部门。有关当局接收后，会对事项申请进行审查。

（3）形式审查：商标提出申请后，台湾智慧财产主管部门对该商标的申请文件以及指定的商品/服务类别进行形式审查，若申请不完备或者指定的商品/服务类别不明确的，则要求申请人在指定期限内补正。

（4）实质审查：经过形式审查符合要求的注册申请，由台湾智慧财产主管部门进行实质审查，审查申请注册的商标是否具有显著性，若为商品的通用名称、说明性文字或者产地名称等，则视为不具备显著性；审查员同时进行商标检索和分析，以判定申请注册的商标与他人的驰名商标是否相同或相近似，或者是否与他人在同一或者近似类别的在先注册商标相同或者相近似。若认为申请注册的商标不符合商标法相关规定，会发出审查意见通知书，要求申请人于指定期限（一般为三十天）内提出答复，逾期未提出答复的，视为申请人撤回申请。

（5）公告/异议：经实质审查申请注册的商标符合商标法规定的，该商标注册申请可被初步核准并进行公告，书面通知申请人。自公告之日起三个月内，任何人均可对其提出异议。

（6）发证：公告期满未有异议或异议不成立的商标将予注册，约再经一个半月发给商标注册证书。

7. 香港商标注册

1）香港商标制度简介

香港商标是指在自然人、法人或者其他组织对其生产、制造、加工、拣选或经销的商品或者提供的服务需要取得商标专用权的，向香港知识产权署提出商标注册申请。提交香港商标申请时，可以采用中文，也可以使用英文。

香港主管商标注册的部门是香港特别行政区知识产权署商标注册处，香港海关是有权查处商标侵权行为的机关。

香港商标法是参照英国商标法制定的，属于英美法系。香港现行商标法包括 2003 年 4 月 4 日实施的《商标条例（第 559 章）》和于 2003 年 4 月 4 日实施的《商标规则（第 559A 章）》。

香港商标可以由文字（包括个人姓名）、征示、设计式样、字母、字样、数字、图形要素、颜色、声音、气味、货品的形状或其包装，以及上述标志的任何组合所构成，且能够以书写或绘图方式表述的标记，才可以注册为商标。

香港商标采用《国际商品及服务分类（尼斯分类）》进行分类。申请商标注册时，必须列明拟申请商标注册的货品及服务，及填写货品及服务所属类别的编号。

由于中国大陆与香港实行"一国两制"制度，在中国大陆注册的商标不能直接适用于香港，且不受香港法律保护，而单纯的香港注册商标也不受中国大陆法律所保护，因此，若要在两地都获得商标保护，则需要在中国大陆和香港两地都要注册。

香港商标专用权的有效期为十年，自提交商标注册申请之日起计算。商标拥有人可在商标注册期届满当日或之前申请商标注册续期，商标注册每段续期的期间为十年。

2）香港商标注册程序

知识产权署商标注册处收到注册申请后，审查主任会根据规定步骤处理该商标注册申请。如没有不足之处（形式审查），而拟注册商标又没有遇到反对（实质审查），则整个程序（由商标注册处接获申请至批准商标注册）需时可短至六个月。

经形式审查符合规定后，商标注册处会进行查询，核查在相同或类似的货品或服务类别上，是否有其他相同或类似的在先注册申请或者注册商标。若存在相同或类似在先注册申请或者注册商标的，商标注册处以书面方式发出审查意见，说明对有关商标申请的反对和理由，申请人必须于六个月（期限可延长三个月）内答复或达到符合有关规定。

即使申请人已设法解决商标注册处在初步意见所提出的反对，有关申请可能仍未符合注册规定。商标注册处会再提出意见，说明审查结果。在这阶段，如申请人想继续办理这项申请，则可以在商标注册处再次提出意见之日起的三个月内，达到符合注册规定或要求聆讯。申请人只可以在《商标规则》的指定情况下（例如需要更多时间取得在先商标拥有人的同意）要求延长上述时限。

如要求聆讯，则所有支持和反对有关商标注册的证据，都会在聆讯中审议。聆讯人员其后会作出裁决。

商标注册处接纳注册申请后，便会在香港知识产权公报作出公布。

任何人均可在香港知识产权公报查询公告的商标，并对公告的注册申请提出反对。反对人须在注册申请公布之日起的三个月内提交反对通知。他人提出反对的，申请人可以撤回注册申请或者就反对提交反意见陈述。双方均有机会在指定时限内就申请注册或反对注册提交证据。商标注册处收到所有证据后，便会安排双方出席聆讯，并由聆讯人员作出裁决。

# 4.4  商标国际注册策略

随着中国企业从"中国制造"向"中国创造"的不断转型，中国品牌越来越需要走出国门，成为世界性或跨地域性的国际品牌。因此，越来越多的中国企业需要提前做好商标国际注册工作，但由于商标国际注册受地域、制度、法律、宗教、文化、语言、费用等诸多因素影响，让中国企业常有犹豫甚至"畏惧"之心。如何提高商标国际注册的成功率及降低商标国际注册的费用，已成为一项专业化和策略化的工作。结合工作实践和实务，笔者总结出如下商标国际注册策略并作简要说明。

## 4.4.1  起个好名字

这里讲的起个好名字，不局限于文字性商标，还包括文字、图形、颜色、数字、声音等要素及其组合所构成的商标。一个响当当的品牌，有一个容易让人记住的商标名字是关键，好的商标名字不但能给企业带来极大的经济效益，还能有效提高企业的市场信誉度和产品竞争力。因此，构建国际性品牌首先应做好商标名称的起名工作，而国际性商标起名除应当遵守常规原则外，更应当注意以下规则：

（1）显著性强：显著性强的商标，一般是经商标注册人独创的、与众不同的、能使人留下深刻印象的区别性标志。显著性强的商标，不仅更容易获得商标国际注册，在推广时还更易被市场所接受，如 IBM、Sony、Haier、Lenovo、Panasonic、Gucci、OMEGA、TOYOTA 等。

联想集团的"Legend"商标寓意深刻、易于识别和记忆，对联想电脑产品的市场宣传和推广起到了非常好的作用。但当时在启用该商标时，没有考虑到该商标的国际化需求和显著性因素。随着联想的国际化进程，"Legend"早已在众多国家和地区被他人在计算机及周边外部设备上所注册，而且在欧洲所有国家都被抢注，导致联想电脑产品在这些被注册国家无法销售或者存在巨大品牌与法律风险。最终，联想集团花费数千万元将其商标更换为"Lenovo"，使用18年的"Legend"商标最终退出历史舞台。

（2）符合目标国法律规定：商标国际注册应当符合目标国的法律规定，如，不得选用目标国法律禁止使用和禁止注册的商标，不得包含内容不健康的商标构成要素，不得侵犯他人的在先权利等。多数国家商标法律规定地理名称不能作为商标注册，如中国有名的"中华"牌香烟、牙膏，"上海"牌电视机，"青岛"牌、"北京"牌啤酒等，虽然很早就在中国注册了，但在国外不能注册，因为地理名称不能在多数国家获准注册。一些国家不准用数字作商标，如"555""777"等商标，在巴基斯坦、肯尼亚等国申请注册未被核准。

（3）利于传播：商标取名要简单易记、利于传播，否则即使具有较强的显著性或独创性，但依托于该商标识别的产品或服务难以让消费者识别和传播，也是无法在市场中取得成功，从而失去了商标国际注册的意义。如字母组合过长又无特定含义的商标，注册成功容易，市场推广和消费者记忆、传播却难。

（4）适应目标市场环境：商标取名应当不得与目标国/地区的风俗人情、习惯禁忌、宗教文化和消费习惯等相冲突或抵触。否则，将极大可能导致商标国际注册的"流产",或者被批准后使商品销售不出去,造成经济上的极大损失。

常见的禁用标识不能作为商标注册的包括:①阿拉伯国家禁用黄色作商标;②法国人认为黑桃是死人的象征,桃花是不祥之物,因此禁用这些作商标;③意大利把菊花当成国花,所以忌用菊花作为商品的商标;④日本把菊花视为皇家的象征,忌用菊花作为商标图案;⑤拉丁美洲把菊花视为妖花,所以也不能在商标上画菊花;⑥澳大利亚忌用兔作商标,因为该国盛产羊毛,重视牧草的繁殖,害怕兔子毁坏草地;中国"大白兔"奶糖商标难在该国获准注册;⑦印度以及阿拉伯国家禁用猪的图形作商标。中国名牌"野猪"牌蚊香就不能在这些国家获准注册;⑧英国人忌讳人像作为商品的装潢;⑨北非一些国家忌讳用狗作为商标;⑩国际上都把三角形作为警告性标记,不能作为商标;⑪捷克人认为红三角是有毒的标记,上海名牌"三角"牌毛巾不能去注册;⑫土耳其把绿三角表示为"免费样品",不能作为商标使用;⑬玫瑰花是保加利亚的国花,许多国家把这种花作为赠送亲友的礼物,但在印度和欧洲一些国家则把它作为悼念品,不能用作商标;⑭熊猫在非洲一些国家是禁忌的,不能作商标,中国"熊猫"电子产品无法在非洲一些国家获准注册;⑮在信奉伊斯兰教的国家不能使用六角形作为商标,他们禁止这种标志的商品进口;⑯英国人把山羊喻为"不正经的男子",中国出口的"山羊"牌闹钟在英国不受欢迎。⑰"芳芳"的汉语拼音为"Fang",而作为英文单词,则是"毒蛇牙、狼牙",使人感到恐怖,用作商标,其商品难卖出去。

基于中文商标的商标国际注册,国人翻译时过多采用纯粹意译法,只考虑文字对等却忽略了文化内涵,从而导致英文商标具有不良的文化含义。如"蓝天牙膏"(Blue Sky)在美语中,Blue Sky 是指企业收不回来的债券,这样的译名显然不利于产品推广;除了考虑英文本身含义外,还需要考虑英文字母组合的拉丁语可能具有不良含义,如"FOODA"在葡萄牙语的含义就是辱骂他人,这样的商标不仅不能注册,还会严重破坏产品和企业的形象。

## 4.4.2 确定好国家

选择商标国际注册的国家时应当着眼于企业经营战略的短期目标和中长期目标,结合企业自身的资金实力与市场策略,以及目标国家的发展潜力和地理位置等;盲目选择注册国家一方面极易造成成本浪费,另一方面会造成现在及未来在真正需要保护的国家或地区丧失商标法律保护。

从企业经营战略上来说，商标国际注册应当首先考虑和选择现有的企业产品的目标市场国家，同时兼顾未来，重要目标市场国家应当重点突出，提前做好现在和未来目标国家的商标注册保护。

商标国际注册应当考虑目标市场国家的法律环境，对于知识产权法律保护环境不好，其保护和维权也可能形同虚设，即使商标注册成功，却不能真正得到法律保护的商标权，又有多大的意义呢？

商标国际注册应当考虑注册费用、审查制度和期限，注册费用昂贵、审查要求非常严格、审查期限过长等因素，都应当成为企业进行商标国际注册的考量因素。

商标国际注册应当考虑所销售产品在目标国家的市场容量，市场容量太小且又不具有开发潜力的，企业可以考虑放弃注册。

商标国际注册应当考虑目标市场国家的地理位置，例如香港、新加坡和巴拿马等港口型国家，由于贸易与物流的因素，应当重点考虑注册。

影响商标国际注册选择目标国家的因素较多，企业应当根据自身企业经济实力及经营发展战略，系统性综合考虑，量力而行，以最大限度既达到保护的目标，又最大程度节省商标国际注册费用。

## 4.4.3　选择好注册途径

如前所述，商标国际注册既可通过单一国家逐一注册，也可通过马德里体系进行多国家同时注册，两者各有利弊，制度各有优劣。企业如果逐一在产品出口国进行商标国际注册，不但手续繁杂、费用亦较高，如在美国、日本、欧盟等一些发达国家注册一件商标，申请人需支付高约 2000 美元的费用，在东南亚等国家一般在 1000 美元以上，如果在多个产品出口国注册，所支付的费用成本明显较高。而通过马德里商标国际注册，申请人只需通过国家商标局向国际注册局一次性提出注册申请和缴纳费用，即可在多个国家获得注册，办理手续简便，时间较短，费用也明显比选择逐一国家注册要低。一般来讲，若目标国家超过 5 个，且均为马德里成员国的，选择马德里商标国际注册方式更有优势。

## 4.4.4　选择好类别和项目

世界各国大多数已经采用了《商品和服务国际分类（尼斯分类）》，这其中包括以尼斯分类表为基础，同时根据本国对商品/服务分类的理解，重新制定的分类表，如韩国、美国、新加坡和日本。但也有少数国家，仍然采用自己的分类表，如加拿大等。因此，在商标国际注册时，应当了解目标国的分类制度和规定，选择合适的类别和产品项目。

根据《商品和服务国际分类（尼斯分类）》的划分，商标和服务被分割为45个类别，申请人在进行商标国际注册保护时，就会遇到注册类别的保护问题。非常多的企业在商标国际注册时，极易仅仅选择其相关主要产品类别或项目申请注册商标，而往往忽略了近似类别或项目的选择，尤其容易忽略未来产品类别的选择，从而提供了他人抢注甚至恶意抢注的空间，后续可能需要投入大量时间和资源进行国际商标的维权工作。因此，企业在商标国际注册时，应当在目标国法律法规允许范围内尽可能多的选择产品类别及商品项目（美国例外），同时兼顾未来一定时期企业可能发展的产品或服务类别，同时也要涵盖相关联的类别进行保护。例如企业主要生产耳机或手机，在选择保护国际分类第9类时，同时也要考虑企业的横向发展，在第35、38、42类可以进行同时保护，防止恶意抢注行为，扩大商标保护范围。

## 4.4.5　注册联合商标

联合商标一般指同一商标所有人在同一种或类似商品上注册的若干近似的商标。对于一些大量产品出口及知名度较高的国内企业来说，完全有必要考虑采用注册联合商标这一策略。注册联合商标的目的即在于防止产品出口国当地的一些投机者对与该商标近似的商标进行抢注，从而导致当地的消费者误认为该当地提供者的产品是我国企业的产品，因而会挤占国内企业在出口国的产品市场份额。国内一些知名企业在注册联合商标方面有较为成功的案例，如娃哈哈集团公司，除主打的"娃哈哈"商标国际注册外，还注册了"娃娃哈""哈哈娃""哈娃娃"等一些与主打的"娃哈哈"较为近似的商标。红豆集团除主打的"红豆"商标国际注册外，也对与"红豆"文字相近的"虹豆""相思豆"等进行了注册。

## 4.4.6　重视商标查询

国际商标查询，是指申请人在申请国际商标前，经过商标检索和查询，分析近似，判断注册国际商标能否注册的查询行为。国际商标查询一般需要委托目标国家从事商标注册法律事务的律师事务所或商标代理机构进行。

商标国际注册一方面需要较长时间，另一方面费用不菲，若未经查询盲目注册，极有可能因目标国家存在在先的相同或近似商标而导致申请注册的商标被驳回，不仅耽误在目标国家的商标注册时间，还造成商标注册成本损失，若商标注册申请人在商标国际注册前期已投入市场宣传推广费用，将会对企业造成极大损失甚至会导致企业市场经营失败。

## 4.4.7　找个好代理

一般来说，商标国际注册会涉及国内商标代理机构和目标国家商标注册服务机构或律师事务所，而目标国家的商标服务机构或律师事务所又通常是由国内商标代理机构选择的。无论国内还是境外，商标服务机构的专业素质、语言能力、服务态度、敬业精神和服务费用等差异较大，良莠不齐，而商标国际注册需要较强的专业能力并且是一项系统性、长期性（最长注册时间超过十年，如巴基斯坦）工作。况且，商标注册后的后续法律文件和程序，如商标被异议、被请求撤销、被请求无效等，还均是通过原商标服务机构或律师事务所接收或处理。因此，企业在选择国内商标代理机构时，不能仅仅考虑成本与费用，更应该考察商标代理机构的专业素质、机构规模和服务等，并保持与商标代理机构的良性沟通，最大限度促进商标国际注册的利益最大化。

## 4.4.8　保存好证据

世界各国绝大多数实行商标法保护的国家，均重视商标的使用价值，普遍规定了连续三年或五年不使用的商标，即有可能被他人请求撤销。很多时候，并不是商标权利人没有使用该商标，而是权利人没能及时保存相关的使用证据。另外，此类使用证据在驳回复审、异议答辩等后续程序中，都有可能作为证明商标的在先权利、使用状况以及知名度等的证据。

**资源链接**

1. 《如何办理马德里商标国际注册申请》网址及二维码：http：//sbj. saic. gov. cn/sbsq/mdlsq/201404/t20140428_ 144330. html

2. 《马德里商标国际注册申请收费标准》网址及二维码：http：//sbj. saic. gov. cn/sbsq/mdlsq/201309/t20130902_ 137740. html

# 第5章 商标的使用与维持

## 5.1 商标的使用

商标作为我们日常生活中不可缺少的一部份，它的重要性逐步显现。它不仅能够帮助我们区别商品或服务的来源，识别不同的生产经营者，而且能够帮助消费者迅速找到自己心仪的商品或服务，节约时间成本。商标代表着企业的形象、商誉，已经成为企业一笔巨大的无形资产。企业要扩大规模，加强竞争力，必须要利用好商标这样一个市场竞争的利器，扩大自己的知名度，抢占市场制高点。企业只有培育驰名商标，通过商标树立自身的形象，促进资产的良性运营，才能更好地创造价值。在我国，商标一经注册即享有商标权，商标权人通过对商标的使用获得利益，同时慢慢积累商誉。如果说法律的生命在于经验，那么商标的生命就在于使用。没有在商业活动中使用的商标，消费者难以将其与特定的商品相联系，难以与特定的商标权人相联系，商标就成了一个空壳，失去了生命力。商标使用是商标受法律保护最基本的也是最重要的条件。企业在实施商标战略时，商标的使用策略是核心内容，离开了商标正确而有效的使用，商标战略将无从谈起，同时，可能给自己带来不必要的麻烦。那么，我们在商标的使用过程中有哪些策略？怎样去维护自己的商标，完善品牌？下面将一一介绍。

### 5.1.1 商标的使用策略

策略就是为了实现某一个目标，针对可能出现的问题制定出若干应对方案，并根据实现目标的过程中形势的发展变化来制定出新的方案。我们做任何事情都要讲究一个策略，只有良好的方案才能更好地实现我们的目标。在商标使用的过程中同样要有策略。商标的使用是一个永久而常新的议题。经过不断的尝试，商标的使用策略不断完善。市场的千变万化使得商标有了其灵活使用的必要，以前的"好酒不怕巷子深"的传统理念已经不再适应市场的需要，没有商标作为宣传，再好的商品也出名不到哪里去。企业对商标的正确使用，是商标受保护的需要，也是实施企业商标战略的保障。商标的使用关涉到企业的生存和发展。企业在商品上是否要使用商标，怎样使用商标，应根据自身的经济实力、技术实力、发展计划以及商品的特点等多种因素综合考虑，作出抉择。

1. 要不要使用注册商标策略

生产企业首先面对的问题就是要不要使用商标。由于市场经济的发展，全球经济一体化的不断加速，在商品上使用商标已经成为了一种趋势。在商品上使用商标有利于企业进行广告宣传，便于购销，同时可以减少商品价格弹性，有助于企业发展新的产品。[①] 企业只有使用商标才能在消费者心中建立起本企业产品与本企业之间特定的联系，树立起商标形象和企业形象，让消费者能够在同类商品中认出商品"主人"并作出选择。[②] 企业可以通过使用商标在消费者心目中建立一种"品牌认知"，培养忠实的粉丝，从而使商品具有固定的顾客群。更重要的是商标一经注册就会受到法律的保护，成为企业竞争的有力武器。不过，并不是所有的商品都要使用商标。从法律的经济分析来看，商标注册程序繁琐，要花费大量的时间和精力，企业对商标的使用会增加商标的成本，包括产品成本以及法律保护的成本；从中小企业的立场来看，中小企业一般都财力单薄，不能花大量的金钱进行宣传，难以树立商标信誉，面对变化莫测的市场风险，它本身具有的优势就是"船小掉头快"，有很强的灵活性，可以根据市场的需要快速调整。因此，企业是否使用注册商标，应当结合企业的经济状况和经营战略而决定。

2. 商标突出使用策略

商标的使用是一种艺术，正确的使用能够帮助企业不断积累商誉，打造知名品牌，错误的使用会使企业错失发展自己品牌的机会。企业在实际的经营过程中，能够将商品与服务区别开来的标志有多种，如企业的商号、商品的特有名称、商品上的特有包装、装潢和装饰，甚至是卡通形象。有的企业在商标使用和宣传过程中，不是突出强化商标的形象，而是突出强调这些标志，把商标

---

① 杨枝贵、邓从锐："论企业的商标策略"，《知识产权》，1992 年第 3 期，第 10 页。
② 冯晓青："企业商标使用策略研究"，《东南大学学报》，2006 年第 5 期，第 17 页。

放在了一个不起眼的角落。这样一方面分散了消费者的注意力，实际削弱了商标宣传的效果；另一方面，强化了企业商号、商品的特有名称、包装装潢等标志，商标反而得不到宣传，不利于驰名商标的打造。企业在使用自己的注册商标时，应该将商标置于核心位置，要突出使用，这样才有很强的视觉冲击力，使消费者能够很快的在琳琅满目的商品中发现自己的商标，而不仅仅是企业包装装潢或者企业名称。① 只有重点渲染商标而不是本末倒置去宣传商品名称、包装等，才容易让消费者对商标产生深刻的印象，下次再看到的时候就能迅速辨认出来。而且，企业不能将商标同商品名称、包装装潢等混同使用，否则会损害商标的显著性，使企业苦心培育的商标毁于一旦。

3. 单一商标策略

单一商标策略，是指企业的所有商品都使用一个商标。例如，美国的通用电器公司，其无论是灯泡还是医疗器械甚至电力设备，一律使用"GE"商标。这种策略尤其适用于企业在发展初期或规模较小的时候。它使企业在推出新产品时不需要重新命名，减少了麻烦；同时，由于新产品使用的是原来的商标，既有消费群体比较容易接受，可以为企业节约大量的宣传推广等促销费用。② 再加上这种策略减少了企业对商标的管理工作，企业可以集中力量提高产品的知名度创立驰名商标，迅速提高企业的信誉。

当然，单一商标策略也有其局限性。企业形象单调、产品领域由于不同目标市场的要求不同而难以扩大以及由于个别产品的质量问题而波及整个产品线。尤其要注意所有不同品种的商品的质量要保持同一水平，否则，容易产生"城门失火，秧及鱼池"的连锁反应，酿成严重后果。实际上，在目前企业追求多元化经营的思想下，单一商标存在的由于一种产品出现问题而败坏整个企业形象，进而把整个企业拖入深渊的例子并不少见。③ 如以"环保与绿化"为经营理念的著名服装商标"杉杉"，被延伸用于香烟，这样的做法被称之为"品牌自杀"。企业应该合理利用该策略，扬长避短，发挥自己的经营优势。

---

① 冯晓青："企业商标使用策略研究"，《东南大学学报》，2006 年第 5 期，第 18 页。

② 本书编写组编：《中国商标注册与保护》，北京：知识产权出版社，2003 年版第 56 页。

③ 中华全国律师协会知识产权专业委员会编：《商标业务指南》，北京：中国法制出版社，2007 年版第 321 页。

### 4. 多种商标策略

顾名思义,多种商标策略就是指企业使用多个商标进行经营活动。现代社会是一个物质非常丰富的社会,围绕在我们生活中的商品多种多样,使用同一商标不利于占领市场,使用多种商标已经成为了企业发展的必然趋势。一些大企业为了占领全球市场,经常会使用这种策略,以适应市场多元化的要求。按照不同的商标使用目的,这种策略包括以下几种。

1)不同类别的商品使用不同的商标

多元化的经营已经成为了当今企业发展的一种趋势,很多以单一产品起家的企业待发展壮大以后向别的产品进军,在产品之间的性质、功能迥异的情况之下分别使用不同的商标不愧为一种明智的选择。[①] 各个商标相互区分、彼此独立,可以细分市场,便于不同的消费者区分具有差异化的产品,降低了个别产品在产品质量和营销上的风险。例如,美国保洁公司出品的洗发液就依据洗发液的成分、功效和使用对象的不同,分别使用了潘婷、飘柔、海飞丝、润妍等商标。

2)不同档次的商品使用不同的商标

根据不同的档次来使用不同的商标,这主要是为了满足人们对身份的追求。使用这些商标往往代表高贵的身份,其不同的使用档次要求采取不同的定价策略、促销手段进行经营,在这样的情况之下使用不同的商标就可以在维护高档品牌商标的较高声誉的同时,用中低档产品商标来实现细分市场、达到较高的市场占有率。不过,这需要企业为特定的品牌确立一个适当的市场位置,使商品在消费者心目中树立一个良好的形象,使消费者感受到品牌的档次、特点和个性。五粮液酒厂就是这样,在高档酒上使用"五粮液"商标,中高档酒上发展"五粮春"等品牌,而中低档的产品则发展了"五粮醇""老作坊"等品牌,取得了很好的效果。

3)以主商标为中心,以副商标体现商品个性

这种策略就是在企业推出的所有产品上均使用企业确立的主商标,然后再根据商品的成分、用途、功效以及所针对不同的消费者群体的特征,配上不同的副商标。[②] 我们可以称之为主副品牌策略,也可以称之为品牌伞效应,即主品

---

① 本书编写组编:《中国商标注册与保护》,北京:知识产权出版社,2003 年版第 57 页。
② 蒋鸣湄、农星准:"从曼秀雷敦商标谈商标的使用策略",《广西社会科学》,2007 年第 5 期。

牌会为众多副品牌的诞生和成长遮风挡雨。[①] 主副品牌策略包括两个层面，副品牌诉诸于消费者的情感层面，主品牌诉诸于消费者的理性层面，副品牌负责吸引消费者眼球，让消费者产生浓厚的兴趣，主品牌负责让消费者最终理智地下定决心和完成购买行为。[②] 这种策略兼顾了使用单一商标和使用多种商标的优点。既可以强化主商标，塑造统一的形象，节约推出新产品的广告宣传费用，也可以用副商标突出产品的个性，细化消费群体，体现企业推陈出新的创新精神，还可以避免新产品营销失败带来的"一损俱损"的风险。如海尔集团对主商标"海尔"的使用，它配合新产品的开发注册使用"水晶王子""钻石王子""宝石王子"等副商标就是一种很好的策略。

## 5.1.2　驰名商标反淡化策略

驰名商标具有巨大的经济利益，为保护商标权人的合法权益，防止不正当竞争，对驰名商标进行特殊保护有其必要性。驰名商标对消费者和商标权人来说其实已经超越了商标原有的区别产品来源的功能，而与商业信誉和商业利益息息相关。[③] 一般情况下，驰名商标都具有较高的知名度，所以消费者会对驰名商标的商品有较深刻的印象，高知名度和深刻印象往往会指引消费者购买驰名商标的商品。随着时代的发展，以普通商标的保护理论已经不能满足对驰名商标的保护，这客观上就要求优于普通商标的保护措施。因此，在国际上流行一种对驰名商标的反淡化保护。淡化可以严重侵蚀甚至损害企业的商标、商号、商品外包装的区别性特征与广告价值，使得拥有这些标志的企业受到消极的影响，企业应该高度重视。面对来势汹汹会造成驰名商标的显著性受到损害的商标侵权行为，企业应该沉着应对，采取相应的措施。

1. 明确商标淡化的具体类型

淡化是指一个驰名商标识别和区分商品或服务来源的能力减弱，无论驰名商标所有人与其他当事人有无竞争关系，或者是否存在混淆、误认或者欺骗的可能性。[④] 依据行为人对驰名商标的使用情况，可以将商标淡化分为三种不同的

---

① 陈渊："微观视角下品牌策略的最新发展（二）"《企业研究》，2013 年第 12 期，第 62 页。
② 陈渊："微观视角下品牌策略的最新发展（二）"《企业研究》，2013 年第 12 期，第 63 页。
③ 吴景明、戴志强编著：《商标法原理·规则·案例》，北京：清华大学出版社，2006 年版第 264 页。
④ 15 USC §1127（2004）。

类型即弱化、丑化和退化。

1）弱化

弱化是指因某商标或商号与驰名商标近似而引起的联系，这种联系会削弱驰名商标的显著性。[1] 弱化是淡化驰名商标的一种典型的情形，一般是指行为人将他人的驰名商标使用在不相类似的商品上，虽不能使消费者产生混淆的可能性，但减弱了商标和特定商品之间的联系。弱化是一个逐渐稀释和冲淡的过程，商标与商品开始存在唯一的对应关系，由于他人对该商标在其他类别商品上的使用使得这种对应关系变得越来越模糊。[2] 弱化的本质是行为人在非竞争性的商品上使用与驰名商标相同或者近似的商标，不正当地利用了该商标的良好声誉，并损害了商标发挥商品来源指示功能时具有的唯一性。[3] 这显然是一种违背诚实信用原则的一种不正当竞争行为。

2）丑化

丑化即污损，是指在不相混淆的前提下，在不良环境中使用与驰名商标相同或者相似的商标，使商标的使用与商标的形象完全不合，对驰名商标的信誉产生玷污、丑化或负面效应的行为。一般情况下，商标丑化会出现在下列情形中：①在不洁以及有伤风化的场合使用驰名商标，损害了商标在消费者心目中的正面形象；②在质量低劣的商品上使用了他人的驰名商标，损害了商标权人只生产高质量的商品的形象；③在比较广告中对他人的驰名商标进行贬损，损害了商标权人精心打造的商标形象。[4]

3）退化

退化是一种严重的商标淡化行为，它使一个商标彻底失去了应当具有的识别功能。这样的行为使得驰名商标演变成商标的通用名称，从而无法得到商标法的保护最终被撤销。用他人的驰名商标指称自己的商品，在词书、字典、产品目录、数据库等出版物中将一个驰名商标解释为商品的通用名称，行为人将他人的驰名商标作标志使用使得消费者视其为商品通用名称，这些行为假以时

---

① 15 USC §1125（c）（2）（B）（2008）。

② 黄晖：《驰名商标和著名商标的法律保护》，北京：法律出版社2001年版，第145－146页。

③ 刘明江：《商标权效力及其限制研究》，北京：知识产权出版社2010年版，第40页。

④ 刘明江：《商标权效力及其限制研究》，北京：知识产权出版社2010年版，第40页。

日就有可能将一个驰名商标演变成商品的通用名称。① 商标所有人都唯恐自己的商标不够驰名，不惜花巨资作广告，但是过于驰名结果也是很可怕的。驰名商标的培养需要花费商标权人大量的心血和金钱，变为通用名称实在可惜。为了防止这样的现象发生，企业应积极采取防范措施，如在使用商标时在广告中加以着重说明，发现他人有把自己的驰名商标当作通用名称使用时及时制止，避免消费者把商标当作通用名称。

2. 增强企业对驰名商标反淡化的保护意识

目前，我国企业对商标的重视虽然得到了进一步的提高，但是对商标的保护意识还很淡薄，由于商标问题造成企业经济、信誉损失的情况时有发生。不断增强企业和消费者的商标法律保护意识，是防止商标淡化的重要方法。首先，大力宣传《商标法》，使企业和个体工商户等明白商标注册的意义，尤其是驰名商标的意义，使其认识到商标注册以后可以依法享有的权利和义务，直接遵守《商标法》，同一切商标侵权行为、假冒商标犯罪作斗争，用法律维护自己的合法权利。其次，组织企业的领导和有关的工作人员认真学习商标的法律法规，提高商标意识，充分认识到商标在建立社会主义市场经济中的地位和作用，树立商标的价值观念，即树立商标国际化观念、企业的竞争观念、商标保护观念、企业效用观念、商标战略观念。② 再次，企业还可以借助于外力，比如聘请商标方面的专家、商标代理人、商标律师等帮助自己建立商标管理部门，专门负责商标的管理和运营，建立驰名商标的档案管理制度，专门打造驰名商标，防止驰名商标的淡化。

3. 防止不当使用商务标语造成驰名商标的淡化

商务标语是指商品经营者为了吸引顾客、推销商品而用于宣传或广告的短语或者口号，它可以用于商品或者服务的宣传材料上或者是产品的包装上。③ 有些商务标语非常形象并具有一定的独创性，企业在经营时很喜欢将驰名商标和商务标语一起进行宣传，经过一段时间以后，驰名商标与商务标语具有了很强的关联性，以至于在单独提到商务标语时消费者也同样会清楚其所联系的商品或者服务。所以，经典的商务标语能够帮助商标增强它的显著性，有利于提高

---

① 刘明江：《商标权效力及其限制研究》，北京：知识产权出版社 2010 年版，第 41 页。
② 吴景明、戴志强编著：《商标法原理·规则·案例》，北京：清华大学出版社，2006 年版第 176 页。
③ 陈素花："论驰名商标的反淡化保护"，《南华大学学报》（社会科学版），2006 年第 5 期第 5 页。

驰名商标的知名度，但是如果被他人不正当地加以利用会削弱驰名商标的显著性。一句可以代表驰名商标的经典独特的商务标语，如果被很多企业通过模仿、替换等方式不当使用的话，无疑会冲淡驰名商标的显著性，给驰名商标的所有人造成巨大的损害。例如，美国百威公司的一句著名的广告语"哪里有生活，哪里就有百威"，就曾经被一家制造杀虫剂公司加以修改成"哪里有生活，哪里就有臭虫"。这很容易让消费者将百威和臭虫联系在一起，损害了百威公司的商誉。我国《商标法》虽然没有对商务标语进行规定，但是这显然是利用驰名商标所有人的广告宣传用语与驰名商标间紧密的联系，去搭驰名商标的便车，是一种不正当竞争行为，企业可以通过《反不正当竞争法》进行救济。

4. 注册防御商标和联合商标加强驰名商标的反淡化保护

防御商标是指同一商标所有人把自己的商标同时注册在其他非同种或非类似的商品上，取得对防御类商品驰名商标的独占性，以阻止其他人借用自己的商誉，而在其他商品上使用、注册与自己相同的商标。最先注册的商标为主商标，注册在其他商品或者服务上的商标为防御商标。防御商标可以不使用。联合商标是指同一商标权人在同一或类似商品上注册两个或两个以上的近似商标，其中一个指定为正商标，与其近似的商标一起构成具有防卫性质的联合商标。[①]我国《商标法》虽然没有防御商标和联合商标制度，但在商标实务和企业的商标保护策略中，有不少企业已经注册了联合商标和防御商标，以期对自己的驰名商标进行全方位的保护。联合商标和防御商标的注册可以起到积极的防卫作用，使商标侵权者无隙可乘。企业通过实施注册商标和防御商标策略，不仅保护了驰名商标，维护了消费者的利益，而且可有效地防止他人在不同类别的商品或服务上使用其商标，防止消费者对商品的来源产生误认。[②] 注册防御商标和联合商标可以通过预先注册的方式进行主动的事前防御，防止驰名商标被淡化，从而起到了防范于未然的作用。这种方法是防止驰名商标用于其他类商品而淡化的有力措施。

## 5.1.3  品牌的完善策略

目前，我国国内存在大量的知名品牌评选活动，如"中国品牌产品"评选、

---

① 于泽辉等编著：《商标：战略 管理 诉讼》，北京：法律出版社，2008 年版第 313 页。

② 王莲峰：《商标法学》，北京：北京大学出版社，2007 年版第 173 页。

"中国最有价值的品牌"评选、"中国企业 500 强"评选、"我最喜爱的中国品牌"评选等等，各地方还有一些当地的著名品牌的评选。[①] 尽管这些品牌在市场上有一定的知名度，但是知名品牌不等于驰名商标，它没有对应的法律条款，是否应该按照驰名商标的规定进行保护还要根据具体的情况具体分析。从狭义上来说品牌可以等同于驰名商标。如今的信息时代是强势品牌争夺天下的黄金时期。发展强势品牌产品，实施强势品牌战略，是我国企业赖以生存和发展的必备条件，也是发展我国民族工业、开拓国际市场、振兴我国经济、实现中国梦的必由之路。随着社会的进步，人们的消费需求越来越趋向于品牌化、高档化，企业为了适应这种客观的需要必须创立强势品牌，完善品牌的形象。品牌形象的塑造不是一朝一夕之功，如何让品牌变得有生命，如何完善品牌，现针对问题提出以下策略。

1. 重视企业文化对品牌的作用

企业文化是指企业在长期的经营管理活动中，逐步形成的被全体员工所认同和接受的思想、作风、价值观及行为准则，是企业为争取更大的发展空间的一整套非正式的规则，具有企业个性的信念和行为方式。[②] 要塑造企业品牌、打造企业文化必须要靠先进的企业文化。从某种意义上来说，品牌之间的竞争就是一种文化之争。追求丰富的品牌内涵是民族企业发展品牌的重要环节，而创造浓厚的企业文化氛围，有着自己异于他人的个性和独特的魅力是将品牌与文化融合的关键。企业在铸造自己的品牌的时候就要注意发展自己的企业文化，既要与时代融合又要有自己坚持的文化核心理念。[③] 这是因为品牌与企业文化有着密不可分的联系。品牌的精神力量是文化，企业文化是企业精神、经营理念、价值观念、伦理道德、行为规范、群体风格的外在体现。只有品牌有了文化这朵奇葩的衬托，才不显得苍白无力，才有了生命的灵魂，才能够在市场竞争中占得一席之地。

2. 通过顾客的高满意度来提高品牌忠诚度

目前，在社会这种浮躁的气氛之下，我国的大部分企业都过于看重短期的销售业绩，而忽视了在销售过程中的消费者对品牌的忠诚度。中国的民族企业只有重视消费者对品牌的忠诚，让消费者在计划购买某种商品时脑袋里迅速出

①　绍兴全、顾金焰主编：《商标权的法律保护与运用》，北京：法律出版社，2009 年版第 267 页。
②　梁青玉："基于企业品牌的策略分析"，《甘肃社会科学》，2005 年第 5 期第 243 页。
③　彭芳："入世后中国企业的品牌策略"，《社会工作》，2006 年第 51 页。

现自己的品牌，在购买了自己的商品之后，能有一种精神上的满足和享受，才能够发展壮大。那么怎样才能提高顾客对品牌的满意度呢？其实最有用的办法就是提高产品的质量。正如一位企业家所言："一个商标的成功，不仅依赖企业的精心设计，长期而卓有成效的管理，更有赖于它的名副其实的高质量产品。"①消费者对商品的满意度从根本上说是由商品质量决定的，商品质量的优劣是通过品牌作为媒介传送给消费者的。品牌的形成，往往靠的是精妙的设计和卓越的商品质量，而商品质量是品牌的基础，没有这个基础，品牌如"无本之木，无源之水"失去了保障。企业的经营者特别注重商品的质量，才能靠品牌的力量参与市场的竞争，并获得消费者的青睐。但是高质量的商品并不是一朝一夕能够打造出来的，要付出艰辛的努力，有时甚至要凝结了几代人的心血和劳动。② 企业获得的不仅仅是因为有形商品的销售而得的利益，更重要的是通过品牌这样一种无形的资产得到的竞争优势。消费者有了一次愉快的经历之后，就会在心里产生一种良好的印象，下次在看到某类产品或服务的时候，首先会想到曾经的愉快经历，进而选择产品。高品质的商品或服务使得消费者的忠诚度得到了很大的提高。

## 5.2 商标的续展

### 5.2.1 注册商标续展的含义

注册商标续展制度是指注册商标所有人为了在注册商标有效期满后，继续享有注册商标专用权，按规定申请并经批准延续其注册商标有效期的一种制度。③ 这一制度与注册商标的有效期密切联系，及时办理商标续展手续对注册商标所有人来说是非常重要的。我国《商标法》对注册商标的期限和续展有明确规定。④ 正如所有的知识产权一样都有一个时间保护期的问题。法律规定知识产

---

① 强赤华：《商标国际惯例》，贵阳：贵州人民出版社，1994 年版第 92 页。
② 李玉璧："企业商标文化与策略研究"，《思想战线》，2004 年第二期，第 54 页。
③ 王莲峰：《商标法学》，北京：北京大学出版社，2007 年版第 97 页。
④ 《商标法》第三十九条规定："注册商标的有效期为十年，自核准注册之日起计算。"第四十条第一款规定："注册商标有效期满，需要继续使用的，商标注册人应当在期满前十二个月内按照规定办理续展手续；在此期间未能办理的，可以给予六个月的宽展期。每次续展注册的有效期为十年，自该商标上一届有效期满次日起计算。期满未办理续展手续的，注销其注册商标。"

权的时间性主要是为了平衡权利人和社会公众的利益，即让社会以收益回报知识产权人，期限过后，智慧成果进入公有领域，社会公众可以自由享受智慧成果。商标权作为知识产权不可缺少的一部分同样具有时间性，但是商标是区别产品或者服务的来源的标志，它并不能阻止他人以同样的商品或者服务进入市场，但能阻止他人以同样标记的商品或者服务进入市场。① 它的本质是商标权人长期苦心经营所产生的商誉，因而其时间性又与专利权、著作权等知识产权有所不同。它在规定商标有效期的同时，还规定了注册商标的续展制度。

企业对商标的经营一般可以分为两种：一种是短期使用商标的战略；另一种是长期使用商标的战略。从第一种情况来看，法律给注册商标规定一个固定的有效期限是比较合理的，有效期届满，注册商标失效，进入公有领域，任何人都可以对该标志进行使用。这样一来既可以减少企业的商标管理的事务，也有利于更加充分地利用有效的商标资源。在这种情况之下，注册商标续展制度似乎没有存在的必要。但是在实际生活中这样的情形是很少见的，比较常见的是第二种情形。企业使用商标旨在打造驰名商标，而这是一个长期的过程，如果法律将注册商标的有效期规定为一个固定的期限，将非常不利于企业的长远发展，必将损害企业的利益。正是考虑了商标的这些特征、法律在规定了注册商标一个固定有效期的同时，还规定了商标的续展制度。注册商标的有效期可以随着商标权人的意愿不断续展，可以获得持久性或永久性。商标经过续展，其效力可以延续下去，从而可以持续不断地承担凝聚企业商誉的任务。② 这对商标权人建立长期的商标战略，保持持续经营非常重要。如果商标被他人非法使用，可能导致消费者对商品或者服务的来源发生混淆从而无法识别商标所有人和区别不同商品或者服务，致使消费者等交易方的交易权利受到损害，导致消费者误购商品，商标权人的市场销售额减少，甚至商誉受损，从而给市场秩序带来混乱。③

关于商标续展注册的法律性质，存在着两种意见，一种是权利产生说，即认为商标续展注册产生了新的权利；另一种是权利确认说，即认为是延长了注

---

① 杜颖、王国力："商标法中宽展期内商标权的定位研究"，《知识产权》2008 年第 5 期第 69 页。
② 本书编写组：《中国商标注册与保护》，北京：知识产权出版社，2003 年版第 206 页。
③ 刁胜先、石琳民："论宽展期内商标权之保护—兼对商标法第三次修改的建议"，《河北法学》，2013 年第 4 期第 70 页。

册商标的有效期。① 笔者认为，商标续展注册的法律性质是延长有效期，理由如下：首先，申请的目的不同。申请续展注册时，申请人享有商标权，申请的目的不是请求权利的获得，扩大或者改变，而是申请继续享有这项权利；其次，申请的手续不同。申请续展手续并不要申报指定商品名称、类别、主要材料、技术标准等项内容，因为这些内容在申请注册时已经审过了。附送的商标图样也与申请注册商标时的商标图样是一致的；再次，核准续展注册的有效期要求与上次有效期相衔接，这也说明了两者之间的延续关系。

## 5.2.2　商标注册续展的程序

### 1. 续展的程序流程

商标注册续展的程序非常简单，我国《商标法》规定商标权人在注册商标有效期满前十二个月直至有效期满后六个月，如果需要继续使用注册商标，即可提出注册商标的续展申请。申请文件由商标局进行形式审查，主要是审查材料是否准备齐全。一旦材料准备充足，商标局就会对续展申请的商标予以公告，发放相应证明。

### 2. 续展途径的选取

申请商标续展，商标权人可以委托国家工商行政管理总局认可的具有商标代理资格的组织代理，也可以自己到国家商标局商标注册大厅办理。到底怎样选择，商标权人应该根据自己的实际情况作出决定。如商标权人对商标的法律法规以及相关的程序比较熟悉，自己又有充足的时间，经常居住地或者营业所的快递物流方便的话，可以直接到商标局去办理。如果要选商标代理组织的话，我们可以选择专门的商标代理机构也可以选择商标律师事务所，商标代理机构

① 吴景明、戴志强：《商标法原理·规则·案例》，北京：清华大学出版社，2006 年版第 154 页。

和商标律师可以从源头上提供商标代理业务，发挥对法律法规熟练和严谨的法律思维等方面的优势，为客户提供优质的服务。申请注册商标是一个长期的过程，在申请商标前需要全面了解与该商标有关的权利，避免与他人在先权利相冲突。商标律师有丰富的诉讼实战经验，在处理商标争议、异议等业务时，能够充分考虑商标局、商评委以及法院对商标纠纷的申请或答辩审查重点、证据规则等方面的区别，能注意各个程序的衔接。律师从事商标业务能够全面提高商标代理业务的服务水平，促进我国商标事业的良性发展。

3. 续展准备的材料

申请商标续展必须要准备相应的材料。申请商标续展需使用国家工商行政管理总局制定、公布的商标续展注册申请书。申请书可以到商标局注册大厅索取，也可以在网上下载。委托了商标代理机构的，则由代理机构提供。办理商标续展须向商标局提供以下材料：①加盖公司公章的续展注册申请书（有委托代理人的须在委托书上加盖公司公章）；②注册商标图样 5 张；③商标注册证的复印件；④营业执照（副本）复印件 1 张。在我国商标续展注册的申请人必须是注册商标所有人，可以是原注册商标的所有人，或者是继承人或受让人。在提供上述材料的同时交回原《商标注册证》并缴纳续展申请费和续展注册费，在宽展期内提出续展申请的，其申请书还应该填写有效期过期的日期，并按照规定缴纳续展延迟费。

## 5.2.3　宽展期内注册商标的效力

1. 宽展期内注册商标的效力认定的不同学说

目前，我国学界对宽展期内注册商标的效力的定性有不同的看法，还没有达成统一的意见。经过简单的梳理，笔者将主要观点概括如下：

第一种观点是申请保护说。该观点认为只要商标权人在续展期或者宽展期内提出了商标续展申请，商标权就有效并且一直连续存在，商标的保护不受影响。[①] 该观点没有区分续展期和宽展期，将其等同视之，显然不符合立法的本意，也不利于督促商标权人尽快确认商标的权利状态。

第二种观点是延长保护说。该观点认为宽展期只是商标权保护期的延长，

---

① 郭寿康：《知识产权法》，北京：中共中央党校出版社，2002 年版第 259 – 260 页。

商标权在宽展期内依然受到法律保护。[①] 该观点认为将商标权保护期延长了六个月，其实质是将商标专用权的有效期理解为十年零六个月，宽展期的规定完全没有发挥出应有的意义。宽展期系法律为了稳定市场秩序，赋予原商标权人特定的保护期，是基于商标由于使用而增值这一特殊原因而给予原商标权人申请续展该商标的优惠期。[②] 这个优惠期不应该是延长注册商标的保护期的优惠期，而是延长续展期间的优惠期。宽展期不能使商标权的保护期获得延长，只是给予了商标权人续展商标一个更长的期间。

第三种观点是区别保护说。该观点明确地将在续展期和在宽展期提出的续展申请区别开来，在注册商标有效期申请续展的，无论是在有效期满前、宽展期内还是在宽展期满后被核准的，该注册商标连续有效。商标续展注册的有效期从原有效期届满之次日起计算，任何非法使用该商标的行为都受到法律的保护。但是，在宽展期内申请续展的，原有商标权人请求处理在续展期之前侵害其商标的行为，人民法院以及行政管理机关不应受理。即使以后的续展申请被核准，对宽展期内提出申请之前发生的侵权行为，原商标权人也无法追究其责任。[③] 这种观点比前面的观点有了更加细致的规定，注意到了续展期和宽展期的不同性质，但是却没有明确规定宽展期内商标权是否依然连续有效存在，同时，对在宽展期内提出续展申请之前的原商标的侵权行为得不到赔偿的说法也值得商榷。

第四种观点是效力有限说。这种观点和第三种观点有很大的相似之处，仅仅有一点不同，那就是如果商标权人是在宽展期内提出的商标续展申请，其申请又被核准的，则认定商标权连续有效，但是商标权的效力范围受到限制，即续展申请人不能制止商标有效期满后、商标续展申请提出之前侵害注册商标的行为。[④]

笔者赞同效力有限说，商标权效力有限说体现了商标权的连续性，不仅维持了商标有效期的十年不变，而且符合商标权保护中的衡平理念，既然商标权人不在商标续展期内及时提出商标续展申请，法律就要他承担不利的后果，这既是正义的要求，也是督促权利人及时行使权力的方式之一。当然，如果原商

---

① 吴汉东：《知识产权法》，北京：北京大学出版社，1998 年版第 251 页。
② 陈广秀："注册商标宽展期的司法保护"，《人民司法》，2011 年第 8 期第 58 页。
③ 吴兆祥："注册商标在续展期内是否受到法律保护"，《人民法院报》，2002 年 3 月 15 日。
④ 杜颖、王国利："商标中宽展期内商标权的定位研究"，《知识产权》，2008 年第 5 期。

标是驰名商标，那么在宽展期内、申请续展注册以前对原商标的使用构成侵权的，因为驰名商标的特殊保护，所以能够追究侵权人的侵权行为。

2. 宽展期内注册商标的效力认定

注册商标在宽展期内的法律效力主要可以概括为以下几种情形：

（1）原商标权人在商标权有效期内提出续展申请的，无论是在有效期满前、宽展期内还是在宽展期外被核准的，该注册商标连续有效。续展注册的有效期从上一次有效期满之次日起计算，法律对其进行持续的保护，任何非法使用该注册商标的行为均构成侵权。如果在续展期或者宽展期内提出的续展申请没有被核准，那么商标从有效期满之日起，商标专用权即消灭不再受法律保护。

（2）原商标权人在商标权宽展期内提出了注册商标的续展申请，无论是在宽展期内还是在宽展期外被核准的，该注册商标都连续有效，但是在宽展期内申请以前的商标侵权行为不能得到赔偿，这一段时间的商标权受到限制。如果商标续展申请没有被核准，那么商标权从商标有效期满后的次日起不受到法律保护。

（3）原商标权人在商标权宽展期内提出商标续展申请，但还没有获得核准时，商标法应对原商标进行保护。首先，商标权人在宽展期内对原商标提出了续展的申请表明其对原商标的重视和积极主张，如果对他人处于宽展期内的商标权权利的侵犯行为不予禁止，则该行为必然会造成消费者对商品的混淆，即损害了消费者的利益，也损害了续展使用商标的商誉，同时也不利于市场秩序的稳定。[①] 再者，基于商标续展的审批程序比较简单，只进行形式审查，只要原商标权人提出了续展申请，提交了所需的材料并缴纳了规定的费用就可以获得续展注册，保持商标专用权的效力。因此，只要是原商标权人提出了商标续展的申请，其继续享有原商标的权利是明确的可预期的，司法应该对尚未获得核准的商标权利给予保护，判令侵权人停止侵权。

# 5.3　商标的转让

## 5.3.1　商标转让的程序

商标虽然是一种无形资产，但是和有形资产一样可以随所有人的意志进行

---

① 陈广秀："注册商标宽展期的司法保护"，《人民司法》，2011 年第 8 期第 58 页。

处分。这是现代商标法律制度的重要特征，是商标权人行使商标权权利内容的具体体现。商标的转让是指，商标权依据法律规定的条件和程序从一个主体转移给另一主体的法律行为。[①] 商标转让的本质是商标所有权的转移。由于商标资源的有限性，商标注册申请的周期长、不确定性，以及经营战略的需要等因素的影响，商标转让作为商标权取得的一种途径，其重要性被市场参与者所认识。因为通过商标转让取得商标商标权的时间快、程序简便和权利稳定等因素的影响，所以越来越多的个人和企业倾向于通过商标转让方式取得商标权。[②] 那么商标转让的程序是怎么样的呢？总的看来，商标转让全过程中，当事人达成转让合意是转让的基础，当事人向国家商标局启动转让审核程序是转让程序的重要一环，国家商标局审核或驳回是商标转让是否成功的关键环节，审核后公告是转让成功的标志，也是受让人取得注册商标的生效条件。[③] 为了将商标转让的整个过程详细呈现出来，笔者将商标转让的整个过程分为申请阶段、核准阶段和公告阶段。

1. 申请阶段

在这一阶段商标转让合同的签订是重要前提。《商标法》第四十二条第一款规定："转让注册商标的，转让人和受让人应当签订转让协议，并共同向商标局提出申请。"转让注册商标，必须由商标权人和受让人就转让事宜达成协议，签订注册商标转让合同。商标转让合同是商标转让人将商标权让予给商标受让人而达成的协议。商标转让合同自商标转让人与商标受让人签订商标转让合同之日成立，除非当事人另有约定。但是商标转让合同的生效并不是意味着商标权的转让，商标转让申请未经商标行政管理部门的核准公告，商标权未转移到受让人名下。商标权的转移与商标转让合同的成立、生效的关系应当是，商标转让合同的成立、生效是商标权转让的前提，但是，商标转让合同的成立、生效并不必然导致商标专用权的转移。所以商标受让人在与商标转让人签订转让合同以后，要尽快督促商标转让人提交转让注册商标申请书，将商标专用权收归名下。办理商标转让申请必须向商标局提交以下文件：①《商标转让申请书》一份，采用商标局制备的固定格式，转让人以及受让人均需在申请书上加盖公章或签字；②由受让人加盖公章的《商标转让委托书》；③受让人的身份证明，

---

① 张玉敏主编：《知识产权法》，北京：法律出版社，2011 年版第 313 页。
② 于泽辉主编：《商标 战略 管理 诉讼》，北京：2008 年版第 7 页。
③ 绍兴全、顾金焰主编：《商标权的法律保护与运用》，北京：法律出版社，2009 年版第 106 页。

包括营业执照、身份证明等；④委托商标代理机构办理的，还需附送《商标代理委托书》。依照商标局目前的做法，办理商标转让申请不需要附送转让人与受让人共同签署的商标转让合同，只需缴纳商标转让申请等费用。在实践中，具体的申请手续由受让人办理。

2. 核准阶段

商标局在收到商标转让申请后，将会对商标转让申请进行审查，但内容仅限于注册商标转让申请中所显示的内容，并不包括商标转让合同。商标局对商标转让申请审查的主要内容包括：第一，转让人的主体资格审查，即转让人是否为商标注册人，在实践中通常是申请书上填写的转让人与商标局档案记录的商标注册名义是否相符；第二，商标权权利状态审查，即审查注册商标是否处在商标有效期内，是否有禁止转让的情形包括转让商标已经注销、撤销、被人民法院采取了查封等强制措施、已经办理过质押登记且转让人未经过质权人的同意；第三，一并转让的审查，即审查商标注册人是否对同一种或者类似商品上已注册或已申请的相同或者近似的商标一并转让，未一并转让的，由商标局通知其限期补正，期满不补正的，视为放弃对注册商标的转让，商标局书面通知申请人。[①] 如果商标局排除了不能通过审查的情况，就对商标权转让申请进行核准。

3. 公告阶段

商标公告是由商标局编辑出版的，代表国家发行的法定刊物，是国家工商总局对商标注册、变更、转让、许可撤销等方面向社会公布的专业性公告。商标公告的目的就是根据我国商标法的规定刊登公告事项使之具有公信力而产生法律效力。它是商标工作中的一个法定程序，是一个缺一不可的阶段。商标局审查核准后发部公告。转让注册受让人应在接到《转让注册通知书》后三个月内到商标局领证，同时携带：①《转让通知书》的介绍信；②受让人身份证及复印件；③营业执照副本原件，复印件加盖当地工商部门的章戳；④领取《转让注册通知书》；⑤受让人名义变更的还需附送工商行政部门出具的变更证明。

## 5.3.2　商标转让应注意的问题

注册商标所有人虽然可以按照自由原则进行转让商标，但是由于商标权的

---

① 中华全国律师协会知识产权专业委员会编：《商标业务指南》，北京：中国法制出版社，2007 年版第 135 页。

转让涉及双方当事人的利益之外还关系到消费者的利益，因此在商标的转让过程中应该注意一系列的问题，主要表现在以下几个方面。

1. 在同一种或者类似商品上注册的相同或近似的商标不得分开转让

在实践中，如果对在同一种或者类似的商品上使用的相同或者近似的商标分别进行转让的话，就会形成两个以上的主体分别在同一种商品或者类似的商品上使用相同或者近似的商标，容易造成消费者混淆和误认，造成市场上对商品来源的混淆，扰乱市场秩序。针对这样的情形，我国《商标法实施条例》第三十一条第二款规定，转让注册商标，商标注册人对其在同一种或者类似商品上注册的相同或者近似的商品未一并转让的，由商标局通知其限期改正；期满未改正的，视为放弃转让该注册商标的申请，商标局应当书面通知申请人。

2. 政府、公益团体取得的商标不能随意转让

从我国《商标法》的立法精神来看，申请注册商标时如果与政府、地方公共团体或机构和公益团体或非营利性事业单位的著名商标相同或者相类似的，不能取得注册，只允许政府、该地方的公共团体或其机构和非营利性的事业单位取得注册。就是因为这样的商标与社会的公共利益息息相关，不得随意转让，在转让这种注册商标时必须与非营利性公益事业一起转让才恰当。

3. 已经许可给别人的注册商标不得随意转让

转让已经许可给别人的注册商标因为会影响甚至会损害到被许可人的利益。在商标所有人行使转让权的时候，必须征得被许可人的同意。如果被许可人不同意的话，可以先协商解除使用许可合同，再办理注册商标的转让。当然，如果经被许可人同意的商标转让，商标转让行为不得影响原商标使用许可合同的效力，商标转让核准后，原商标使用许可合同中的被许可人可以继续使用转让商标。不过为了避免纠纷，保护商标被许可人和原商标转让人的合法权益，建议在商标转让以后，商标被许可人应当及时与商标受让人签订商标许可使用合同，或者是对原许可合同进行变更，并及时报商标局备案，或者向商标局直接申请对原许可合同的备案进行变更。

受让人一方则应在接受商标转让时，对转让人原来注册商标进行认真审查，看是否有商标被许可使用的情形，尤其是要注意是否有独占使用许可和排他使用许可的情形，发现有这样的情形要及时与原商标转让人、商标被许可人进行协商，及时与商标被许可人重新签订商标使用许可合同。对其中会涉及到自己

未来对商标的使用的法律风险，应该及时引起足够的重视。

### 4. 集体商标不得转让

简单地说集体商标就是指由某一集体组织所有，供其成员共同使用的商标。集体商标是我国《商标法》规定的一种特殊的商标。《商标法》第三条规定，集体商标是指以团体、协会或者其他组织名义注册，供该组织成员在商事活动中使用，以表明使用者在该组织中的成员资格的标志。由此可见，集体商标是某一组织的商标而不是个人的商标，成员仅仅可以共同使用。可以通过集体商标进行运营，表明使用集体商标的组织成员之间存在某种联系即它们均具有某个集体组织成员资格，且该组织成员经营的商品或者服务也具有相互遵守某种共同标准或者共同性质的特点。[1] 集体商标具有一般商标不具有的独特信用价值。一般的商标主要是通过区别商品或者服务的来源来产生与生产者的联系，仅仅是体现了个别企业商品或者服务的特点，在信用机制的产生方面仅仅是单向的联系，即消费者通过一般商标只能将信用评价与此商标所代表的个别企业联系起来。而集体商标却是集体组织成员在与其营业有关的商品或者服务上共同使用的标志，它不仅表明了商品或者服务的共同特征，而且隐含了多个成员之间的内在联系。消费者通过一个集体商标所产生的信用评价实际指向的是多个有着内在联系的商品或者服务的生产者、提供者。[2] 集体商标正是基于组织成员对彼此信任而注册的，即商标权具有不可分割性，如果转让会影响到其他集体成员对此商标的利益。因此，集体商标不得转让。

### 5. 受让人必须保证使用该注册商标的商品或者服务的质量

由于注册商标经过长期的使用具有标志商品或者服务的质量的功能，在消费者的心目中形成某种印象，对消费者的购买行为具有指导作用。商标未必能够代表商品或者服务的高质量，却具有标志商品或者服务的稳定性的作用。商标转让不得破坏消费者对商品或者服务的合理预期。商标转让行为不仅涉及到商标转让人和受让人的利益，而且关涉到消费者的利益，因为使用注册商标的商品或者服务的质量的波动会影响到消费者的利益。为了维护商标的商誉，保护消费者的利益，转让人和商标管理机关均有责任提出和审核受让人是否能够

---

[1] 牛玉兵、石俊峰："集体商标的信用价值与风险应对策略"，《知识产权》，2011 年第 5 期第 54 页。

[2] 牛玉兵、石俊峰："集体商标的信用价值与风险应对策略"，《知识产权》，2011 年第 5 期第 54 - 55 页。

保证原来注册商标所代表的商品的质量。

6. 商标转让过程中的商标维权问题

在申请商标转让到商标局核准公告这一段较长的时间里，尽管商标转让人与受让人签署了具有法律效力的商标转让合同，但是根据法律的规定，在转让申请被核准公告之前，转让商标的转让人仍然是商标权人。如果在此期间内出现商标侵权的行为时，需要由转让人来主张权利。然而在实践中经常出现一旦商标转让合同签订以后，转让人怠于行使权利，不去禁止商标的侵权行为，使受让人的商标预期利益受到损害。因此，在签订商标转让合同时应该明确规定合同签订之日到转让核准公告之日，转让人有义务对商标侵权行为采取积极的行动进行维权，对于维权所得到的经济赔偿，转让人可以与受让人进行约定分配比例，如果没有明确的约定的话，应当归属转让人所有。当然，如果受让人需要提前使用受让的注册商标的，可以与商标转让人签订一个商标使用许可合同，商标许可使用的期间为转让合同生效之日起到商标转让申请被官方核准公告之日。这样受让人对转让商标的使用才是安全的，才能有效避免法律风险。

## 5.4　商标的无效宣告

注册商标的无效宣告，是指因商标权的取得存在瑕疵，由商标主管机关宣告商标注册自始没有法律效力。我国 1982 年的《商标法》并没有设置这项制度，导致在实践中出现了一些权力相冲突的商标和注册不当的商标。在 1993 年《商标法》修订时增加了商标注册无效的程序。2001 年《商标法》保留了此项制度，在第五章"注册商标争议的裁定"中对注册不当商标、已注册的不应该注册的商标的撤销以及注册商标争议的裁定做了具体的规定。但是此时的《商标法》将"撤销"与"无效"不作区分，将条件意义上的"无效"和结果意义上的"无效"混同，将公法意义上的注册商标无效制度与私法意义上的注册商标撤销制度混淆，从而造成商标无效制度在法学理论上的混乱和司法实践中的适用困难。[①] 在 2013 年的第三次修订中直接在第五章中规定了注册商标的无效宣告，这不愧是《商标法》的一大突破，不仅能够极大地提高注册商标的质量，

---

① 耿建："对注册商标无效和可撤销制度的重新厘定"，《中华商标》，2008 年第 4 期第 47 页。

减少注册商标权利的冲突，而且更加有利于维护市场的竞争秩序和在先商标权人的利益。

## 5.4.1　注册商标无效宣告的情形

注册商标无效宣告制度是法律对商标注册行为欠缺法定条件而作出的否定性评价，使不具备注册条件的注册商标归于消灭的一项法律制度。在我国商标权的获得采用注册取得制度，商标只有向国家的工商行政管理部门商标局提出了注册申请并获得核准才能取得商标专用权，受到法律的保护。商标一旦获得注册任何组织和个人都不能在相同或者类似商品上使用相同或者近似的商标，否则将承担相应的法律责任。由于注册商标会影响到社会公共利益以及其他经营者的利益，世界各国都对商标应具备的条件进行了明确的规定。其主要条件包括商标的可视性、标志的显著性以及标志的非冲突性。[①] 我国现行《商标法》第五章专章规定了注册商标的无效宣告，表明了对这一制度的高度重视。依据法条的表述我们可以将注册商标无效宣告的情形主要分为两种，具体情况如下：

1. 使用了违反商标构成的禁用条款

违反商标构成的禁用条款是导致注册无效的主要原因之一。商标使用了不得使用的文字、图形或者其他的标志，造成商标自身存在缺陷，这样的商标本身就不应该被注册，已注册的都应该被宣告无效。

我国《商标法》第十条[②]列举了禁止作为商标使用的标志，它涉及到了国家和国际组织的名称、特殊地点、标志性建筑物、官方标记、有碍于公共政策、带有不良影响的标记等都是禁止商标注册的绝对条件，即不得作为商标注册，也不能作为商标使用。

《商标法》的第十一条规定了不得作为商标注册的标志。仅有本商品的通用名称、图形、型号的；仅直接表示商品的质量、主要原料、功能、用途、重量、数量及其他特点的；其他缺乏显著特征的。这些标记不是绝对地禁止注册，当

---

① 吴汉东主编：《知识产权法》，北京：中国政法大学出版社 2004 年版，第 250 页。

② 《商标法》第十条规定，下列标志不得作为商标使用：（一）同中华人民共和国的国家名称、国旗、国徽、国歌、军旗、军徽、军歌、勋章相同或者近似的，以及同中央国家机关的名称、标志、所在地特定地点的名称或者标志性建筑的名称、图形相同的；……（八）有害于社会主义道德风尚或者其他不良影响的。县级以上行政区划的地名或者公众知晓的外国地名，不得作为商标。但是，地名具有其他含义或者作为集体商标、证明商标组成部分的除外；已经注册的使用地名的商标继续有效。

经过使用以后取得显著性，并且便于识别的，可以作为商标进行注册。

《商标法》第十二条规定了以三维标志作为注册商标的特殊要求。以三维标记申请注册的，仅由商品自身的性质产生的形状、为获得技术效果需有的商品形状或者使商品具有实质性价值的形状，不得注册。

《商标法》第四十四条规定了以欺骗手段或者其他不正当手段取得注册的由商标局宣告该注册商标无效。申请商标注册不得虚构、隐瞒事实真相或者伪造申请书以及有关文件，以欺骗或者不正当手段取得注册商标的行为，应当依法宣告注册商标无效。

上述注册不当的商标，由于审查人员知识水平的局限性或者技术上的原因，难免会出现。商标无效制度存在的理由就是为了使这些本不应该注册的商标通过法定程序归于消灭，从而保障商标注册的合法性。

**案例分析1：第1778400号金尖及图商标无效宣告案**

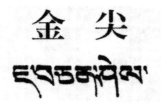

（"争议商标"）

**[案情介绍]**

第1778400号金尖及图商标（以下称争议商标）由雅安茶叶有限公司于2001年4月18日提出注册申请，2002年5月28日获准注册，核定使用在第30类茶、茶叶代用品上。该商标经过转让、变更，现所有人为雅安茶厂股份有限公司（本案被申请人）。雅安市友谊茶叶有限公司、四川吉祥茶业有限公司及四川荥经县茶厂（本案申请人）共同对争议商标提出撤销注册申请。申请人称："金尖"是我国历史上沿袭至今的边销茶品种通用名称，众多权威茶叶书籍上已有明确记载，而且国家制定的边销茶标准都是以"金尖"为名。因此，依据《商标法》第十一条第一款第（一）项的规定，应撤销争议商标。被申请人答辩称："金尖"是被申请人自新中国成立以来一直使用在边销茶叶上的商标名称，经过其长期广泛的使用、宣传，早已被广大相关公众所知晓，可以起到区分来源的识别作用，应予维持注册。

商评委经审理认为，在有关国家标准、地方标准、部门文件和《中国茶叶大辞典》《中国茶经》《中国农业百科全书》《中国制茶工艺》《制茶学》（高等院校茶业专业用）中，均把"金尖"作为茶叶的一个品种名称加以记载，并有多家企业生产"金尖茶"。中国茶叶流通协会《复函》亦予以印证。因此，可以认定"金尖"在被申请人申请注册争议商标之前即为一种黑茶紧压茶的通用名称，并在行业内广泛使用至今。被申请人将"金尖"文字作为商标的主要组成部分指定使用在茶、茶叶代用品上，属于《商标法》第十一条第一款第（一）项所指的仅有本商品通用名称的情形，缺乏作为商标所应有的显著特征。另被申请人提交的证据尚不足以证明争议商标经被申请人持续广泛使用已具备商标应有的显著性。因此，商评委裁定争议商标予以无效宣告。

[评析]

《商标法》第十一条第一款第（一）项规定，仅有本商品的通用名称的标志不得作为商标注册。《商标法》禁止将本商品的通用名称作为商标注册，是基于商标应当具备足以使相关公众区分商品来源的特征，如果某一标志作为代表本类商品的特定称谓在相对广泛的范围被普遍认同和使用，该标志即已无法起到区别不同商品来源的作用，成为"本商品的通用名称"。本案在法条适用过程中亦考虑到此类标志注册成商标可能对公共利益及同业经营者利益造成损害，不宜为某一家企业独占使用。

### 案例分析 2：第 7918522 号 Opencloud 商标无效宣告案

（"争议商标"）

[案情介绍]

第 7918522 号 Opencloud 商标（以下称争议商标）由深圳市同洲电子股份有限公司（本案被申请人）于 2009 年 12 月 16 日向商标局提出注册申请，核定使用在第 9 类计算机外围设备、计算机等商品上，2011 年 3 月 28 日获准注册，专用权至 2021 年 3 月 27 日。后冯文曦（本案申请人）对该争议商标提出撤销注册申请。申请人称：争议商标 Opencloud 在申请注册和核准注册之时已经成为 IT 行业领域内的通用名称，并为相关公众所知悉和认可。争议商标直接描述了指定商品的特点，缺乏作为商标的显著性特征。申请人请求依据《商标法》第十一条第一款第（一）、（二）、（三）项等规定撤销争议商标注册。被申请人在规定期限内未予答辩。

商评委经审理认为，随着国内外各界对云计算的各种研究、讨论、应用的发展，"Opencloud（开放云）"已成为一种开放的云计算/服务的代名词，为相关公众所熟悉。申请人将 Opencloud 作为商标注册使用在第 9 类计算机等特定商品上，难以起到区分商品来源的作用，缺乏商标应有的显著性。争议商标的申请注册违反《商标法》第十一条第一款第（三）项的规定。但鉴于申请人提交的在案证据，尚不足以证明 Opencloud 已成为其指定使用的计算机等商品的通用名称，亦不能证明争议商标 Opencloud 仅仅直接表示了其指定使用的计算机等商品的相关特点。因此，争议商标的申请注册未违反修改前的《商标法》第十一条第一款第（一）、（二）项的规定。综上，申请人争议理由部分成立，对争议商标予以无效宣告。

[评析]

《商标法》第十一条第一款第（三）项规定，其他缺乏显著特征的标志不得作为商标注册。该条具体是指除《商标法》第十一条第一款第（一）、（二）项以外的依照社会通常观念本身或者作为商标使用在指定商品上不具备表示商品来源作用的标志。本条在现行《商标法》中新增加"其他"二字，无论是对《商标法》第十一条第一款第（一）、（二）、（三）项本身的法律逻辑层次，还是对该条具体的适用范围，都给出了更明确的界定。

**案例分析 3：第 10300709 号"缪缪"商标无效宣告案**

（"争议商标"）

[案情介绍]

第 10300709 号"缪缪"商标（以下称争议商标）由富士集团国际有限公司

（即本案被申请人）于 2011 年 12 月 13 日提出注册申请，核定使用在第 39 类运输等服务上，2013 年 2 月 14 日获准注册，专用期至 2023 年 2 月 14 日。2013 年 9 月 29 日，普拉达有限公司（即本案申请人）对争议商标提出撤销注册申请。申请人称：申请人的"PRADA""Miu Miu（缪缪）"商标在中国在先使用并有极高知名度。被申请人系成立于香港的空壳公司，不具有实际经营的能力和意图。除本案争议商标外，被申请人还在多个类别上申请注册其他 44 个与本案争议商标相同的商标，申请人已经对这些商标同时提出争议。被申请人还恶意抄袭和摹仿了大量他人知名商标。因此，依据修改前的《商标法》第四十一条等规定，请求撤销争议商标的注册。对此，被申请人答辩称：争议商标的注册符合法律规定，不存在以欺骗手段或者其他不正当手段取得注册的情形，应维持注册。

商标评审委员会经审理认为，争议商标与申请人在先注册的第 3147250 号"缪缪"等商标在文字构成、排列顺序方面完全相同。除争议商标外，被申请人还先后申请注册了"心相印""愤怒的小鸟""一茶一坐""百岁山"等众多知名品牌。据此，可以认定本案被申请人申请注册争议商标的行为具有明显的采取不正当手段复制、抄袭及摹仿他人高知名度商标的故意。该类不正当注册行为不仅会导致相关消费者对商品来源产生误认，更扰乱了正常的商标注册管理秩序，有损于公平竞争的市场秩序，违反了诚实信用原则，构成修改前的《商标法》第四十一条第一款所指的情形，争议商标依法应予以无效宣告。

[评析]

现《商标法》第四十四条第一款中的"其他不正当手段"是指属于欺骗手段以外的扰乱商标注册秩序、损害公共利益、不正当占用公共资源或者以其他方式牟取不正当利益的手段。目前，商标评审实践和司法实践均认为，非以使用为目的，大量或多次抢注商标的行为应认定为属于扰乱商标注册秩序的行为，应适用《商标法》第四十四条第一款来进行规制，此种做法对有力打击恶意抢注行为亦具有重要意义。

2. 违法损害他人合法权益的注册商标

根据《商标法》第四十五条①的规定，侵犯他人合法权益主要包括以下几种

---

① 《商标法》第四十五条第一款：已经注册的商标，违反本法第十三条第二款和第三款、第十五条、第十六条第一款、第三十条、第三十一条、第三十二条规定的，自商标注册之日起五年内，在先权利人或者利害关系人可以请求商标评审委员会宣告该注册商标无效。对恶意注册的，驰名商标所有人不受五年的时间限制。

情形：

1）已注册商标是复制、模仿或者翻译他人的驰名商标

驰名商标是企业的无形资产，他能够给企业带来巨大的经济利益，是企业商誉的载体，它具有高知名度、高市场占有率、高创利能力等特点，正因为如此很多人都不择手段想搭驰名商标的便车，从中获得不正当利益。为了保护驰名商标所有人的利益，我国《商标法》第十三条①规定了对驰名商标的特殊保护。已经注册的驰名商标被复制、翻译或者模仿的商标局在审查注册申请的时候，容易发现，一般不会被注册。未注册的驰名商标由于商标局审查人员的疏忽或者知识的受限、技术水平的局限很有可能误将复制、模仿或者翻译未注册的驰名商标进行注册。此时，需要该驰名商标的所有人或者利害关系人自该商标注册之日起五年内，向商标评审委员会提出申请要求该注册商标宣告无效。对于，恶意注册驰名商标的，驰名商标的所有人不受五年的时间限制。

**案例分析 4：第 5323791 号奥迪商标无效宣告案**

（"争议商标"）

（"引证商标"）

**［案情介绍］**

第 5323791 号奥迪商标（以下称争议商标）由吴会生（即本案被申请人）申请，2014 年 6 月 27 日，该商标被奥迪股份公司（即本案申请人）提出无效宣告请求。被申请人答辩称：被申请人通过多种方式大量使用争议商标，奥迪木门等产品获得了一系列荣誉，在非金属门行业具有了很高的知名度及美誉度。

---

① 《商标法》第十三条第二款和第三款规定：就相同或者类似商品申请注册的商标是复制、模仿或者翻译他人未在中国注册是驰名商标，容易导致混淆的，不予注册并禁止使用；就不相同或者不相类似商品申请注册是商标是复制、模仿或者翻译他人已经在中国注册的驰名商标，误导公众，致使该驰名商标注册人的利益可能受到损害的，不予和组成并禁止使用。

同时，在争议商标申请日前，申请人的奥迪商标未构成驰名商标，申请人商标所指定使用的第 12 类"陆地运载器（汽车）"等商品与争议商标核定使用的"非金属门"等商品从商品的功能、用途、销售渠道、销售场所、消费对象等方面相距甚远，没有关联，双方商标并存不会导致消费者对商品的来源产生混淆误认。综上，请求维持争议商标注册。

商评委经审理认为，依据申请人提供的相关宣传及使用证据可以证明，申请人的国际注册第 737443 号奥迪商标（以下称引证商标）在争议商标申请注册前，在机动车辆和零部件等商品上经过申请人长期、广泛的使用与宣传，已经在中国大陆地区具有了较高知名度及广泛影响力，为相关消费者所普遍知晓，达到了驰名商标的知名程度，根据《商标法》第十四条的规定可以认定为驰名商标。本案中，争议商标与引证商标中文文字构成相同，仅字体有所不同，已构成对引证商标的复制。争议商标指定使用的非金属门等商品与引证商标核定使用的机动车辆和零部件等商品虽不属于同一种或类似商品，但鉴于引证商标具有较强的显著性和极高的知名度，若双方商标共存于市场，足以使相关公众认为争议商标与引证商标具有相当程度的联系，从而减弱引证商标的显著性。争议商标如被核准注册，可能会不正当利用引证商标的市场声誉，进而误导公众，致使申请人的合法利益受到损害。因此，争议商标的注册已构成修改前《商标法》第十三条第二款所指的情形，对争议商标予以无效宣告。

[评析]

本案体现了对驰名商标的保护。目前，试图借助驰名商标的声誉打擦边球、傍名牌的行为较之普通商标更为常见。由于相关公众已经在驰名商标与其使用的商品或服务之间建立了强烈的联系，若允许他人在其他类别的商品或服务上注册、使用与驰名商标相同或近似的商标，则会淡化、稀释这种联系，即破坏了该驰名商标的显著性，甚至会贬损驰名商标的声誉。在目前的评审和司法实践中，对于驰名商标的跨类保护已不限于混淆要求，而是有限引入了反淡化保护。足以使相关公众认为系争商标与驰名商标具有相当程度的联系，因而减弱驰名商标的显著性、贬损驰名商标的市场声誉，或者不正当利用驰名商标的市场声誉的，属于《商标法》第十三条第三款（修改前《商标法》第十三条第二款）所指"误导公众，致使该驰名商标注册人的利益可能受到损害"的情形。

本案就属于此情形。

2）代理人或者代表人恶意注册他人商标

商标代理人、代表人或者经销、代理关系意义上的代理人、代表人未经授权，以自己的名义将被代理人或者被代表人的商标进行注册的，应该认定属于代理人、代表人抢注被代理人或者被代表人商标的行为。为了保护被代理人或者被代表人的合法利益，惩罚恶意注册他人商标的行为，我国《商标法》第十五条规定了恶意注册他人商标只要被代理人或者被代表人提出异议的，就不予注册并禁止使用。如果已经进行不当注册的，被代理人或者被代表人或者其利害关系人可以在该商标注册之日起五年内，请求商标评审委员会宣告该注册商标无效。

**案例分析5：第6124877号ECH商标无效宣告案**

（"争议商标"）

[**案情介绍**]

第6124877号ECH商标（以下称争议商标）由上海中清化工有限公司（即本案被申请人）于2007年6月22日提出注册申请，于2010年2月21日获准注册，核定使用在第11类消毒设备等商品上。后被上海洗霸科技股份有限公司（即本案申请人）提出撤销注册申请。被申请人答辩称：争议商标为被申请人自创，申请人所述的商标与争议商标并非类似商品上的近似商标。且申请人并无证据证明万立勤曾在申请人公司担任过重要职务及申请人在2004年前曾宣传使用过ECH商标。综上，争议商标未构成恶意抢注，理应予以注册。

商评委经审理认为，本案中，申请人提交的销售合同可以证明在争议商标申请注册前，被申请人的法定代表人万立勤作为申请人的代表曾签署过关于"ECH"系列灭菌技术和方法的合同等相关文件，故可证明被申请人与申请人之间存在修改前《商标法》第十五条所指的代表关系。同时，申请人向商评委提交的《劳动报》《解放日报》等报刊宣传资料可以证明早在争议商标申请注册前，申请人已使用"ECH98"灭菌技术和方法，并在灭菌技术领域具有了一定的知名度；"ECH"系自造字母组合，整体独创性较强；本案争议商标核定使用的消毒设备、水净化装置等商品与申请人"ECH98"方法长期使用并有一定知名度的灭菌技术具有密切关联。在此情况下，被申请人未经申请人授权，擅自将申请人商标注册为争议商标的行为，已构成修改前《商标法》第十五条所指情形。因此，商评委对该争议商标予以无效宣告。

[评析]

《商标法》第十五条第一款意在制止代理人、代表人违反诚实信用原则的恶意抢注行为。该条款中的"代表人"是指具有从属于被代表人的特定身份，执行职务行为而可以知悉被代表人商标的个人，包括法定代表人、董事、监事、经理、合伙事务执行人等人员。认定代表人未经授权，擅自注册被代表人商标的行为，须符合下列要件：①系争商标注册申请人是商标所有人的代表人；②系争商标指定使用的商品/服务与被代表人使用的商品/服务相同或者类似；③系争商标与被代表人的商标相同或者近似；④代表人不能证明其申请注册行为已获得被代表人的授权。

3）已注册的商标使用了误导公众的地理标志

地理标记可以作为证明商标或者集体商标注册，地理标记证明商标是带动地方经济发展的标杆，"地名＋品名"是地理标志的核心内容，它属于当地生产经营者全体。凡符合该证明商标或者集体商标使用条件人都可以要求使用该商标。对地理标记的保护必须要禁止虚假地理标志的注册和使用。只要是商标中有商品的地理标志，而该商品并不是来源于该标志所表示的地区，即为虚假地理标志。[①] 虚假的地理标志不仅易使消费者对该商品的地理来源产生误认，并且会给产地的声誉以及设在该地的经营者的竞争利益造成损害，因此，必须禁止使用、禁止注册。已经注册的即属于注册不当商标，利害关系人有权提出注册无效的请求。

---

① 李伟编著：《商标纠纷新典型案例与专题指导》，北京：中国法制出版社 2009 年版第 223 页。

### 案例分析6：第 1078217 号宜红 YIHONG 及图商标无效宣告案

（"争议商标"）

[案情介绍]

第 1078217 号宜红 YIHONG 及图商标（以下称争议商标）由中国土产畜产湖北茶麻进出口公司于 1996 年 7 月 15 日提出注册申请，1997 年 8 月 14 日获准注册，核定使用在第 30 类茶等商品上。经转让，争议商标现所有人为宜红茶叶股份有限公司（本案被申请人）。宜都市宜红茶叶协会（本案申请人）对该商标提出撤销注册申请。申请人称："宜昌红茶"简称"宜红"，其作为红茶的重要代表之一，经过多年发展，早已成为宜昌及鄂西周边地区红茶的通用名称，被申请人在茶叶等商品上注册宜红商标违反了修改前的《商标法》第十一条之规定，应予撤销注册。被申请人答辩称："宜红"由被申请人及其关联公司作为商标使用才得以被相关公众所知，申请人提交的证据材料不足，其所说的"宜红"是通用名称的说法不应被支持。请求维持争议商标注册。

商评委经审理认为，在争议商标注册申请日之前，"宜红茶"（又称"宜红工夫茶"）已成为宜都、恩施、鹤峰、长阳、五峰等地区出产的知名茶叶品种，为鄂西广大农户所普遍种植，并出口至海外，"宜红茶"已为相关公众普遍知晓的"名优茶"品种，《宜昌市志》《中国土特产大全》《湖北茶叶贸易志》《茶叶评审与检验》等资料均有记载。"宜红茶"由于历史传统、风土人情、地理环境等原因，已形成相关市场较为固定的商品，其在该相关市场内的通用称谓可以认定为通用名称。因此，争议商标中的显著识别文字"宜红"在茶、红茶商品上已无法起到标识商品来源的作用，争议商标在上述两项商品上已构成修改前的《商标法》第十一条第一款第（一）项所指的仅有本商品的通用名称的情形。同时，争议商标中的显著识别标识"宜红"在绿茶、花茶、乌龙茶、紧压茶（沱茶，普洱茶）、菊花茶（紧压成块状）、绞股蓝茶商品上或直接表示了产品的原料特点，或缺乏区分商品来源的显著特征，争议商标在上述商品上构成了修改前的《商标法》第十一条第一款第（二）项所指的仅直接表示商品的主要原料等特点及第（三）项其他缺乏显著特征的标志的情形。此外，被申请人提交的证据不足以证明其可注册性。综上，商标评审委员会裁定争议商标予以无效宣告。

[评析]

本案涉及对商标显著特征的审查。商标的显著特征，是指商标应当具备的足以使相关公众区分商品来源的特征。商标显著特征的判定应当综合考虑构成商标的标志本身、商标指定使用的商品、商标指定使用商品的相关公众的认知习惯、商标指定使用商品所属行业的实际使用情况等因素。本案在评审过程中综合考虑了上述因素，对今后同类案件的审理具有借鉴和指导作用。

4）已注册的商标损害了他人现有的在先权利

在先权利是指在商标注册申请之前就已经合法存在的权利。不得与在先权利相冲突主要是要求商标申请人在从事商标法律行为时，自觉遵循诚实信用原则，不损害他人的合法权益。根据《商标法》第三十二条的规定："申请商标注册不得损害他人现有的在先权利，也不得以不正当手段抢先注册他人已经使用并有一定影响的商标。"凡是侵犯他人的在先权利或者恶意抢注的商标，都可以要求商标评审委员会宣告无效。侵犯他人合法的在先权利仅包括著作权、专利权、企业名称权、肖像权、知名商品特有名称包装或者装潢使用权、原产地名称权等不包括侵犯商标的在先权利。若以商标的在先权利对申请在后的相同或者近似的注册商标提出宣告无效的申请，商标评审委员会不予受理。这样的情况应在异议、异议复审及争议中解决。

**案例分析 7：第 4636903 号"汤姆福特 TOMFUTE"商标无效宣告案**

# 汤姆·福特
# TOMFUTE

（"争议商标"）

[案情介绍]

第 4636903 号"汤姆福特 TOMFUTE"商标（以下称争议商标）由杨运明（即

本案被申请人）于 2005 年 4 月 30 日提出注册申请，核定使用在第 9 类眼镜等商品上，2008 年 2 月 21 日获准注册，专用期至 2018 年 2 月 20 日。后汤姆.C·福特（即本案申请人）对该争议商标提出撤销注册申请。申请人称："TOM FORD""汤姆福特"是申请人的姓名，具有很强的显著性和独创性，在世界各国包括中国享有很高的知名度。争议商标的注册侵犯了申请人的姓名权，违反了修改前的《商标法》第三十一条等规定，请求撤销争议商标的注册。被申请人在规定期限内未予答辩。

商标评审委员会经审理认为，修改前的《商标法》对姓名权的保护不仅考虑到系争商标与他人的姓名相同，同时也考虑到该姓名权人在社会公众中尤其是相关公众中的知晓程度。本案中，申请人提交的证据可以证明在争议商标申请日之前，其作为一知名服装设计师，在时尚业界享有一定知名度。同时，争议商标指定使用的眼镜等商品为时尚业界的常用消费品之一，被申请人所处行业对申请人理应有所知晓。汤姆·福特并非固定搭配词汇，争议商标与申请人之姓名在文字构成、呼叫、含义等方面相近，主观上难谓正当。被申请人在眼镜等商品上申请注册争议商标的行为具有不正当利用申请人姓名牟利之嫌，对申请人的姓名权可能造成损害，已构成修改前的《商标法》第三十一条所指的损害他人在先姓名权之情形，故对争议商标予以无效宣告。

[评析]

本案涉及对在先姓名权的保护问题。《商标法》第三十二条规定，申请商标注册不得损害他人现有的在先权利。其中"在先权利"是指在系争商标申请注册日之前已经取得的，除商标权以外的其他权利，包括姓名权等。损害他人姓名权构成要件有两个：一是系争商标与他人姓名相同；二是系争商标的注册给他人姓名权造成或者可能造成损害。在具体审理实践中，要求主张权利的姓名权人的姓名具有知名度只是作为相关公众能否将某一姓名与特定自然人建立起对应关系，并进而可能会损害了特定自然人的姓名权的考量因素。该自然人的知名度并非保护姓名权的前提。

案例分析 8：第 9954390 号何享健 HEXIANGJIAN 商标无效宣告案

## 何享健
### HEXIANGJIAN

（"争议商标"）

[案情介绍]

第 9954390 号何享健 HEXIANGJIAN 商标（以下称争议商标）由佛山市顺德区均安镇奥永五金电器厂（即本案被申请人）于 2011 年 9 月 13 日向商标局申请注册，核定使用商品为第 7 类搅拌机、果酒榨汁机等商品，于 2012 年 11 月 14 日获准注册。2014 年 2 月 7 日，该商标被何享健（即本案申请人）提出撤销注册申请。被申请人答辩称："何享健"这一名词属于公用名词，不为某一特定的人独家享有。争议商标经被申请人广泛使用，已取得了一定知名度，不存在侵犯他人权利的意图，不会对公众造成影响。综上，请求予以维持争议商标注册。

商评委经审理认为，申请人"何享健"为知名家用电器企业美的股份有限公司创始人，在争议商标申请注册之前已在家电行业内具有一定知名度。争议商标与申请人姓名"何享健"文字构成、呼叫相同，核定使用的搅拌机、果酒榨汁机、家用豆浆机等商品与申请人取得较高知名度的行业具有较强关联性。故被申请人在未经申请人授权的情况下，申请注册争议商标的行为已损害了申请人的姓名权，违反了修改前《商标法》第三十一条所指的"不得损害他人现有的在先权利"之规定。综上，争议商标应予以无效宣告。

[评析]

本案涉及对在先姓名权的保护问题。《商标法》第三十二条规定，申请商标注册不得损害他人现有的在先权利。其中"在先权利"是指在系争商标申请注册日之前已经取得的，除商标权以外的其他权利，包括姓名权等。认定系争商标是否损害他人姓名权，应当以相关公众容易将系争商标在其注册使用的商品上指向姓名权人或者与姓名权人建立对应联系为前提，既包括系争商标与他人姓名完全相同，也包括虽然系争商标与他人姓名在文字构成上有所不同，但反映了他人的主要姓名特征，在社会公众的认知中指向该姓名权人的情形。

### 案例分析9：第4255113号"X–static"商标无效宣告案

（"争议商标"）

### [案情介绍]

第4255113号"X–static"商标（以下称争议商标）由黄建华于2004年9月6日提出注册申请，核定使用在第23类长丝等商品上。2008年4月21日获准注册，专用权期限至2018年4月20日。2014年4月9日，争议商标经商标局核准转让于上海晨隆纺织新材料有限公司（即本案被申请人）。2013年4月18日，诺博纤维科技有限公司（即本案申请人）对该争议商标提出撤销注册申请。申请人称：申请人"X–STATIC"商标在争议商标申请注册日之前已具有较高知名度，争议商标是对申请人在先使用并有一定影响商标的恶意抢注。请求依据修改前的《商标法》第三十一条等规定，撤销争议商标的注册。对此，被申请人答辩称：申请人提交的在案证据无法证明在争议商标注册申请日之前"X–STATIC"商标经使用已具有一定影响力，亦无法证明被申请人具有恶意。请求维持争议商标的注册。

商标评审委员会经审理认为，争议商标"X–STATIC"与申请人"X–STATIC"商标完全相同，难谓巧合。申请人提交了争议商标注册申请日之前部分文章对申请人"X–STATIC"镀银纤维的宣传、报道资料，该部分证据可以证明其在争议商标注册申请日之前在与争议商标指定使用的长丝等商品相类似的镀银纤维等商品上已在先使用"X–STATIC"商标并产生了一定影响。考虑到被申请人与申请人存在商事业务往来关系，理应知晓申请人在先使用的"X–STATIC"商标，其申请注册争议商标的行为足以使人确信其在主观上存在恶意。因此，争议商标的注册已构成修改前的《商标法》第三十一条所指"以不正当手段抢先注册他人已经使用并有一定影响的商标"的情形,争议商标予以无效宣告。

[评析]

《商标法》第三十二条"在先使用并有一定影响",立法本意系为了对实践中出现大量的有违诚实信用原则、损害他人在先合法权益的行为进行限制,进而传达出鼓励正当竞争、遏制恶意抢注等不正当竞争行为的积极信号。故在制止第三人基于不正当目的将他人在先使用的商标抢先注册的行为中,要平衡好"恶意"与"一定影响"的关系,综合把握各个要件的认定标准。

**案例分析 10:第 11185214 号 BOLL 商标无效宣告案**

# BOLL

("争议商标")

[案情介绍]

第 11185214 号 BOLL 商标(以下称争议商标)由扬州市青岩商贸有限公司(即本案被申请人)于 2012 年 7 月 9 日提出注册申请,2013 年 11 月 28 日获准注册,核定使用在第 28 类球拍等商品上。2014 年 10 月 30 日,该商标被特玛苏国际贸易(上海)有限公司(即本案申请人)提出无效宣告请求。被申请人答辩称:争议商标先于申请人引证的"蒂姆·波尔""Timo Boll"进行了使用、宣传、申请及注册,且经过被申请人的推广和宣传,争议商标已具有较高的知名度和显著性。同时,争议商标与申请人引证的蒂姆·波尔、Timo Boll 商标具有较大差异,其注册使用不会损害申请人的利益。综上,请求维持争议商标的注册。

商评委经审理认为,申请人提交的《乒乓世界》杂志报道情况、部分销售发票等证据可以证明,在争议商标申请注册前,申请人已将 Timo Boll 商标使用于乒乓球拍等商品上,并具有一定知名度,加之被申请人与申请人为同行业经营者,对此理应知晓,其将与申请人 Timo Boll 商标在字母构成、呼叫、含义等方面相近似的"BOLL"作为争议商标指定使用在与乒乓球拍等商品相同或关联性较强的乒乓球拍、护膝(运动用品)等商品上已构成修改前《商标法》第三十一条所指的"以不正当手段抢先注册他人已经使用并有一定影响的商标"的情形。因此,商评委对该争议商标予以无效宣告。

[评析]

《商标法》第三十二条对已经使用并有一定影响的未注册商标予以保护，以制止恶意抢注行为，是对商标注册制度的有效补充。对在先使用并有一定影响商标的保护范围，原则上应按照相同近似商标的审理标准，在相同或类似的商品或服务范围内予以保护。但从维护诚实信用原则的立法宗旨出发，在个案中应当综合考虑在先商标的显著性、知名度、系争商标与在先商标是否高度近似、两商标所使用商品或服务是否具有较强关联性、系争商标申请人的主观恶意、系争商标是否容易混淆误认等相关因素，对在先商标的保护范围可以作出更合理的界定，适当扩展至密切相关的关联商品或服务上。

5）已注册的商标与在先的注册商标发生冲突

商标注册人的注册行为与他人在同一种商品或者类似商品上注册在先的商标相同或者近似而发生冲突，依据《商标法》第四十五条第一款规定，在先注册商标权人可向商标评审委员会请求宣告该在后的注册商标无效。根据我国商标法的规定，申请注册的商标不得同他人在同一种商品或者类似商品上已经注册的或者初步审定的商标相同或者近似。如果在后申请人的注册申请因种种原因通过了商标局的初步审定，在先商标权人可在初步审定公告之日起三个月内向商标局提出商标异议。如果商标局认定异议不成立，做出准予注册决定的，在先商标权人可向商标评审委员会请求宣告该注册商标无效。

## 5.4.2　注册商标无效宣告的法律后果

《商标法》第四十七条①规定了注册商标无效宣告的法律后果。注册商标宣告无效，其商标专用权在法律上被认为是从来没有存在过。与商标使用管理中的可撤销注册不同，注册无效的商标权从一开始就带有缺陷，因此宣告无效的决定具有溯及力，使不当注册恢复到原有状态，即商标权自始即不存在。② 商标无效宣告在复审或行政诉讼期间，暂时不发生效力。如果申请人撤回商标评审申请的，则不得以相同的事实和事由再次提出评审申请；商标评审委员会对商标评审申请已经作出裁定或者决定的，任何人不得以相同的事实和事由再次提

---

① 参照《中华人民共和国商标法》，北京：中国法制出版社，2013 年版第 48 页。
② 张玉敏、张今、张平著：《知识产权法》，北京：中国人民大学出版社，2009 年版第 406 页。

出评审申请。商标被宣告无效以后，该无效决定不但对当事人有效，而且对所有人都发生法律效力。这与注册商标撤销的效力是不同的，撤销的效力从撤销公告之日起开始生效，不具有法律溯及力。

《商标法》基于我国的基本国情，从当事人财产的稳定、社会交易的安全、行政执法部门和司法部门的威信出发还规定了不具有法律溯及力的特殊情况：一是人民法院作出并已执行的商标侵权案件的判决、裁定、调解书；二是工商行政管理部门做出并已执行的商标侵权案件的处理决定；三是已经履行的商标转让合同；四是已经履行的商标使用许可合同。对于这四类已经执行的，不得以注册商标已经被宣告无效为由，要求恢复到原来的状态。但是因为商标注册人的恶意给他人造成的损失，则应当予以赔偿。例如商标权人明知其商标权存在瑕疵，可能被宣告无效，故意和他人签订转让合同或者使用许可合同，商标权后来被宣告无效的，商标权人应赔偿被许可人、受让人的损失。

如果商标权人（许可人）或者商标权转让人不向侵权人、被许可人或者商标权受让人返还侵权赔偿金、商标使用费、商标转让费，明显违反公平原则的，商标权人应当全部或者部分返还。例如，被许可人或者商标受让人支付了商标使用费或者商标转让费后，尚未使用该商标或者仅仅使用了很短的时间，该商标就被宣告无效，被许可人或者商标权受让人没有因商标权的保护而受益或者说受益很少，与他们支付的商标使用费、商标转让费以及为维护商标权的费用明显不相当。在这种情况之下，根据公平原则，商标权人或者商标权转让人应当向被许可人或者商标权受让人返还全部或者部分商标使用费或者转让费。由于商标权人（转让人）并没有恶意，因此只需根据公平原则，返还已收取的部分或者全部使用费或者转让费，而无需赔偿损失。

## 5.5　商标的注销和撤销

### 5.5.1　商标的注销

商标权是民事权利的一种，它基于商标注册而产生，同时也可以因一定的法律行为和事件而终止。注册商标的注销就是商标权终止的情形之一，它是指商标权人由于自愿放弃或因故不能使用注册商标的事实的确认行为。注册商的注销有利于清除注册商标因长期搁置不用而造成的闲置商标；有利于社会资源的合理利用，不至于浪费社会资源；有利于发挥商标的功能和作用。注册商标注销的情形主要包括以下几种：

1. 未申请续展注册，或者提出续展注册未获核准

注册商标有效期满，宽展期已过，商标权人还没提出续展申请，或者提出续展申请而未获核准的，商标权自动终止。商标注册人自公告注销之日起丧失商标权。这主要是为了催促商标权人及时缴纳续展费用，保障原注册商标长期受到法律保护。对原商标的是否续展是原商标权人的权利，原商标权人如果觉得原商标没有使用的价值就没有续展的必要。商标局对在期满未办理商标续展手续的，注销其注册商标。

2. 商标权人自动申请注销注册商标

商标权是一种民事权利，其权利人可以根据自己的意愿来处分。现在的市场是变幻莫测的，有的商标经过一段时间的使用后发现与自己的企业文化或者需要不相符，商标权人不再需要这个注册商标时，商标注册人自然可以主动申请注销该商标，提前放弃该商标的专用权。《商标法实施条例》第七十三条规定："商标注册人申请注销其注册商标或者注销其商标在部分指定商品上的注册的，应当向商标局提交商标注销申请书，并交回原《商标注册证》。商标注册人申请注销其注册商标或者注销其商标在部分指定商品上的注册，经商标局核准注销的，该注册商标专用权或者该注册商标专用权在该部分指定商品上的效力自商标局收到其注销申请之日起终止。"允许商标权人注销其注册商标主要是为了维护商标权人的经济利益，因为要维持一个注册商标需要支付一定的费用，如果商标权人已经不再需要这个注册商标也就没有必要再支付这笔费用。

## 5.5.2　商标的撤销

商标的撤销是指商标主管机关对违反商标法有关规定的行为给予处罚，终止其原注册商标权的一种行政制裁手段。商标撤销是指商标权产生之后的事由使得商标权丧失了继续受保护的基础，商标权取得时并没有瑕疵。这通常是由于商标权人不使用商标或者是不规范使用导致的。具体来说，注册商标的撤销主要包括以下几种情形：

1. 注册商标不使用的撤销

商标的生命在于使用，从根本的意义上说，商标权不是注册得来，而是通过使用建立起来的，注册制度不过是在贸易发达的条件下对公平和效率这两个价值目标平衡和选择的结果。[①] 商标的实际使用在商标权维持方面扮演了重要角色。我国《商标法》规定了没有正当理由连续三年不使用的商标撤销，是为了弥补商标权注册取得制度的缺陷。注册商标割裂了商标与其价值来源之间的联系，客观上助长了"商标抢注"现象的发生，并成为"垃圾商标"、"商标圈地"等的罪魁祸首。[②] 注册商标不使用撤销制度对注册取得制度缺点的弥补或者说是矫正是通过公平与效率的平衡来实现的。通过对商标权人持续、合法使用商标义务的规定，使商标权人一旦持续一定的时限不使用商标就会面临被撤销的不利后果。对商标权人而言，注册而不使用的商标对其已经没有任何价值可言；对市场竞争者而言，注册而不使用的商标一方面使其无法认识和利用该商标，另一方面还会剥夺了其可能利用该商标的机会；对商标主管机关而言，注册商标而不使用加重了其审查、管理的难度，降低了注册程序的效率。建立注册商标不使用撤销制度能够促进商标的真实使用，发挥商标的功能和作用，也可以清理长期搁置不使用的注册商标，避免了浪费商标资源，使商标资源得到合理利用。

2. 注册商标违法使用的撤销

我国《商标法》第四十九条第一款明确规定，商标注册人在使用注册商标的过程中，自行改变注册商标、注册人名义、住址或者其他注册事项的，由地方工商行政管理部门责令限期改正，期满不改正的，由商标局撤销其注册商标。自行改变的行为由于超出了商标保护的范围，影响了商标作用的正常发挥，容易引起出处混淆或者是产品的误认，因此为了维护商标的交易秩序，可由商标局撤销该注册商标。

与我国《商标法》规定的自行改变一律列为撤销事由不同，多数国家都做了不规范使用导致混淆或者误认以后才可撤销的立法规定。[③] 这些国家的立法规定立足于商标的识别功能，因为混淆会损害商标识别功能的发挥，甚至无法发

---

① 田晓玲："注册商标三年不使用撤销制度研究"，《学术论坛》，2010 年第 3 期第 172 页。

② 曾世海："注册商标不使用撤销制度及其再完善"，《法律适用》，2013 年第 10 期第 40 页。

③ 例如《德国商标法》第 49 条第 2 款第 2 项，《欧洲共同体商标条例》第 51 条第 1 款 C 项，《日本商标法》第 51 条等。

挥出识别功能，所以此时这种对商标的变更丧失了法律保护的基础。笔者赞同这样的规定，因为就自行改变注册商标的问题来看，商标权人自行变更存在变更程度的问题，如果只是稍微的变更，不涉及到原来商标的显著性部分，变更以后的商标与原商标还是具有同一性，可视变更后的商标为注册商标；如果是商标权人进行了实质性的改变，改变以后的商标与原来的商标完全不同已经形成了新的商标，则可以把改变以后的商标视为未注册的商标，商标权人就要承担三年未使用被撤销的不利后果。不过笔者认为，无论是哪种情况，如果没有造成其他的影响，《商标法》本身的法理就能够解决，而不要专门设定规则来进行规范；从商标法的功能来看，丧失或者无法发挥商标的识别功能才是商标无法存续被撤销的原因，仅仅通过自行变更的行为就直接导致商标被撤销，不合常理。而就自行改变注册人名义、地址或者其他注册事项而言，商标注册登记簿的存在就是为了明确商标的归属。但是商标作为市场发展的产物只有通过在市场中的使用才能被消费者所识别和认可，商标才具有价值。仅仅因为注册登记簿上的注册事项而没有其他影响的瑕疵就撤销注册商标，这对商标权人来说也太过于苛刻。

3. 注册商标成为通用名称的撤销

商标已经成为了市场竞争的有力武器，对它的保护已经成为了世界的潮流。尤其是保护驰名商标，因为驰名商标是企业的宝贵财富，具有不可估量的商业价值。但是，商标必须具备显著性和可识别性才能被注册，受到法律的保护，而且商标的显著性不是固定不变的。一个不具有显著性的商标可能因使用而获得显著性，同样，一个原本具有显著性的商标可能因使用不当而失去其显著性。[①] 正如美国律师协会知识产权分会主席史密斯所说的那样，如果法院允许或者放任"劳斯莱斯"餐馆，"劳斯莱斯"裤子，"劳斯莱斯"糖果存在的话，那么不出十年，劳斯莱斯的商标所有人就不在拥有劳斯莱斯这个商标了。商标权人一定要注重商标的正确使用，防止政府文件、行业协会、公用字典的编撰将自己的商标作为通用名称使用；密切关注市场动向，一旦有人将自己的注册商标当做通用名称使用应该及时采取法律行动予以制止。如果注册商标确实已经成为了商品的通用名称，丧失了显著性，消费者不能区分商品的真正来源，致

---

① 黄晖：《商标法》，北京：法律出版社，2004 年版。

使市场的混乱，损害了社会公众的利益。出于对社会公共利益的考量，必须限制商标专用权，以给予公共利益腾出空间。他人对该商标的使用在商标合理使用的范围之内，不受到法律的制裁。

　　需要注意的是，注册商标成为其核定使用的商品的通用名称或者没有正当理由连续三年不使用的，不仅商标局可依职权撤销，任何单位或者个人都可以向商标局申请撤销该注册商标。

**案例分析 11：第 5497281 号"苦口师及图"商标连续三年不使用撤销申请案**

诉撤商标

**［案情介绍］**

　　"深圳市洼地金谷投资有限公司"（以下称"申请人"）于 2014 年 9 月 10 日向国家商标局申请撤销余翰的第 5497281 号"苦口师及图"商标（即诉撤商标）在第 30 类"茶，茶叶代用品"等全部核定使用商品上的注册。经审理，商标局予以受理，并通知余翰在收到商标局通知之日起 2 个月内向商标局提交其在 2011 年 9 月 10 日至 2014 年 9 月 9 日期间使用该商标的证据材料。

　　余翰在指定期限内未向商标局提交其使用诉撤商标的证据材料。根据商标法第四十九条及商标法实施条例第六十六、六十七条规定，商标局决定：撤销第 5497281 号注册商标，原第 5497281 号《商标注册证》作废，并予公告。

**［评析］**

　　本案的意义在于，余翰在其被撤销商标"苦口师及图"于 2009 年 9 月 14 日获得注册之后，并没有连续使用，以至于注册商标长期闲置，这不仅发挥不了注册商标应有的商业和社会价值，势必造成社会资源的浪费，还会妨碍其他人的注册和使用商标的权利。我国商标法规定，注册商标无正当理由连续三年不使用的，任何单位或者个人可以向商标局申请撤销该注册商标。申请撤销制度不仅可以加大注册商标正当合法使用的社会监督力度，同时，也是给予了其他人合理的救济途径。因此，在实践中，注册商标连续三年不使用撤销，已经成为商标保护的一种战略手段。

对于本案被撤销商标的原权利人余翰来说，被撤销的理由是未在指定的期限内提交连续使用的证据材料，在其商标被他人申请撤销的两个月答辩时间里未提供使用证据，可见其商标保护意识的缺失。所以商标注册成功，并不意味着可以一劳永逸，还要注意商标的连续使用。面对商标的撤销，企业既不能因已经使用而掉以轻心，也不能因未使用而主动放弃。

**案例分析 12：第 8897209 号"HAILOO"商标连续三年不使用撤销申请案**

# HAILOO

诉撤商标

[案情介绍]

海洛网络控股有限公司于 2014 年 12 月 18 日以无正当理由连续三年不使用为由，向商标局申请撤销深圳市徽通科技有限公司（以下称"答辩人"）的第 8897209 号商标（即诉撤商标）在第 9 类"录音电话，电话录音盒，电话录音卡，电话录音仪，电话语音卡，电话录音设备，录音器具，声音传送器具，声音复制器具，电话机"全部核定使用商品上的注册。

商标局于 2014 年 12 月 30 日向答辩人发出提供使用证据的通知，要求提供 2011 年 12 月 18 日至 2014 年 12 月 17 日期间该商标的使用证据。答辩人提供了该商标实际使用证据。经审理，商标局最终于 2015 年 9 月 26 日发文决定，驳回申请人的撤销申请，第 8897209 号注册商标不予撤销。

[评析]

商标法第四十八条规定："本法所称商标的使用，包括将商标用于商品、商品包装或者容器以及商标商品交易文书上，或者将商标用于广告宣传、展览以及其他商业活动中，用于识别商品来源的行为"。"在商业中使用"和"用于识别商品来源"是法律对商标使用的要求。具体而言，"连续三年停止使用"中的"使用"应当是"公开、真实、合法"的在商业活动中的使用。此类案件还有值得注意的一点就是提供指定时间内的商标使用证据，只有证据所体现的具体时间才能有效证明商标在指定时间段的使用。答辩人在收集证据时一定要强调该点。

　　本案中，答辩人提供了其注册商标的所有实际使用资料，包括商标产品生产和销售情况、商标产品交易文书、商标使用许可合同、商标产品宣传证据等，这些证据形成完整的证据链，能够证明"HAILOO"商标在指定时间段内在第 9 类指定商品项目上的实际使用。最终，商标局认定答辩人提供证据有效，维持了答辩人的第 8897209 号注册商标。

**案例分析 13：第 3002468 号"COBRA 及图"商标撤销复审案**

（"复审商标"）

**[案情介绍]**

　　第 3002468 号"COBRA 及图"商标（以下称复审商标）的注册人经商标局核准变更为河北华夏实业有限公司（即本案申请人）。经续展，复审商标专用权期限至 2022 年 12 月 13 日止。2012 年 12 月 18 日，PBS 树保护产品有限公司（即本案被申请人）以连续三年停止使用为由向商标局申请撤销复审商标的注册。2014 年 1 月 6 日，商标局作出撤字第 201208583 号决定，认为申请人未在规定期限内提交有关复审商标在 2007 年 2 月 23 日至 2010 年 2 月 22 日期间的有效使用证据，复审商标在"非文具、非医用、非家用胶带；非文具、非医用、非家用粘合胶带"商品上的注册予以撤销。2014 年 2 月 10 日，申请人不服上述决定，依法向商评委申请复审。申请人称：复审商标在 2009 年 12 月 18 日至 2012 年 12 月 17 日期间在第 17 类"非文具、非医用、非家用胶带；非文具、非医用、非家用粘合胶带"商品上一直持续使用。故复审商标在上述商品上的注册应予以维持。对此，被申请人答辩称：申请人提交的证据均显示为"蛇牌"，不能证明复审商标在规定期限内在非文具、非医用、非家用胶带；非文具、非医用、非家用粘合胶带商品上进行了有效的商业使用，应予撤销。

商评委经审理认为，复审商标由英文部分"COBRA"（可译为"眼镜蛇"）和图形部分（蛇图形）组成。虽然申请人于本案提交的订购协议、发票等证据中显示多为中文蛇牌商标，但由于复审商标为英文和图形组合商标，结合中国相关公众在日常商事活动中易将英文商标的中文翻译对应使用的习惯和申请人并未向商标局申请注册过中文蛇或蛇牌商标的事实，商评委认可申请人于本案提交的商标显示为"蛇牌"的使用证据为本案复审商标的使用证据，故申请人提交的在案证据能够证明在2009年12月18日至2012年12月17日期间，申请人对复审商标在其指定的"非文具、非医用、非家用胶带；非文具、非医用、非家用粘合胶带"商品上进行了有效的商业使用。因此，复审商标在上述商品上的注册应予维持。

[评析]

连续三年停止使用商标撤销制度的目的在于清理闲置商标，督促商标权人积极使用商标。在商标撤销复审程序中，对于商标注册人提交的证明其商标使用的证据，应当充分考虑企业经营活动的实际情况及商标使用的习惯、商业惯例、商标使用方式的差异性等，对于那些使用虽有瑕疵但尚有生命力的商标，应给予适度的容忍，不应轻易撤销。

# 第6章　商标的保护

## 6.1　商标的行政保护

### 6.1.1　商标行政保护的基本理论

商标的行政保护，是指行政机关根据投诉或者依职权采取行政手段对商标侵权行为进行查处的保护方法。

根据《商标法》（2013）、《中华人民共和国商标法实施条例》（2014）、《工商行政管理机关行政处罚程序》（2007），工商行政管理机关有权根据商标利害关系人投诉、其他单位和个人检举、有关部门移送以及在市场检查中发现违法行为，对商标侵权行为进行查处。

《商标法》第六十条规定："有本法第五十七条所列侵犯注册商标专用权行为之一，引起纠纷的，由当事人协商解决；不愿协商或者协商不成的，商标注册人或者利害关系人可以向人民法院起诉，也可以请求工商行政管理部门处理。"

商标侵权行为主要表现为以下类别：

（1）使用侵权。是指行为人未经商标注册人许可，在同一种或者类似的商品或服务上使用与注册商标相同或近似的标识。此类行为主要发生在商品生产领域，即假冒和仿冒行为，侵害人为商品制造商或服务项目提供者。使用侵权行为直接侵犯了商标权人的禁止权，是一种典型的侵权行为，也是后面各环节侵权行为的源头。侵权使用和注册商标所有人对商标的使用方式与范围一致，包括将商标直接用于商品或服务项目上，以及在各种商业活动中使用商标。凡是对商标权人来说构成商标使用的方式，都可以构成侵害行为。使用侵害主要表现为四种形式：在同一种商品上使用相同商标；在同一种商品上使用近似商标；在类似商品上使用相同商标；在类似商品上使用近似商标。四种行为中的第一种行为与被使用商标的内容相同，其余几种虽然不构成假冒注册商标的行为，但容易导致混淆的，仍然落入禁止权所禁止的范围而构成商标侵害行为。

（2）销售侵权。是指销售侵犯注册商标专用权的商品。这种侵权行为的主体一般为商品经销商。商标侵权行为人的目的在于赚取经济利益，侵权产品只有通过销售渠道售出后，才能实现经济效益。《商标法》第六十四条第二款规定："销售不知道是侵犯注册商标专用权的商品，能证明该商品是自己合法取得的并说明提供者的，不承担赔偿责任。"根据该条规定，非法销售行为并不以销售者主观是否存在"明知"或"应知"的过错为前提，只要行为人实际上销售了侵犯商标权的商品，即构成侵犯商标权的行为，商标权人有权要求其停止销售。

（3）标识侵权。是指伪造、擅自制造他人注册商标标识，或者销售伪造、擅自制造他人的注册商标标识。行为人一般为从事商标印刷的企业和个体工商户，其实施的行为专为制假售假提供条件。具体包括三种情况：一是未经商标权人授权或委托而制造其商标标识；二是虽有商标权人的授权或委托，但超出授权或委托的范围，制造其注册商标标识；三是销售他人注册商标标识。

（4）反向假冒。是指未经商标注册人同意，将其注册商标撤下后换上自己或第三人的商标并将该更换商标的商品投入市场的行为。

侵犯商标权的行为中前三种均属于复制他人注册商标并用于产品、服务或广告中，试图将自己的产品混淆为他人产品。反向假冒则是将他人的产品通过更换商标变为自己的产品。在著名的"枫叶"诉"鳄鱼"案中，"鳄鱼"服装的经销商将其购进的北京服装厂制作的"枫叶"牌服装，撕去"枫叶"商标标志，更换上"鳄鱼"商标，再行加价出售。[1] 从侵权人角度看，撤换商标后以他人的产品代替自己的产品，是因为替代产品具有较好的品质，对消费者具有一定的吸引力。否则，行为人也不会选中该产品。撤换商标的行为之所以构成商标侵权，根本原因在于该行为破坏了商标专用权的行使，阻断了商标权人将带有自己商标的商品销售给消费者的渠道。现行商标法将撤换他人注册商标列为侵犯商标专用权的行为，从法律上明确了该行为的性质。[2]

《商标法》第六十一条规定"对侵犯注册商标专用权的行为，工商行政管理部门有权依法查处；涉嫌犯罪的，应当及时移送司法机关依法处理。"第六十二

---

[1] 北京市第一中级人民法院（1994）中经知初字第 566 号民事判决书。
[2] 吴汉东：《知识产权基本问题研究》北京：中国人民大学出版社，2009 年版第 450 – 454 页。

条规定"县级以上工商行政管理部门根据已经取得的违法嫌疑证据或者举报，对涉嫌侵犯他人注册商标专用权的行为进行查处时，可以行使下列职权：①询问有关当事人，调查与侵犯他人注册商标专用权有关的情况；②查阅、复制当事人与侵权活动有关的合同、发票、账簿以及其他有关资料；③对当事人涉嫌从事侵犯他人注册商标专用权活动的场所实施现场检查；④检查与侵权活动有关的物品；对有证据证明是侵犯他人注册商标专用权的物品，可以查封或者扣押。工商行政管理部门依法行使前款规定的职权时，当事人应当予以协助、配合，不得拒绝、阻挠。"

在查处商标侵权案件过程中，对商标权属存在争议或者权利人同时向人民法院提起商标侵权诉讼的，工商行政管理部门可以中止案件的查处。中止原因消除后，应当恢复或者终结案件查处程序。

行政查处由违法行为发生地的县级以上（含县级，下同）工商行政管理机关管辖，法律、行政法规另有规定的除外。县（区）、市（地、州）工商行政管理机关依职权管辖本辖区内发生的案件，省、自治区、直辖市工商行政管理机关依职权管辖本辖区内发生的重大、复杂案件，国家工商行政管理总局依职权管辖应当由自己实施行政处罚的案件及全国范围内发生的重大、复杂案件。

工商行政管理所依照法律、法规规定以自己的名义实施行政处罚的具体权限，由省级工商行政管理机关确定。对当事人的同一商标侵权行为，两个以上工商行政管理机关都有管辖权的，由最先立案的工商行政管理机关管辖。两个以上工商行政管理机关因管辖权发生争议的，应当协商解决，协商不成的，报请共同上一级工商行政管理机关指定管辖。工商行政管理机关发现所查处的案件不属于自己管辖时，应当将案件移送有管辖权的工商行政管理机关。受移送的工商行政管理机关对管辖权有异议的，应当报请共同上一级工商行政管理机关指定管辖，不得再自行移送。上级工商行政管理机关认为必要时可以直接查处下级工商行政管理机关管辖的案件，也可以将自己管辖的案件移交下级工商行政管理机关管辖。法律、行政法规明确规定案件应当由上级工商行政管理机关管辖的，上级工商行政管理机关不得将案件移交下级工商行政管理机关管辖。下级工商行政管理机关认为应当由其管辖的案件属重大、疑难案件，或者由于特殊原因，难以办理的，可以报请上一级工商行政管理机关确定管辖。报请上一级工商行政管理机关确定管辖权的，上一级工商行政管理机关应当在收到报送材料之日起五个工作日内确定案件的管辖机关。

跨行政区域的行政处罚案件，共同的上一级工商行政管理机关应当做好协调工作。相关工商行政管理机关应当积极配合异地办案的工商行政管理机关查处案件。工商行政管理机关发现所查处的案件属于其他行政机关管辖的，应当依法移送其他有关机关。工商行政管理机关发现违法行为涉嫌犯罪的，应当依照有关规定将案件移送司法机关。

## 6.1.2　商标行政保护的具体流程

根据《商标法》（2013）、《中华人民共和国商标法实施条例》（2014）、《工商行政管理机关行政处罚程序》（2007），商标行政保护应当遵循以下流程。

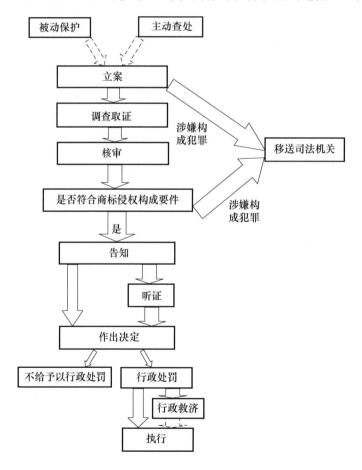

1. 立案与调查

商标侵权行政保护程序首先由立案程序启动。工商行政管理机关依据监督检查职权，或者通过投诉、申诉、举报、其他机关移送、上级机关交办等途径发现、查处违法行为。工商行政管理机关应当自收到投诉、申诉、举报、其他机关移送、上级机关交办的材料之日起七个工作日内予以核查，并决定是否立案；特殊情况下，可以延长至十五个工作日内决定是否立案。

立案应当填写立案审批表，同时附上相关材料（投诉材料、申诉材料、举报材料、上级机关交办或者有关部门移送的材料、当事人提供的材料、监督检查报告、已核查获取的证据等），由县级以上工商行政管理机关负责人批准，办案机构负责人指定两名以上办案人员负责调查处理。对于不予立案的投诉、举报、申诉，经工商行政管理机关负责人批准后，由办案机构将结果告知具名的投诉人、申诉人、举报人。工商行政管理机关应当将不予立案的相关情况作书面记录留存。

立案后，办案人员应当及时进行调查，收集、调取证据，并可以依照法律、法规的规定进行检查。首次向案件当事人收集、调取证据的，应当告知其有申请办案人员回避的权利。向有关单位和个人收集、调取证据时，应当告知其有如实提供证据的义务。办案人员应当依法收集与案件有关的证据。证据包括以下几种：①书证；②物证；③证人证言；④视听资料、计算机数据；⑤当事人陈述；⑥鉴定结论；⑦勘验笔录、现场笔录。上述证据，应当符合法律、法规、规章等关于证据的规定，并经查证属实，才能作为认定事实的依据。

办案人员可以询问当事人及证明人。询问应当个别进行。询问应当制作笔录，询问笔录应当交被询问人核对。经核对无误后，由被询问人在笔录上逐页签名、盖章或者以其他方式确认。办案人员亦应当在笔录上签名。办案人员可以要求当事人及证明人提供证明材料或者与违法行为有关的其他材料，并由材料提供人在有关材料上签名或者盖章。办案人员应当收集、调取与案件有关的原始凭证作为证据；调取原始证据有困难的，可以提取复制件、影印件或者抄录本，由证据提供人标明"经核对与原件无误"、注明出证日期、注明证据出处，并签名或者盖章。对于视听资料、计算机数据，办案人员应当收集有关资料的原始载体。收集原始载体有困难的，可以收集复制件，并注明制作方法、制作时间、制作人等情况。声音资料应当附有该声音内容的文字记录。对有违法嫌疑的物品或者场所进行检查时，应当有当事人或者第三人在场，并制作现场笔录，载明时间、地点、事件等内容，由办案人员、当事人、第三人签名或者盖章。必要时，可以采取拍照、录像等方式记录现场情况。工商行政管理机关抽样取证时，应当有当事人在场，办案人员应当制作抽样记录，对样品加贴封条，开具物品清单，由办案人员和当事人在封条和相关记录上签名或者盖章。法律、法规、规章或者国家有关规定对抽样机构或者方式有规定的，工商行政管理机关应当委托相关机构或者按规定方式抽取样品。为查明案情，需要对案件中专门事项进行鉴定的，工商行政管理机关应当出具载明委托鉴定事项及相关材料的委托鉴定书，委托具有法定鉴定资格的鉴定机构进行鉴定；没有法定鉴定机构的，可以委托其他具备鉴定条件的机构进行鉴定。鉴定结论应有鉴定人员的签名或者盖章，加盖鉴定机构公章。在证据可能灭失或者以后难以取得的情况下，工商行政管理机关可以对与涉嫌违法行为有关的证据采取先行登记保存措施。采取先行登记保存措施或者解除先行登记保存措施，应当经工商行政管理机关负责人批准。先行登记保存有关证据，应当当场清点，开具清单，由当事人和办案人员签名或者盖章，交当事人一份，并当场交付先行登记保存证据通知书。先行登记保存期间，当事人或者有关人员不得损毁、销毁或者转移证据。

对于先行登记保存的证据，应当在七日内采取以下措施：①根据情况及时采取记录、复制、拍照、录像等证据保全措施；②需要鉴定的，及时送交有关部门鉴定；③违法事实成立，应当予以没收的，作出行政处罚决定，没收违法物品；④根据有关法律、法规规定可以查封、扣押（包括封存、扣留，下同）的，决定查封、扣押；⑤违法事实不成立，或者违法事实成立但依法不应当予以查封、扣押或者没收的，决定解除先行登记保存措施。逾期未作出处理决定的，先行登记保存措施自动解除。法律、法规规定查封、扣押等行政强制措施的，可以根据具体情况实施。采取强制措施的，应当告知当事人有申请行政复议和提起行政诉讼的权利。

采取查封、扣押等行政强制措施，或者解除行政强制措施，应当经工商行政管理机关负责人批准。

查封、扣押当事人的财物，应当当场清点，开具清单，由当事人和办案人员签名或者盖章，交当事人一份，并当场交付查封、扣押财物通知书。依法先行采取查封、扣押措施的，应当在法律、法规规定的期限内补办查封、扣押手续。扣押当事人托运的物品，应当制作协助扣押通知书，通知有关运输部门协助办理，并书面通知当事人。对当事人交存或者寄存的涉嫌违法物品，需要扣押的，责令当事人取出；当事人拒绝取出的，应当会同当地有关部门将其取出，并办理扣押手续。查封、扣押的财物应当妥善保管，严禁动用、调换或者损毁。对容易腐烂、变质的物品，法律、法规规定可以直接先行处理的，或者当事人同意先行处理的，经工商行政管理机关主要负责人批准，在采取相关措施留存证据后可以先行处理。被查封的物品，应当加贴工商行政管理机关封条，任何人不得随意动用。查封、扣押的财物，经查明确实与违法行为无关或者不再需要采取查封、扣押措施的，应当解除查封、扣押措施，送达解除查封、扣押通知书，将查封、扣押的财物如数返还当事人，并由办案人员和当事人在财物清单上签名或者盖章。

必须对自然人的人身或者住所进行检查的，应当依法提请公安机关执行，工商行政管理机关予以配合。工商行政管理机关依据法律、法规规定采取责令当事人暂停销售，不得转移、隐匿、销毁有关财物等措施，应当经工商行政管理机关负责人批准，书面通知当事人，由当事人履行。办案人员在调查取证过程中，要求当事人在笔录或者其他材料上签名、盖章或者以其他方式确认，当事人拒绝到场，拒绝签名、盖章或者以其他方式确认，或者无法找到当事人的，办案人员应当在笔录或其他材料上注明原因，必要时可邀请有关人员作为见证人。当事人认为办案人员与当事人有直接利害关系的，有权申请办案人员回避；办案人员认为自己与当事人有直接利害关系的，应当申请回避。办案人员的回避，由工商行政管理机关负责人决定。

案件调查终结，或者办案机构认为应当终止调查的，按照下列方式处理：

（1）认为违法事实成立，应当予以行政处罚的，写出调查终结报告，草拟行政处罚建议书，连同案卷交由核审机构核审。调查终结报告应当包括当事人的基本情况、违法事实、相关证据及其证明事项、案件性质、自由裁量理由、处罚依据、处罚建议等。

（2）认为违法事实不成立，应当予以销案的；或者违法行为轻微，没有造成危害后果，不予行政处罚的；或者案件不属于本机关管辖应当移交其他行政机关管辖的；或者涉嫌犯罪，应当移送司法机关的，写出调查终结报告，说明拟作处理的理由，报工商行政管理机关负责人批准后根据不同情况分别处理。

2.商标侵权的核审与告知

省级工商行政管理机关可以根据本辖区的实际情况，确定辖区内各级工商行政管理机关核审商标侵权案件的类型和范围。工商行政管理所以自己的名义实施行政处罚的案件，由工商行政管理所的法制员负责核审。核审机构接到办案机构的核审材料后，应当予以登记，并指定具体承办人员负责核审工作。案件核审的主要内容包括：①所办案件是否具有管辖权；②当事人的基本情况是否清楚；③案件事实是否清楚、证据是否充分；④定性是否准确；⑤适用依据是否正确；⑥处罚是否适当；⑦程序是否合法。

核审机构经过对案件进行核审，提出以下书面意见和建议：①对事实清楚、证据确凿、适用依据正确、定性准确、处罚适当、程序合法的案件，同意办案机构意见，建议报机关负责人批准后告知当事人；②对定性不准、适用依据错误、处罚不当的案件，建议办案机构修改；③对事实不清、证据不足的案件，建议办案机构补正；④对程序不合法的案件，建议办案机构纠正；⑤对违法事实不成立或者已超过追责期限的案件，建议销案；⑥对违法事实轻微并及时纠正，没有造成危害后果的案件，建议不予行政处罚；⑦对超出管辖权的案件，建议办案机构按有关规定移送；⑧对涉嫌犯罪的案件，建议移送司法机关。

核审机构核审完毕，应当及时退卷。办案机构应将案卷、拟作出的行政处罚建议及核审意见报工商行政管理机关负责人审查决定。工商行政管理机关负责人批准行政处罚建议后，由办案机构以办案机关的名义，告知当事人拟作出行政处罚的事实、理由、依据、处罚内容，并告知当事人依法享有陈述、申辩权。采取口头形式告知的，办案机构或者受委托的机关应当将告知情况记入笔录，并由当事人在笔录上签名或者盖章。采取书面形式告知的，工商行政管理机关可以直接送达当事人，也可以委托当事人所在地的工商行政管理机关代为送达，还可以采取邮寄送达的方式送达当事人。采用上述方式无法送达的，由工商行政管理机关以公告的方式告知。

自当事人签收之日起三个工作日内，或者办案机关挂号寄出之日起十五日内，或者自公告之日起十五日内，当事人未行使陈述、申辩权，也未作任何其他表示的，视为放弃此权利。邮寄送达，如因不可抗力或者其他特殊情况，当事人在规定的期间没有收到的，应当自实际收到之日起三个工作日内行使权利。

　　凡拟作出的行政处罚属于听证范围的，应当告知当事人有要求举行听证的权利。行政处罚案件的听证程序，按照国家工商行政管理总局专项规定执行。

　　工商行政管理机关在告知当事人拟作出的行政处罚建议后，应当充分听取当事人的意见。对当事人提出的事实、理由和证据，认真进行复核。当事人提出的事实、理由或者证据成立的，工商行政管理机关应当予以采纳。不得因当事人陈述、申辩、申请听证而加重行政处罚。

### 3. 商标侵权的决定

　　工商行政管理机关负责人经对案件调查终结报告、核审意见或者听证报告，当事人的陈述、申辩意见，拟作出的行政处罚决定进行审查，根据不同情况分别作出给予行政处罚、销案、不予行政处罚、移送其他机关等处理决定。工商行政管理部门处理时，认定侵权行为成立的，责令立即停止侵权行为，没收、销毁侵权商品和主要用于制造侵权商品、伪造注册商标标识的工具，违法经营额五万元以上的，可以处违法经营额五倍以下的罚款，没有违法经营额或者违法经营额不足五万元的，可以处二十五万元以下的罚款。对五年内实施两次以上商标侵权行为或者有其他严重情节的，应当从重处罚。销售不知道是侵犯注册商标专用权的商品，能证明该商品是自己合法取得并说明提供者的，由工商行政管理部门责令停止销售。

　　对侵犯商标专用权的赔偿数额的争议，当事人可以请求进行处理的工商行政管理部门调解，也可以依照《中华人民共和国民事诉讼法》向人民法院起诉。经工商行政管理部门调解，当事人未达成协议或者调解书生效后不履行的，当事人可以依照《中华人民共和国民事诉讼法》向人民法院起诉。

　　工商行政管理机关对重大、复杂案件，或者重大违法行为给予较重处罚的案件，应当提交工商行政管理机关有关会议集体讨论决定。重大、复杂案件，或者重大违法行为给予较重处罚的案件范围，由省级工商行政管理机关确定。

　　工商行政管理机关作出行政处罚决定，应当制作行政处罚决定书。行政处罚决定书的内容包括：①当事人的姓名或者名称、地址等基本情况；②违反法律、法规或者规章的事实和证据；③行政处罚的内容和依据；④采纳当事人陈述、申辩的情况及理由；⑤行政处罚的履行方式和期限；⑥不服行政处罚决定，申请行政复议或者提起行政诉讼的途径和期限；⑦作出行政处罚决定的工商行政管理机关的名称和作出决定的日期。行政处罚决定书应当加盖作出行政处罚决定的工商行政管理机关的印章。

适用一般程序处理的案件应当自立案之日起九十日内作出处理决定；案情复杂，不能在规定期限内作出处理决定的，经工商行政管理机关负责人批准，可以延长三十日；案情特别复杂，经延期仍不能作出处理决定的，应当由工商行政管理机关有关会议集体讨论决定是否继续延期。案件处理过程中听证、公告和鉴定等时间不计入前述所指的案件办理期限。

工商行政管理机关对投诉、举报、申诉所涉及的违法嫌疑人作出行政处罚、不予行政处罚、销案、移送其他机关等处理决定的，应当将处理结果告知被调查人和具名投诉人、申诉人、举报人。以上告知，依照有关规定应予公示的，应采取适当的方式予以公示。已作出行政处罚决定的案件，涉嫌犯罪的，工商行政管理机关应当依相关规定及时移送司法机关。

4. 商标侵权处罚决定的执行

处罚决定依法作出后，当事人应当在行政处罚决定的期限内予以履行。工商行政管理机关对当事人作出罚款、没收违法所得处罚的，应当由当事人自收到处罚决定书之日起十五日内，到指定银行缴纳罚款。当事人逾期不履行行政处罚决定的，作出行政处罚决定的工商行政管理机关可以采取下列措施：①到期不缴纳罚款的，每日按罚款数额的百分之三加处罚款；②根据法律规定，将查封、扣押的财物拍卖或者将冻结的存款划拨抵缴罚款；③申请人民法院强制执行。

## 案例分析1：销售假冒"ARMANI""GUCCI"等注册商标服装案

### [案情介绍]

2006年4月，上海市工商局普陀分局接到举报，依法对单某涉嫌网上销售假冒注册商标服装的行为进行检查。在检查中发现当事人涉嫌销售假冒注册商标服装数量较大，其行为有构成犯罪的嫌疑。根据《商标法》的相关规定，上海市工商局普陀分局依法将本案移送至上海市公安局普陀分局进行处理。2006年12月11日，经上海市公安局普陀分局审查后，根据《刑事诉讼法》的规定，将本案移送至上海市工商局普陀分局管辖。据此，2006年12月14日，上海市工商局普陀分局依法对当事人单某予以立案调查。

经查，单某于 2005 年 4 月间，从上海市襄阳服饰市场购进了一批假冒"ARMANI""GUCCI"等注册商标的服装，并通过网络进行对外销售。在普陀区凯旋北路 1555 弄 50 号某室的仓库内，上海市工商局普陀分局当场查获单某待销售的假冒"ARMANI""GUCCI"等注册商标的服饰 3772 件。

根据《商标法》及《商标法实施条例》的相关规定，当事人的上述行为已构成商标侵权，2007 年 4 月 17 日，上海市工商局普陀分局依法责令单某立即停止侵权行为，没收侵权商品 3772 件，并作出了罚款人民币 232240 元的行政处罚。

[评析]

本案中的服饰系侵犯"ARMANI""GUCCI"等注册商标专用权的商品，当事人通过网络销售平台向公众进行销售的行为，已构成商标销售侵权行为。本案的典型意义主要在于管辖权的转移问题。根据《商标法》第五十四条规定："对侵犯注册商标专用权的行为，工商行政管理部门有权依法查处；涉嫌犯罪的，应当及时移送司法机关依法处理。"在调查中，上海市工商局普陀分局认为当事人涉嫌假冒注册商标服装的行为有构成犯罪的嫌疑，故依法将案件移送至上海市公安局普陀分局进行处理。但是，被工商行政机关移送的案件并不一定会导致犯罪追诉的刑事诉讼程序启动，经司法机关审查后，若认为达不到犯罪追诉标准，须将案件退回，工商行政机关则仍应将该案件作为商标侵权案件进行立案处理。

## 6.1.3　商标权的海关保护

依照《知识产权海关保护条例》（2010），《关于＜中华人民共和国知识产权海关保护条例＞的实施办法》（2009）（以下简称《条例》），知识产权海关保护是指海关对与进出口货物有关并受中华人民共和国法律、行政法规保护的商标专用权、著作权和与著作权有关的权利、专利权（以下统称知识产权）实施的保护。商标权人在海关总署申请备案后，海关依申请或依职权发现进出口货物有侵犯备案商标权嫌疑的，应当书面通知商标权人并依法对嫌疑货物予以扣留，经调查认定被扣留货物构成侵权的由海关予以没收并作出相关处理。

简而言之，商标权海关保护主要分为备案、依申请扣留、依职权调查与处理四个步骤。

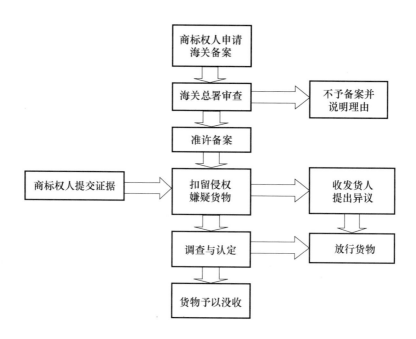

1. 备案

知识产权备案是知识产权权利人向海关寻求保护的前提条件。主要作用体现为：

（1）知识产权备案是海关采取主动保护措施的前提条件。根据《知识产权海关保护条例》（以下简称"条例"）的规定，知识产权权利人如果事先没有将其知识产权向海关备案，海关发现侵权货物即将出境，也没有权力主动中止其进出口，也无权对侵权货物进行调查处理。

（2）有助于海关发现侵权货物。尽管根据《条例》的规定，知识产权权利人在进行备案后，仍然需要在发现侵权货物即将进出境时向有关海关提出采取保护措施的申请，但是，从实践看，海关能否发现侵权货物，主要依赖于海关对有关货物的查验。由于知识产权权利人在备案时，需要提供有关知识产权的法律状况、权利人的联系方式、合法使用知识产权情况、侵权嫌疑货物情况、有关图片和照片等情况，使海关有可能在日常监管过程中发现侵权嫌疑货物并主动予以扣留。所以，事先进行知识产权备案，可以使权利人的合法权益得到及时的保护。

（3）知识产权权利人的经济负担较轻。根据《条例》的实施办法规定，在海关依职权保护模式下，知识产权权利人向海关提供的担保最高不超过人民币10 万元，同时还可以向海关总署申请总担保。如果知识产权权利人事先未进行知识产权备案，则不能享受上述待遇，必须提供与其要求扣留的货物等值的担保。

（4）可以对侵权人产生震慑作用。由于海关有权对进出口侵权货物予以没收并给予进出口企业行政处罚，尽早进行知识产权备案，可以对那些过去毫无忌惮地进出口侵权货物的企业产生警告和震慑作用，促使其自觉地尊重有关知识产权。此外，有些并非恶意出口侵权产品的企业也可能通过查询备案，了解其承揽加工和出口的货物是否可能构成侵权。

知识产权权利人向海关总署申请知识产权海关保护备案的，应当向海关总署提交申请书。申请书应当包括以下内容：

（1）知识产权权利人的名称或者姓名、注册地或者国籍、通信地址、联系人姓名、电话和传真号码、电子邮箱地址等。

（2）注册商标的名称、核定使用商品的类别和商品名称、商标图形、注册有效期、注册商标的转让、变更、续展情况等；作品的名称、创作完成的时间、作品的类别、作品图片、作品转让、变更情况等；专利权的名称、类型、申请日期、专利权转让、变更情况等。

（3）被许可人的名称、许可使用商品、许可期限等。

（4）知识产权权利人合法行使知识产权的货物的名称、产地、进出境地海关、进出口商、主要特征、价格等。

（5）已知的侵犯知识产权货物的制造商、进出口商、进出境地海关、主要特征、价格等。

知识产权权利人应当就其申请备案的每一项知识产权单独提交一份申请书。知识产权权利人申请国际注册商标备案的，应当就其申请的每一类商品单独提交一份申请书。

2. **依申请扣留**

知识产权权利人发现侵权嫌疑货物即将进出口并要求海关予以扣留的，应当向货物进出境地海关提交申请书。知识产权权利人请求海关扣留侵权嫌疑货物，还应当向海关提交足以证明侵权事实明显存在的证据。知识产权权利人提交的证据，应当能够证明以下事实：

（1）请求海关扣留的货物即将进出口；

（2）在货物上未经许可使用了侵犯其商标专用权的商标标识、作品或者实施了其专利。

知识产权权利人请求海关扣留侵权嫌疑货物，应当在海关规定的期限内向海关提供相当于货物价值的担保。

海关扣留侵权嫌疑货物的，应当将货物的名称、数量、价值、收发货人名称、申报进出口日期、海关扣留日期等情况书面通知知识产权权利人。经海关同意，知识产权权利人可以查看海关扣留的货物。海关自扣留侵权嫌疑货物之日起二十个工作日内，收到人民法院协助扣押有关货物书面通知的，应当予以协助；未收到人民法院协助扣押通知或者知识产权权利人要求海关放行有关货物的，海关应当放行货物。海关扣留侵权嫌疑货物的，应当将扣留侵权嫌疑货物的扣留凭单送达收发货人。经海关同意，收发货人可以查看海关扣留的货物。

3. 依职权调查

海关扣留侵权嫌疑货物后，应当依法对侵权嫌疑货物以及其他有关情况进行调查。收发货人和知识产权权利人应当对海关调查予以配合，如实提供有关情况和证据。海关对侵权嫌疑货物进行调查，可以请求有关知识产权主管部门提供咨询意见。知识产权权利人与收发货人就海关扣留的侵权嫌疑货物达成协议，向海关提出书面申请并随附相关协议，要求海关解除扣留侵权嫌疑货物的，海关除认为涉嫌构成犯罪外，可以终止调查。

海关对扣留的侵权嫌疑货物进行调查，不能认定货物是否侵犯有关知识产权的，应当自扣留侵权嫌疑货物之日起三十个工作日内书面通知知识产权权利人和收发货人。海关不能认定货物是否侵犯有关专利权的，收发货人向海关提供相当于货物价值的担保后，可以请求海关放行货物。海关同意放行货物的，按照规定办理。对海关不能认定有关货物是否侵犯其知识产权的，知识产权权利人可以根据《条例》第二十三条的规定向人民法院申请采取责令停止侵权行为或者财产保全的措施。海关自扣留侵权嫌疑货物之日起五十个工作日内收到人民法院协助扣押有关货物书面通知的，应当予以协助；未收到人民法院协助扣押通知或者知识产权权利人要求海关放行有关货物的，海关应当放行货物。

海关作出没收侵权货物决定的，应当将下列已知的情况书面通知知识产权权利人：①侵权货物的名称和数量；②收发货人名称；③侵权货物申报进出口日期、海关扣留日期和处罚决定生效日期；④侵权货物的启运地和指运地；⑤海关可以提供的其他与侵权货物有关的情况。

人民法院或者知识产权主管部门处理有关当事人之间的侵权纠纷，需要海关协助调取与进出口货物有关的证据的，海关应当予以协助。海关发现个人携带或者邮寄进出境的物品，涉嫌侵犯《条例》第二条规定的知识产权并超出自用、合理数量的，应当予以扣留，但旅客或者收寄件人向海关声明放弃并经海关同意的除外。海关对侵权物品进行调查，知识产权权利人应当予以协助。进出境旅客或者进出境邮件的收寄件人认为海关扣留的物品未侵犯有关知识产权或者属于自用的，可以向海关书面说明有关情况并提供相关证据。

进出口货物或者进出境物品经海关调查认定侵犯知识产权，根据《条例》第二十七条第一款和第二十八条的规定应当由海关予以没收，但当事人无法查清的，自海关制发有关公告之日起满三个月后可由海关予以收缴。进出口侵权行为有犯罪嫌疑的，海关应当依法移送公安机关。

4. 处理

对没收的侵权货物，海关将按照下列规定处置：①有关货物可以直接用于社会公益事业或者知识产权权利人有收购意愿的，将货物转交给有关公益机构用于社会公益事业或者有偿转让给知识产权权利人；②有关货物不能按照第①项的规定处置且侵权特征能够消除的，在消除侵权特征后依法拍卖。拍卖货物所得款项上交国库；③有关货物不能按照第①、②项规定处置的，应当予以销毁。

海关拍卖侵权货物，应当事先征求有关知识产权权利人的意见。海关销毁侵权货物，知识产权权利人应当提供必要的协助。有关公益机构将海关没收的侵权货物用于社会公益事业以及知识产权权利人接受海关委托销毁侵权货物的，海关应当进行必要的监督。

海关协助人民法院扣押侵权嫌疑货物或者放行被扣留货物的，知识产权权利人应当支付货物在海关扣留期间的仓储、保管和处置等费用。海关没收侵权货物的，知识产权权利人应当按照货物在海关扣留后的实际存储时间支付仓储、保管和处置等费用。但海关自没收侵权货物的决定送达收发货人之日起三个月内不能完成货物处置，且非因收发货人申请行政复议、提起行政诉讼或者货物处置方面的其他特殊原因导致的，知识产权权利人不需支付三个月后的有关费用。海关没收侵权货物的，应当在货物处置完毕并结清有关费用后向知识产权权利人退还担保金或者解除担保人的担保责任。

海关协助人民法院扣押侵权嫌疑货物或者根据《条例》第二十四条第（一）、（二）、（四）项的规定放行被扣留货物的，收发货人可以就知识产权权利人提供的担保向人民法院申请财产保全。海关自协助人民法院扣押侵权嫌疑货物或者放行货物之日起二十个工作日内，未收到人民法院就知识产权权利人提供的担保采取财产保全措施的协助执行通知的，海关应当向知识产权权利人退还担保金或者解除担保人的担保责任；收到人民法院协助执行通知的，海关应当协助执行。

**案例分析 2：重庆荣源泰进出口贸易公司侵犯商标权案**

**[案情介绍]**

文锦渡海关关于重庆荣源泰进出口贸易有限公司出口侵犯
"adidas"商标专用权的运动鞋行政处罚决定书
（深关知罚字［2016］4005 号）

当事人：重庆荣源泰进出口贸易有限公司（地址、法定代表人略）

2016 年 3 月 31 日，当事人以一般贸易方式向深圳海关隶属文锦渡海关申报出口一批货物，报关单证号：532020160205094683。海关查验发现，该批出口货物中有标有"adidas"商标的运动鞋 172 双（以下称上述货物），价值人民币 6880 元。

商标权人阿迪达斯有限公司认为上述货物侵犯其在海关总署备案的商标专用权，向我关提出采取知识产权保护措施申请。

我关经调查认为，未经商标权人许可，在上述货物上擅自使用他人注册商标，根据《中华人民共和国商标法》第五十七条第（一）项之规定，侵犯在海关总署备案的"adidas"（备案号：T2014－35095）注册商标专用权。当事人出口上述货物的行为已构成出口侵犯商标权货物的行为。

以上有出口货物报关单及报关随附单证、海关查验记录、海关扣留决定书、扣留清单、现场笔录、商标权人采取知识产权保护措施申请、当事人陈述和出口货物等为证。

根据《中华人民共和国海关法》第九十一条、《中华人民共和国海关行政处罚实施条例》第二十五条第一款，决定对当事人作出没收上述侵权货物并处罚款人民币 700 元的行政处罚。

当事人应当自本处罚决定书送达之日起 15 日内，根据《中华人民共和国行政处罚法》第四十四条、第四十六条、第四十八条，履行上述处罚决定。

当事人不服本处罚决定的，依照《中华人民共和国行政复议法》第九条、第十二条，《中华人民共和国行政诉讼法》第四十六条，可自本处罚决定书送达之日起 60 日内向深圳海关申请行政复议，或者自本处罚决定书送达之日起 6 个月内，直接向深圳市中级人民法院提起行政诉讼。

根据《中华人民共和国行政处罚法》第五十一条，当事人到期不缴纳罚款的，海关可以每日按罚款数额的百分之三加处罚款。

根据《中华人民共和国海关法》第九十三条、《中华人民共和国海关行政处罚实施条例》第六十条，当事人逾期不履行处罚决定又不申请复议或者向人民法院提起诉讼的，海关可以申请人民法院强制执行。

文锦渡海关

2016 年 4 月 29 日

## 案例分析 3：衡阳新粤服饰公司侵犯商标权案

[案情介绍]

深圳海关关于衡阳新粤服饰有限公司出口侵犯"adidas 及三斜杠图形"

"NIKE 及钩形图"商标专用权的服装行政处罚决定书

（深关知罚字〔2015〕第 41 号）

当事人：衡阳新粤服饰有限公司（地址、法定代表人略）

2015 年 5 月 29 日，当事人向深圳海关隶属大鹏海关申报出口一批货物，报关单证号：531620150165933669。海关查验发现，该批出口货物中有：

1. 标有"adidas 及三斜杠图形"商标的运动男 T 恤 17100 件、运动男短裤 12000 件；

2. 标有"NIKE 及钩形图"商标的运动男 T 恤 8400 件、运动男短裤 9600 件。

（以下称上述货物）

上述货物价值人民币 325800 元。

商标权人阿迪达斯有限公司、耐克国际有限公司认为上述货物侵犯其在海关总署备案的商标专用权，向我关提出采取知识产权保护措施申请。

我关经调查认为，当事人未经商标权人许可，在上述货物上擅自使用他人注册商标，根据《中华人民共和国商标法》第五十七条第（一）项之规定，侵犯在海关总署备案的"adidas 及三斜杠图形"（备案号：T2011-23003）注册商标专用权、"NIKE 及钩形图"（备案号：T2015-43127）注册商标专用权。当事人出口上述货物的行为已构成出口侵犯商标权货物的行为。

以上有出口货物报关单及报关随附单证、海关查验记录、海关扣留决定书、扣留清单、现场笔录、商标权人采取知识产权保护措施申请、当事人陈述和出口货物等为证。

根据《中华人民共和国海关法》第九十一条、《中华人民共和国海关行政处罚实施条例》第二十五条第一款，决定对当事人作出没收上述侵权货物并处罚款人民币 33000 元的行政处罚。

当事人应当自本处罚决定书送达之日起 15 日内，根据《中华人民共和国行政处罚法》第四十四条、第四十六条、第四十八条，履行上述处罚决定。

当事人不服本处罚决定的，依照《中华人民共和国行政复议法》第九条、第十二条，《中华人民共和国行政诉讼法》第四十六条，可自本处罚决定书送达之日起 60 日内向海关总署广东分署申请行政复议，或者自本处罚决定书送达之日起 6 个月内，直接向深圳市中级人民法院提起行政诉讼。

根据《中华人民共和国行政处罚法》第五十一条，当事人到期不缴纳罚款的，海关可以每日按罚款数额的百分之三加处罚款。

根据《中华人民共和国海关法》第九十三条、《中华人民共和国海关行政处罚实施条例》第六十条，当事人逾期不履行处罚决定又不申请复议或者向人民法院提起诉讼的，海关可以申请人民法院强制执行。

深圳海关

2016 年 4 月 11 日

[评析]

知识产权备案是知识产权权利人向海关寻求保护的前提条件。上述案例 2 中的"adidas"商标权利人阿迪达斯有限公司早于 2014 年 6 月 7 日即对该商标进行了知识产权海关备案（备案号：T2014-35095）。案例 3 中的"adidas 及三斜杠图形"商标权利人阿迪达斯有限公司早于 2011 年 10 月 9 日即对该商标进行了知识产权海关备案（备案号：T2011 - 23003）。案例 3 中的"NIKE 及钩形图"商标权利人耐克国际有限公司早已对该商标向知识产权海关保护系统进行了备案（备案号：T2015 - 43127）。正因为商标权利人的海关备案，海关在查验时才可能发现侵权嫌疑货物。

这两个案例表明：权利人对其注册商标专用权依相关程序进行海关备案，海关根据商标权利人的备案信息，依法对侵权嫌疑货物进行海关扣留，并对发货人进行侵权调查，认定发货人构成侵权行为，并依法做出行政处罚。可见，知识产权海关保护是对权利人知识产权的的一种重要保护措施，不仅能实现对权利人知识产权的维护，也能对潜在侵权人产生震慑作用。

## 6.2　商标的司法保护

### 6.2.1　商标的司法保护概述

根据我国《商标法》，商标专用权遭侵犯时，商标权人可向工商行政管理机关报案，寻求行政保护，也可选择向人民法院提起诉讼，寻求司法保护。《商标法》对于商标保护的这种"双轨制"的规定，脱胎于中国经济体制的转型发展历程。

中国经济体制的发展变革，经历了由建国初期到改革开放初期的计划经济体制到社会主义市场经济体制的发展变革历史过程。在计划经济体制下，工商行政管理部门作为商标注册和管理的主管部门，承担着商标纠纷的调解、协调、裁决职能。1982 年《商标法》颁布后，规定了对商标侵权行为的处理办法，即商标权人可以向县级以上工商行政主管部门申请启动行政程序，也可去人民法院直接提起商标侵权诉讼。由此初步确立了市场经济体制下，商标侵权救济制度的"双轨制"模式。1982 年《商标法》还规定了对行政部门处理结果不服的，可以申请司法救济，对行政处理结果不予执行的，可以申请司法强制执行。1993 年，《商标法》进行修改，继承并发展了商标侵权救济的"双轨制"模式，扩大了商标保护的力度，加大了行政处罚的力度。1994 年，中国签署了 Trips 协议。2001 年，中国加入 WTO，为履行承诺，与国际接轨，对《商标法》进行了二次修改，完善了司法保护相关制度，具体包括以下几个方面：

①《商标法》第五十三条规定，发生商标侵权行为，商标权人可向人民法院提起诉讼，也可向工商行政主管部门申请救济。法条表述将司法救济列在行政救济之前，反映了司法救济的主导地位。②《商标法》规定了针对商标侵权行为的保全措施，即商标权人可向人民法院申请证据保全、财产保全等临时性保护措施，也可向法院申请诉前禁令，即在起诉之前先于采取措施，防止商标侵权继续进行，该项规定反映了对商标侵权行为的司法救济制度的加强。③《商标法》对商标侵权行为的赔偿数额计算作出了规定，即依据侵权所得或者被侵权人损失这两个标准来计算赔偿数额，如依据上述标准仍然无法计算的，人民法院可根据侵权情节直接判决不超过50万元的赔偿金。至此，商标侵权救济手段由行政救济为主导，过度到司法救济为主导，行政救济为辅助。

行政救济作为商标侵权救济的手段在一定时期，特别是在计划经济体制下，对商标权保护起到了积极作用。与司法救济途径相比，行政救济的优势在于主动性、专业性、效率性，但优势与弊病从来都是相伴产生的，"双轨制"保护体制之下，必然会产生商标侵权救济的冲突，比如商标权利人既向行政机关申请救济，又去法院起诉的，又比如一方当事人申请行政救济，另一方当事人去法院起诉的，抑或对行政处理结果不服，又向人民法院申请司法救济的等等情况。另外，行政救济处理结果在得不到有效执行的情况下，还需以司法强制执行。有学者认为，针对商标侵权纠纷，行政处理结果往往易偏向商标权利人，取得了效率上的优势，却是以牺牲结果的公正为代价的。

对于"双轨制"保护体制下的种种弊病，笔者认为，在市场经济体制下，工商行政主管部门对商标的管理，应逐渐过度到规范化管理与服务职能，退出对商标权争议纠纷这项私权的救济职能，强化以司法途径来解决商标权属争议，将司法救济作为商标侵权救济的唯一途径，理由如下：

1）政府职能转变决定商标管理职能向服务型转变

如前述，商标侵权"双轨制"保护模式，是特定历史环境下的产物，在计划经济时期，企业多为国有、集体所有，在这样的环境下，行政机关不仅承担着对宏观经济的调控职能、对国家经济发展方向的宏观管理职能，还具体到管理和指导下属企业的运营，甚至还承担企业之间的纠纷解决、协调职能，在计划经济时代，政府是社会经济的主体。

进入市场经济时期，经济的运行与资本循环紧密联系，商品从生产者手中产出，经销售者售卖，到达消费者手中，从而实现资本循环，市场的主体是生产者、经营者、消费者，是一个个自然人、法人而不再是政府。而政府承担过多的行政管理、行政执法职能已显得多余，甚至阻碍了经济的发展，因此建立服务型政府，是发展社会主义市场经济的必然需求。从对商标权的管理来看，商标行政管理部门承担的职能可分为商标注册和服务职能、商标纠纷裁决和救济职能，服务型政府要求商标行政管理部门集中精力做好商标注册和服务职能，纠纷裁决和救济，理应属于司法主管范围。

2）法治国家建设的必然要求

法治国家建设是与市场经济体制相适应的必然的政治选择。市场作为生产资源配置的主导，公民、社会组织、政府等社会主体在宪法和法律的框架下从事各种活动，政府成为守法主体。世界绝大部分国家，行政管理职能和执法职能是分离的，商标行政管理部门的职责是为社会提供商标注册服务和规范管理，并不具备主动查处商标侵权案件的权力和商标纠纷裁决的权力。以美国为例，商标行政管理部门是商务部下属的专利和商标局（US Patent and Trademark Office），其主要职能为行政服务功能，尽管美国政府也会运用行政权力对美国在国际贸易中的商标专用权进行保护，但其行政救济职能主要由美国海关来承担，即海关可以依职权对商标侵权商品进行检查扣留，但不具备商标纠纷裁决的职能。在法治国家，商标专用权作为一项私权，侵权救济、争议纠纷，是属于对私权的救济，理应通过正当的司法程序来解决。

## 6.2.2 商标行政行为的司法审查

对商标行政行为的司法保护，主要体现在对商标行政行为的司法审查职能上，支持正确的行政行为，撤销违法行政行为。

司法审查制度起源于英美法系国家，即法院对行政机关作出的行政行为有权进行审查。这一制度最具代表性的国家如美国，为维持权力平衡和权力保障，司法权对行政权形成了有效的制衡，联邦法院不仅有权对行政机关作出的决定、命令、处罚、裁决等具体行政行为进行审查，也有权对政府发布规章、文件等抽象行为进行审查，对政府官员的职权行为也有权进行审查，审查的范围不仅仅局限于合法性审查，还包括合理性审查。司法权对行政权形成的这种制约，等同于对私权的保护多了一道保障，即通过司法审查渠道实现司法救济。

我国《商标法》在商标注册管理、商标有效性、商标使用管理、商标保护等多处规定了商标申请人、商标权人、利害关系人等对商标行政管理部门的处理决定或裁决不服的，可向人民法院起诉。可见我国《商标法》同样确立了对商标行政行为的司法审查制度，这一制度主要实现手段是商标行政诉讼，即当事人在选择行政救济之后，对商标行政管理部门的处理结果不服，仍可以通过提起行政诉讼这一手段来启动对商标行政行为的司法审查程序。司法审查制度确立以来，商标评审和撤销案件在行政诉讼中占比大幅上升，特别是新《商标法》将所有商标争议解决改为司法终局裁决以后，行政诉讼案件迅速增长。商标行政诉讼具体表现为以下几类情况：

1. 商标申请纠纷

《商标法》第三十四条规定，商标申请人对商标注册管理机构作出的驳回申请、不予公告决定不服的，可以向商标评审委员会申请复议，对复议结果不服的，可以向人民法院起诉。

2015年3月11日，北京知识产权法院开庭审理了创博亚太科技（山东）有限公司诉国家工商总局商标评审委员会（以下称"商评委"）关于"微信"商标不予注册的裁定，引起了行业内及法律界的广泛关注。2010年11月，创博亚太向商标局申请注册"微信"商标，并于次年8月通过初审，指定使用在第38类信息传送、电话业务等服务上，在法定异议期内，有人针对"微信"商标提出异议。商标局审理认为异议成立，认为创博亚太的"微信"商标注册申请属于《商标法》第十条规定的不得作为商标使用的情形，即第十条第一款第（八）项"有害于社会主义道德风尚或者有其他不良影响的"，遂裁定不予注册。创博亚太认为，2010年商标注册前后，原告就已经研发了自己的微信系统，不存在所谓的"不良影响"的情形，认为商评委曲解法律条文，没有秉公执法，因此向法院提起行政诉讼。商评委认为，原告创博亚太说的2010年已经研发微信软件，但没有证据证明已经推广，且不是使用"微信"商标，考虑的"不良影响"是因为腾讯公司的"微信"软件使用用户已经超过4亿，已经构成公共利益和公共秩序，如核准创博亚太注册"微信"商标，会给4亿用户带来不便，故作出不予核准注册的裁定。北京知识产权法院审理后，维持了商评委的裁定，驳回了原告诉讼请求。

这一案件在法律界引起了广泛讨论，讨论主要集中在对《商标法》第十条第一款第（八）项所称"不良影响"，和商评委所称"公共利益和公共秩序"是否成立等问题上。

2. 商标注册无效宣告

我国《商标法》第四十四条、第四十五条规定了商标注册无效的事由及宣告商标注册无效的程序：①《商标法》第十条规定的使用禁止用作商标的标志而导致无效；②《商标法》第十一条规定的注册商标因缺乏显著性而无效；③《商标法》第十二条规定的注册商标违反非功能性要求；④以非正当手段取得商标注册的，即《商标法》第十四条规定的"就相同或类似商品上使用复制、模仿、翻译在我国未注册的驰名商标、在不同或不类似商品上使用已在我国注册的驰名商标"；⑤《商标法》第三十二条规定的侵犯他人在先权利的，商标注册无效；⑥《商标法》第十五条规定代理人、代表人未经许可注册被代理人或被代表人的商标注册无效；⑦使用容易误导公众的地理标志商标而导致注册无效。《商标法》第四十七条规定了商标注册无效的法律效果，即自始无效。

对于商评委作出的维持商标或者商标注册无效的裁决，当事人及利害关系人可在收到裁决之日起三十日内向人民法院起诉，法定期间未起诉，商评委作出的裁决方能生效。《商标法》这一规定，在商标效力纠纷上，给予了充分的行政司法保障，确保当事人及利害关系人的合法权利。

**案例分析 4：润田公司诉商标评审委员会、第三人神农架林区人民政府商标权无效宣告请求行政纠纷案**

# 神农架

（"诉争商标"）

[案情介绍]

润田公司于 2010 年 7 月 6 日在第 32 类矿泉水等商品上申请注册了诉争商标"神农架"，2012 年 2 月 21 日获准注册后，神农架林区政府向国家工商行政管理总局商标评审委员会提出了撤销注册申请。商标评审委员会以"神农架"属于湖北省县级以上行政区划的名称，不得作为商标注册使用为由，适用2001年《商标法》第十条第二款的规定，裁定诉争商标无效。润田公司不服被诉裁定，提起行政诉讼。

北京知识产权法院经审理认为，虽然诉争商标标识"神农架"除作为湖北省下辖的县级以上行政区划的地名之外，还是原始森林的名称，即具有"其他含义"。但作为原始森林名称的"神农架"依然具备表征特定地理位置的功能，若将诉争注册商标使用在上述商品上，容易使相关公众认为相关商品来源于特定地理区域，甚至具备某种特定品质和功能，无法发挥商标应当具有的区分不同商品来源的作用。判决维持被诉裁定。各方当事人均未提起上诉，判决已生效。

[评析]

该案涉及对2001年《商标法》第十条第二款"地名具有其他含义的除外"有关内容的理解。对于使用地名的商标标志具有除县级以上行政区划的名称之外其他固有含义的，如果该"其他含义"与地理位置有关，则因其可能使相关公众认为该标志系指示商品产地等特性，并非一定可以作为商标注册，要结合指定使用的商品具体分析。

此外，该案还涉及对2001年《商标法》第十条第二款有关"已经注册的使用地名的商标继续有效"内容的理解。该内容应当理解为在1993年《商标法》施行之前，已经注册的使用地名的商标继续有效。另外，"已经注册的使用地名的商标继续有效"原则上不得延及同一主体在后申请的相同或类似商品上的相同或近似商标。

**案例分析5：开滦（集团）有限责任公司诉商标评审委员会、第三人张宏彬商标权无效宣告请求行政纠纷案**

（"诉争商标"）

[案情介绍]

开滦集团公司针对第三人张宏彬申请注册的第5667073号"开滦"商标，以诉争商标侵犯其"开滦"企业字号权、张宏彬具有恶意抢注行为且未实际使用诉争商标为由，提出无效宣告请求。商标评审委员认为，开滦集团公司提供的证据未涉及美容院、公共卫生浴服务，不能证明在诉争商标申请注册之前，开滦集团公司将"开滦"作为商号或商标使用在诉争商标指定的美容院、公共卫生浴服务或与之类似的服务上并具有一定知名度。遂裁定维持争议商标的注册。开滦集团公司不服被诉裁定，向北京知识产权法院提起行政诉讼。

北京知识产权法院审理认为，诉争商标"开滦"的注册损害了开滦集团公司的在先商号权。商标评审委员会对此认定有误，应予以纠正。遂判决撤销商标评审委员会作出的商评字〔2014〕第71444号关于第5667073号"开滦"商标无效宣告请求裁定，责令商标评审委员会重新作出裁定。本案宣判后，当事人未提出上诉，本判决已生效。

[评析]

本案系商标无效宣告请求行政纠纷，请求权基础为商标法规定的"申请商标注册不得损害他人现有的在先权利"，涉及的在先权利为在先商号权。本案判决从原告商号的形成时间（"开滦"字号形成于1912年）、原告商号的知名度（开滦集团公司系世界500强企业，其字号享誉中外）、原告经营范围与诉争商标核定使用服务比较、混淆可能性、诉争商标注册人对原告商号的知晓情况和诉争商标的实际使用情况等方面对"损害他人现有的在先权利"的要件进行了逐条分析论述，认定诉争商标的注册损害了开滦集团公司的在先商号权，应予无效。本案判决体现了维护知名品牌权益，制止恶意抢注商标，维护市场诚信竞争的司法导向。

3. 商标权属纠纷、商标侵权纠纷

《商标法》利害关系人可在法定情况下向商标行政管理部门申请宣告商标注册无效或撤销商标注册，对工商行政管理部门作出的裁定不服的，可申请复审，对复审结果不服的，可向人民法院起诉；侵犯商标专用权的，商标权人可向人民法院起诉，也可要求工商行政管理部门解决。

从《商标法》的规定来看，对商标注册纠纷、商标效力纠纷、商标权属纠纷，属于纯粹意义上的行政诉讼，即由行政管理职能所决定，先由行政管理部门依法判定、裁决，对行政部门作出的判定、裁决不服的，以该具体行政行为作出部门为被告，向人民法院提起行政诉讼。对于商标侵权纠纷，《商标法》规定了双重救济手段，当事人可选择向人民法院提起民事诉讼寻求民事司法保护，又可以请求工商行政部门解决。从法理角度来看，该纠纷引起的基础法律关系是商标专用权侵权法律关系，商标专用权属于私权，因此就商标侵权纠纷来看，将其纳入民事法律保护体系更加符合逻辑、也更加能保护当事人合法权利和利益。

根据国家工商总局商标评审委员会在官方网站发布的 2013 年商标评审案件行政诉讼情况汇总分析报告，商评委在 2013 年裁决商标评审案件 14.42 万件，共收到法院一审判决 2004 份，二审判决 1158 份，再审判决 43 份。超过八成的商标行政诉讼案件在法院审理之后维持了商评委裁定，不到两成的商标行政诉讼案件被法院撤销或改判，以上数据反映出商标行政诉讼，已经成为一项重要的、常态化的行政司法救济渠道，但仍须完善与民事诉讼、刑法保护的衔接。

### 6.2.3　商标民事司法保护

商标民事司法保护，是通过民事司法途径，对商标权进行保护或救济，即商标权人或利害关系人通过民事诉讼的手段维护其合法权利和利益。

从商标专用权的权利属性来看，商标专用权是一项法定的民事权利，属于私权，表现在以下几个方面：①从权利的取得来看，商标专用权的获得，须当事人向商标管理部门提出申请，权利范围的大小依据申请范围和核准注册的范围而决定；②商标专用权侵权保护，除涉及国家利益和公共利益之外，一般依照当事人申请而启动救济程序，即适用不告不理原则，公权力不会主动介入权利纠纷；③商标专用权的使用，由权利人在不损害国家利益、公共利益和第三人合法权利的前提下自行行使和开展，不受公权力的指导和约束。

由于商标专用权的私权属性，决定了民事司法保护在商标司法保护中居于基础地位，国际上通行的做法，也是通过民事司法手段，对商标专用权进行保护，对商标侵权行为进行救济。

最高人民法院的统计数据显示，2010 年—2013 年期间，各级法院审理的商标民事案件年增长率都在 50% 以上。其中 2010 年，全国法院审理商标民事案件 8460 件，商标行政案件 2026 件，不正当竞争案件 1131 件；2011 年分别为 12991 件、1767 件、1137 件；2012 年增长为 19815 件、2150 件、1123 件。从数据来看，商标民事案件增长显著，商标行政案件数量基本维持稳定。事实证明，民事司法保护在商标司法保护中居于主导地位，当事人、利害关系人也逐渐认识到民事司法保护的重要性，选择司法保护来解决商标纠纷的态势增长明显。

随着法治国家建设的不断完善，商标民事司法保护呈现如下发展态势：

1. 商标案件专业化审判

根据我国《民事诉讼法》及《最高人民法院关于审理商标案件有关管辖和法律适用范围问题的解释》规定，商标权案件第一审审判由中级以上人民法院管辖，根据《最高人民法院关于审理商标案件有关管辖和法律适用范围问题的解释》的规定，经过最高人民法院批准，较大的城市也可以设立 1~2 个基层人民法院审理商标民事案件。该类法院一般设有专门的知识产权审判庭（一般为民事审判第三庭），专门审理知识产权、商标民事案件，体现出司法系统对商标案件专业化审判的重视。

2014 年 8 月，十二届全国人大常委会第十次会议表决通过了全国人大常委会关于在北京、上海、广州设立知识产权法院的决定。专门法院的设立，标志着知识产权、商标权司法保护进入了一个新的阶段，也代表了专业化审判是今后商标司法保护发展的趋势。

2. 加大商标保护力度

近年来由于商业及民营中小企业的崛起，特别是电子商务的井喷式发展，且商标侵权案件一直是一项较为复杂的问题，商标侵权违法成本较低，但维权成本却较高，侵权损害赔偿数额难以确定，商标权人通过民事诉讼所能获得的赔偿数额有限。为此我国新修改后的《商标法》第六十三条规定："侵犯商标专用权的赔偿数额，按照权利人因被侵权所受到的实际损失确定；实际损失难以确定的，可以按照侵权人因侵权所获得的利益确定；权利人的损失或者侵权人获得的利益难以确定的，参照该商标许可使用费的倍数合理确定。"此外还规定"权利人因被侵权所受到的实际损失、侵权人因侵权所获得的利益、注册商标许可使用费难以确定的，由人民法院根据侵权行为的情节判决给予三百万元以下的赔偿"。上述规定给予了商标侵权损害赔偿的计算标准及无法计算标准时的处理办法。值得注意的是，在侵权损害赔偿标准无法计算的情况下人民法院判决赔偿的数额由《商标法》修改前的"五十万元以下"修改为"三百万元以下"，可见商标权保护力度的增大。

对注册商标进行保护的目的，是为维护正常的社会主义经济秩序。加强对注册商标专用权保护的同时，要注意商标保护的目的。注册商标应以使用为目的，防止商标注册侵犯在先权利，以及恶意抢注的行为。他人正在使用的并具有一定影响的商标，不得恶意注册。

3. 完善对商标侵权行为的司法保全手段

商标侵权行为的特点是取证难、影响深、危害大，如不及时采取措施，将较难保护商标权人的合法权利。由此，《商标法》第六十五条、第六十六条分别规定了针对商标侵权行为的行为保全和证据保全措施："商标注册人或者利害关系人有证据证明他人正在实施或者即将实施侵犯其注册商标专用权的行为，如不及时制止将会使其合法权益受到难以弥补的损害的，可以依法在起诉前向人民法院申请采取责令停止有关行为和财产保全的措施"；"为制止侵权行为，在证据可能灭失或者以后难以取得的情况下，商标注册人或者利害关系人可以依法在起诉前向人民法院申请保全证据"。上述规定为查处商标违法侵权行为、防止侵权扩大提供了法律程序保障。

## 6.2.4 商标权刑事法律保护

《刑法》作为我国法律制度体系的最后一道屏障，在于以惩罚犯罪为手段，达到保护权利和自由的目的。在我国目前商标侵权现象日趋严重的情况下，加大对商标侵权犯罪的打击力度，完善刑事法律保护成为维护商标权的一项必要手段。

1. 刑事立法保护

"罪刑法定原则"是刑法的一项基本原则，犯罪和刑罚均须有法律明文规定，完善的立法是实现商标权刑法保护的基础。《刑法》主要起的是威慑和保障作用，它不是基础性立法，完整的商标权立法，应该包括行政立法、民事立法、刑事立法。世界各国采取民事立法为商标权保护的基础，我国立法和司法保护制度，也是以民事立法和司法保护为基础。但单独依靠私法来进行保护，只是起到对侵权行为的一种救济的作用，无法起到惩罚、威慑作用，对于严重的商标侵权行为，仍要依赖法律的惩罚和威慑作用，对合法权利予以保障。

从目前我国的立法体系来看，对于商标侵权，立法上给予了行政立法、民事立法、行政立法的多重支持，其中在《商标法》、《刑法》、《反不正当竞争法》中都规定了商标犯罪行为的处理：

1)《商标法》对于商标犯罪的规定

第六十一条：对侵犯注册商标专用权的行为，工商行政管理部门有权依法查处；涉嫌犯罪的，应当及时移送司法机关依法处理；

第六十七条对生产、销售侵犯商标专用权产品、伪造商标标识的行为规定了"构成犯罪的，依法追究刑事责任"；

第七十一条对商标行政管理机构的工作人员职务犯罪作出了规定。

《商标法》的上述规定，为商标权刑法保护提供了法律依据和基础。

2）《刑法》对于侵犯注册商标权犯罪的有关规定

《刑法》第三章"破坏社会主义经济秩序罪"中对侵犯注册商标权犯罪作出了详细规定：

第二百一十三条：未经注册商标所有人许可，在同一种商品上使用与其注册商标相同的商标，情节严重的，处三年以下有期徒刑或者拘役，并处或者单处罚金；情节特别严重的，处三年以上七年以下有期徒刑，并处罚金；

第二百一十四条：销售明知是假冒注册商标的商品，销售金额数额较大的，处三年以下有期徒刑或者拘役，并处或者单处罚金；销售金额数额巨大的，处三年以上七年以下有期徒刑，并处罚金；

第二百一十五条：伪造、擅自制造他人注册商标标识或者销售伪造、擅自制造的注册商标标识，情节严重的，处三年以下有期徒刑、拘役或者管制，并处或者是单处罚金；情节特别严重的，处三年以上七年以下有期徒刑，并处罚金。

3）《反不正当竞争法》中附属商标权刑法规范

经营者假冒他人的注册商标……，依照《中华人民共和国商标法》、《中华人民共和国产品质量法》的规定处罚。……构成犯罪的，依法追究刑事责任。

### 2. 刑事司法保护

在我国，商标侵权现象比较严重，但从法院审判的侵犯注册商标权刑事案件数量来看，商标侵权刑事案件并不多。1998—2005 年期间，全国法院审理的商标侵权案件中刑事案件占比均不足百分之一。而仅有的这些刑事案件，其中多半还是由工商行政管理部门在查处商标侵权行为时候，移送至刑事司法部门处理的。

长期以来，我国工商行政管理机关一直担负着商标管理事务的主要职责并在查处商标侵权案件充当行政执法的主角，在打击各类商标侵权事件中发挥了十分重要的作用。而司法机关在打击商标侵权犯罪中任务很少，甚至几乎无案可办。尽管有移送司法机关追究刑事责任的法律规定，但由于地方保护、经济利益等各种因素，真正移送司法机关追究刑事责任的案件很少，相比行政机关查处的商标违法侵权案件而言，占比不足百分之一。

上述情况反映了商标刑事法律保护与民事法律保护、行政执法的衔接问题，衔接不完善导致对商标侵权犯罪的打击力度不够，刑事法律保护难以发挥应有的作用。

3. 刑事法律保护与行政执法、民事法律保护制度的衔接

1）商标刑事法律保护与商标行政执法衔接

为完善商标权行政保护与刑事司法保护的衔接工作机制，加大对商标侵权犯罪的打击力度，完善行政违法查处向刑事司法的移送，2006 年最高人民法院、公安部、监察部等联合下发了《关于在行政执法中及时移送涉嫌犯罪案件的意见》。《意见》出台以后，因商标侵权被追究刑事责任的案件显著增加，对保护商标专用权制度起到了积极作用。

2）商标刑事法律保护与民事法律保护的衔接

商标侵权犯罪是典型的刑民交叉案件，从侵权客体来看，商标侵权犯罪侵犯的是私权，同时又侵犯社会主义市场经济秩序，商标侵权行为既可能是普通民事侵权行为，又可能构成犯罪。如《商标法》规定：未经商标注册人许可，在同一种商品上使用与注册商标相同的商标，属于商标侵权，《刑法》同时规定未经注册商标所有人许可，在同一种商品上使用与其注册商标相同的商标，情节严重的，处三年以下有期徒刑或者拘役，并处或者单处罚金。

商标侵权案件刑民交叉的属性源于法规竞合，同一行为触犯多部法规，案件的最终定性要取决于商标侵权违法行为的情节严重程度。而正是由于商标侵权行为侵犯复杂客体的属性，就出现了两个问题：一是先刑后民还是先民后刑的问题，即在商标民事侵权案件中，司法机关发现该商标侵权行为已经构成犯罪的，是否应该主动终结民事诉讼程序，转为刑事诉讼程序？如何使用诉讼程序？二是自诉和公诉的问题，即在上述事实中，如果需要转为刑事诉讼程序，那么是由被害人启动自诉程序，还是由检察机关启动公诉程序？转至刑事诉讼程序后，民事侵权损害赔偿如何处理？

针对以上问题，目前较多采用的方法是依据《刑事诉讼法》的规定"被害人由于被告人的犯罪行为而遭受物质损失的，在刑事诉讼过程中，有权提起附

带民事诉讼"，将商标侵权民事案件转为刑事附带民事诉讼案件。从诉讼理论上来讲，刑事诉讼和民事诉讼是性质截然不同的两种诉讼，其目的、诉讼程序、诉讼原则都有较大差别，简单的将商标侵权民事案件转化为刑事附带民事诉讼案件缺乏理论依据。况且商标侵权行为本质上是侵犯的商标专用权这项私权，针对私权的救济，一般不应由公权力直接主动介入，民事权利主体有权处分该项民事权利。但商标侵权行为同时又侵犯社会主义市场经济秩序，甚至侵犯到了公共利益，而侵犯国家利益和公共利益的行为，要求应当由公权力直接介入而予以保障。

笔者认为，分析商标侵权民事诉讼与刑事诉讼衔接的问题，应当以法律关系为基础，如果商标侵权行为已经严重到扰乱了市场秩序，威胁到公共利益，那么该商标侵权民事诉讼应当由侦查机关依法予以侦查，公诉机关依法提起公诉，商标权人可针对这一侵权行为另行提起民事诉讼；如果商标侵权行为虽然按照我国《刑法》的规定已经构成犯罪，但未达到扰乱经济秩序、威胁公共利益的程度，当事人提起民事诉讼，依照自诉案件不告不理原则，人民法院不应依职权转为刑事诉讼程序，应继续审理该民事案件，如果当事人提起刑事自诉，那么可以作刑事附带民事诉讼案件处理。值得一提的是，针对以上问题，有学者提出建立民事附带刑事诉讼机制，以商标民事诉讼为主，刑事追诉为辅，并给出了完善的理论依据和初步的程序设计，其实这样的做法也并非没有道理，但无论采取哪种模式，都仍须完善立法予以确认。

# 第7章　商　标　维　权

## 7.1　商标维权的途径

商标维权是指商标权利人（包括商标注册人、被许可人等）在注册商标上存在的权利、利益或与商标有关的利益受到侵害或可能受到侵害的情况下，商标权利人为维护其权利或利益而采取的行动或措施。商标维权的途径是指商标权利人可以通过哪些途径实现维权目的。商标权利人在需要维权时，首先需要了解的就是有哪些选项可供选择。

### 7.1.1　通过商标行政执法维权

从我国最早的"商标法"到现行"商标法"，均规定了工商行政管理部门有权查处侵犯商标专用权的行为。通过工商行政管理机关的商标执法进行商标维权一直是众多商标权利人的主要选择之一。工商行政管理机关不仅有权查处商标侵权行为，而且有权对部分不正当竞争行为进行查处。因此，通过工商行政执法进行维权，既可以是针对商标侵权行为，也可以针对与商标相关的利益受到侵害的情形，还可以连同处理不正当竞争行为。

《商标法》第六十条规定："有本法第五十七条所列侵犯注册商标专用权行为之一，引起纠纷的，由当事人协商解决；不愿协商或者协商不成的，商标注册人或者利害关系人可以向人民法院起诉，也可以请求工商行政管理部门处理。

工商行政管理部门处理时，认定侵权行为成立的，责令立即停止侵权行为，没收、销毁侵权商品和主要用于制造侵权商品、伪造注册商标标识的工具，违法经营额五万元以上的，可以处违法经营额五倍以下的罚款，没有违法经营额或者违法经营额不足五万元的，可以处二十五万元以下的罚款。对五年内实施两次以上商标侵权行为或者有其他严重情节的，应当从重处罚。销售不知道是侵犯注册商标专用权的商品，能证明该商品是自己合法取得并说明提供者的，由工商行政管理部门责令停止销售。

对侵犯商标专用权的赔偿数额的争议，当事人可以请求进行处理的工商行政管理部门调解，也可以依照《中华人民共和国民事诉讼法》向人民法院起诉。经工商行政管理部门调解，当事人未达成协议或者调解书生效后不履行的，当事人可以依照《中华人民共和国民事诉讼法》向人民法院起诉。"

根据上述规定，工商行政管理机关不仅有权责令停止侵权，没收、销毁侵权商品和侵权工具，对侵权行为人处以罚款，还可以根据当事人的请求对侵权赔偿问题进行调解。与商标侵权民事赔偿相比，工商行政管理机关对商标侵权行为人的行政处罚更重，更具威慑力。工商行政管理机关可以没收、销毁侵权商品和侵权工具，并按违法经营额五倍以下处以罚款。而商标侵权的民事赔偿，如果按照侵权人因侵权所获得的利益确定赔偿数额，将大大低于行政罚款的额度，因为获利只可能是违法经营额的一部分。根据《商标法实施条例》第七十八条的规定，计算违法经营额时可以考虑下列因素：①侵权商品的销售价格；②未销售侵权商品的标价；③已查清侵权商品实际销售的平均价格；④被侵权商品的市场中间价格；⑤侵权人因侵权所产生的营业收入；⑥其他能够合理计算侵权商品价值的因素。无论按照上述任何一个标准计算，违法经营额都会高于侵权人因侵权所获得的利益。因此，工商行政管理机关的行政处罚将从经济上大大削弱侵权行为人的侵权能力，具有民事赔偿所不具有的威慑力。

对商标权利人而言，通过商标行政执法进行商标维权的有利之处在于：①商标权利人不需要提供足以证明被控侵权人侵犯商标专用权的充分证据，因此启动维权行动的门槛较低；②商标权利人不需要全程参与工商行政管理机关的查处过程，可以有效节省维权费用；③通常情况下，工商行政管理机关的商标执法程序比商标侵权诉讼程序耗费的时间要少，商标权利人能够更为迅速地实现商标维权的目的，特别是商标权利人的维权目的主要在于制止侵权行为的时候更是如此；④如前所述，工商行政管理机关的商标执法行为对商标侵权人具有更强的威慑力，可以从经济上大幅削弱侵权行为人的侵权能力，从而更为有效地降低侵权行为人再次侵权的可能性。

根据《商标法》第六十二条的规定，工商行政管理机关根据已经取得的违法嫌疑证据或举报，即可以对涉嫌侵犯他人商标专用权的行为进行查处。因此，启动商标行政执法程序的证据要求比启动商标侵权民事诉讼的证据要求低。工商行政管理机关已经取得的违法嫌疑证据，既可能来自于工商部门的市场检查等日常工作，也可能来自于商标权利人或消费者提供的证据，还可能来自于其他行政机关或团体（如消费者权益保护协会等）转递的证据；举报既可能是商标权利人的举报，也可能是其他经营者的举报，还可能是消费者的举报。在商标权利人掌握的侵权证据有限或者仅是合理怀疑存在侵权行为但没有掌握明确证据的情况下，通过商标行政执法进行商标维权，对商标权利人而言经常是唯一的选择。

《商标法》第六十二条规定，工商行政管理机关在查处涉嫌侵犯他人商标专用权的行为时，具有广泛的行政职权，包括：①询问有关当事人，调查与侵犯他人注册商标专用权有关的情况；②查阅、复制当事人与侵权活动有关的合同、发票、账簿以及其他有关资料；③对当事人涉嫌从事侵犯他人注册商标专用权活动的场所实施现场检查；④检查与侵权活动有关的物品；对有证据证明是侵犯他人注册商标专用权的物品，可以查封或者扣押。由于商标执法机关所具有的广泛职权，与商标权利人相比，其在执法过程中收集到有关商标侵权行为证据的可能性更大，特别是关于侵权行为持续时间和侵权范围方面的证据。通常情况下，商标权利人通过自行收集证据，大多数时候只能收集到有关某个侵权行为人某次侵权行为方面的证据，很难收集到有关侵权行为持续时间和侵权范围方面的全面证据。

商标执法机关查处商标侵权行为的具体程序，参见本书6.1.1节和6.1.2节的相关内容。

**案例分析1：嘉善县市场监督管理局查处戴立峰销售侵犯宝洁公司"飘柔""海飞丝""潘婷""Head & Shoulders"注册商标专用权的洗发露案**

[案情介绍]

当事人：戴立峰，个体工商户。

经查明：当事人于2014年9月12日从上门推销人员处购入注册商标为"飘柔"的400ml装洗发露15瓶，注册商标为"飘柔"的400ml装洗发露15瓶，注册商标为"飘柔"的200ml装洗发露15瓶，注册商标为"head&shoulders"和"海飞丝"的200ml装洗发露22瓶，注册商标为"head&shoulders"和"海飞丝"的 400ml 装洗发露 22 瓶，注册商标为"潘婷"的 200 毫升装洗发露 28 瓶，注册商标为"飘柔"的 200ml 装洗发露 12 瓶。当事人将上述购入的洗发露在其开设的超市内进行销售。2014 年 11 月 27 日，嘉善县市场监督管理局（下称市管局）对该超市经营场所进行检查，现场发现该商店货架上正在销售的上述商品 125 瓶，洗发露瓶身均标有"广州宝洁有限公司（代码 P、X），地址：广州市经济技术开发区滨河路一号 31611864RA"等内容。2014 年 12 月 10 日，市管局收到广州宝洁有限公司出具的鉴别报告书称上述商品均为非宝洁公司出品，属于假冒宝洁公司厂名厂址以及侵犯宝洁公司注册商标专用权的行为。市管局于 2014 年 12 月 10 日将鉴定结果告知戴立峰，戴立峰未在规定时间内提出异议。至案发，可查实的当事人销售侵犯注册商标专用权商品总经营额 2489.3 元，无违法所得。

市管局认为：当事人的上述行为，属《商标法》第五十七条第（三）项所指的行为，构成了销售侵犯注册商标专用权的商品的违法行为。市管局根据《商标法》第六十条第二款的规定，责令当事人立即停止销售侵犯注册商标专用权的洗发露，没收侵犯注册商标专用权的洗发露 125 瓶，罚款人民币 4978.6 元。

[评析]

本案中的洗发露产品系侵犯宝洁公司"飘柔""海飞丝""潘婷""Head & Shoulders"注册商标专用权的商品，当事人从上门推销人员处购买产品然后在本店内进行销售，已构成销售侵权商品的行为。本案的典型意义主要在于当地工商行政执法机关依照法定的程序，对当事人的侵权行为进行调查、取证、通过权利人对产品进行鉴定，充分告知当事人陈述、申辩和举行听证的权利，依据《商标法》的相关规定对侵权人作出行政处罚决定，遏制了侵权人的商标侵权行为，并有效地维护了商标专有权人的合法权益。

## 7.1.2  通过商标侵权诉讼维权

商标权利人通过向人民法院提起商标侵权诉讼，要求法院判令侵权行为人停止侵犯商标权的行为并赔偿损失，以维护自己的注册商标专用权，是可供很多商标权利人选择的维权途径之一，特别是对那些希望获得金钱赔偿的商标权利人而言更是如此。向法院提起商标侵权诉讼，需要商标权利人收集并提交足以证明被控侵权人侵犯了其注册商标专用权的证据，这对商标权利人而言是一项负担较重的任务。根据商标侵权行为的表现形式不同，完成证明任务的难度也有不同。

未经商标注册人的许可，在同一种商品或服务上使用与其注册商标相同的商标的行为，属于假冒商标侵权行为。一般来说，此类行为人生产或销售的商品在外观上与商标权利人的商品并无区别，不仅所使用的商标与注册商标相同，而且商品的包装、装潢、标注的生产者及其地址等都与商标权利人的商品相同，因此证明的难点不在于是否构成侵权，而在于证明是谁侵犯了注册商标专用权。

未经商标注册人的许可，在同一种商品上使用与其注册商标近似的商标，或者在类似商品上使用与其注册商标相同或者近似的商标，容易导致混淆的，属于仿冒商标侵权行为。一般来说，此类行为人生产或销售的商品在外观上与商标权利人的商品存在一定的差异，甚至是很大的差异，商品的包装、装潢通常都与商标权利人的商品存有不同程度的区别，标注的生产者及其地址等信息通常都是真实的生产者的信息。对于此类行为，不仅要证明是谁生产或销售了该商品，更需要证明被控侵权人的行为容易导致混淆，而后一项证明任务相对来说更难一些。

通过商标侵权诉讼维护商标权益，不仅可以请求法院判令侵权被告停止侵犯商标专用权的行为，还可以请求法院判令被告赔偿损失。根据《商标法》第六十三条的规定，赔偿数额按照权利人因被侵权所受到的实际损失确定；实际损失难以确定的，可以按照侵权人因侵权所获得的利益确定；权利人的损失或者侵权人获得的利益难以确定的，参照该商标许可使用费的倍数合理确定。对恶意侵犯商标专用权，情节严重的，可以在按照上述方法确定数额的一倍以上三倍以下确定赔偿数额。权利人因被侵权所受到的实际损失、侵权人因侵权所获得的利益、注册商标许可使用费难以确定的，由人民法院根据侵权行为的情节判决给予三百万元以下的赔偿。

对于正在实施或即将实施的商标侵权行为，商标权利人通过提起商标侵权诉讼进行商标维权，但可能因为时机的延误而遭受难以弥补的损害的，可以向法院申请临时禁令和财产保全。根据《商标法》第六十五条的规定，商标注册人或者利害关系人有证据证明他人正在实施或者即将实施侵犯其注册商标专用权的行为，如不及时制止将会使其合法权益受到难以弥补的损害的，可以依法在起诉前向人民法院申请采取责令停止有关行为和财产保全的措施。

对于商标权利人而言，通过提起商标侵权诉讼维权的有利之处在于：①可以及时制止特定侵权人的侵权行为。即使是未提出临时禁令申请，被控侵权人在接到法院送达的起诉状副本之后，为逃避侵权责任，多数被控侵权人都会停止其侵权行为。当然，也有一些被控侵权人会选择转移侵权地点等方式以继续其侵权行为。②可获得损害赔偿金。只要商标权利人收集并提交的证据足以证明侵权行为的存在，一般都能获得数额不等的侵权损害赔偿金。即使商标权利人不能证明自己的实际损失或侵权人的侵权获利，也可以请求人民法院根据侵权行为的情节判决侵权人给予数额不等的法定赔偿。③可以对其他侵权人或潜在侵权人形成威慑。商标权利人提起商标侵权诉讼的行为，对其他侵权人或潜在侵权人而言是一个明确的信号，即商标权利人将严肃对待侵权行为并采取有效措施维护自己的权利。如果在侵权诉讼中，法院判决侵权人承担的损害赔偿数额较大，甚至是判令侵权人承担惩罚性赔偿，将对其他侵权人或潜在侵权人形成强大的威慑作用。

通过本途径维权的不利之处在于：①可能造成时间上的拖延。商标侵权诉讼可能需要较长的时间才能尘埃落定，这需要商标权利人在侵权诉讼上花费较多的资源。②可能出现诉讼失败的情形，进而对其他维权行动造成不良影响。商标侵权诉讼，可能因为商标权利人收集提交的证据不充分、错诉被告、延误期限、诉权缺失等各种原因导致权利人败诉。如果商标权利人败诉，不但会影响商标权利人的这一个维权行动，还会对权利人的其他维权行动造成消极影响。

**案例分析2：香奈儿股份有限公司诉文大香、广州凯旋大酒店有限公司等侵害商标权纠纷案**

[案情介绍]

香奈儿公司是1954年8月27日在法国注册成立的股份公司，是世界范围内著名的奢侈品牌之一。该公司系核定使用于第25类"服装、鞋、帽、围巾、游泳衣"等商品的"图形商标"及"CHANEL"文字商标的权利人。文大香与凯旋酒店公司的分公司华美达酒店签订商铺租赁合约，承租位于华美达酒店的商铺作经营服装、皮具等使用，并约定保证不在商铺内经销假冒伪劣商品。香奈儿公司认为文大香销售的鞋、钱包等商品上使用了与其注册商标相同的标识，侵犯其注册商标专用权，遂以文大香、凯旋酒店公司及华美达酒店为被告，提起诉讼，请求法院判决三被告停止侵权，并连带赔偿其经济损失及合理支出共计30万元。

广州市越秀区人民法院一审认为，文大香侵犯香奈儿公司注册商标专用权，应承担停止侵害和赔偿损失的民事责任，凯旋酒店公司及其华美达酒店不构成侵权。香奈儿公司不服，提起上诉。广州知识产权法院二审认为，综合考虑涉案商标知名度、华美达酒店的高档星级酒店身份、合同显示的酒店与商铺的特殊关系以及文大香长期反复侵权等因素，华美达酒店对涉案售假商铺应具有较高注意义务，且文大香的售假行为明显，华美达酒店只要稍加注意就能发现。华美达酒店对文大香侵犯涉案商标的行为视而不见，放任侵权行为发生，构成帮助侵权，应与文大香承担连带赔偿责任。遂改判文大香、华美达酒店、凯旋酒店公司连带赔偿香奈儿公司经济损失及合理费用5万元。

[评析]

近年来，服装市场、酒店等出租商铺销售假冒商品的行为屡有发生。商标权利人通常将商铺经营者与商铺出租方、管理方一并作为被告起诉，要求其承担连带赔偿责任。此种情况下，应如何认定商铺出租方、管理方的责任显得尤为重要。本案中，审理法院在判断商铺出租方对商铺经营者侵权是否明知或应知时，考虑了权利人商标的知名度、商铺的侵权行为是否足够明显、出租方与商铺经营者的具体关系等因素，根据具体情况合理确定了商铺出租方的注意义务。本案判决探索了商铺出租方、管理方构成帮助侵权的条件，对于保护知名品牌的合法权益具有指导意义。

**案例分析3："非常了得"电视节目名称商标侵权纠纷案**

[案情介绍]

原告：南京同舟知识产权事务所有限公司

被告：江苏省广播电视总台、长江龙新媒体有限公司

《非常了得》系由江苏卫视播出、长江龙新媒体有限公司（以下简称长江龙公司）制作并出品的一档热播电视节目。2012年6月19日，长江龙公司就《非

常了得 LOGO》美术作品和《〈非常了得〉益智答题电视节目》作品分别向国家版权局进行了作品登记，取得著作权登记证书。证书记载该节目于 2011 年 3 月 2 日开始构思，着手创作，于 2011 年 4 月 28 日完成，于 2011 年 6 月 8 日晚首播。

南京同舟知识产权事务所有限公司（以下简称同舟公司）设立于 2010 年 7 月 14 日，经营范围为知识产权代理；知识产权信息咨询；市场调查。2011 年 5 月 26 日，同舟公司与北京某代理公司签订《商标委托代理协议书》，委托该公司申请"非常了得"商标注册。2011 年 6 月 22 日，同舟公司向国家商标局申请注册该商标。2012 年 7 月 21 日，国家商标局核准注册，核定服务项目为第 41 类，包括组织教育或娱乐竞赛；无线电文娱节目；娱乐等。该商标图案为"非常了得"四个汉字。

2013 年 2 月 14 日，国家商标局核准了长江龙公司申请注册的"非常了得"图文商标，核定服务项目为第 38 类，包括电视播放；电视广播；有线电视播放等。

同舟公司认为长江龙公司与江苏省广播电视总台（以下简称江苏电视台）共同侵犯了其"非常了得"商标专用权，故诉至南京玄武区法院。

法院认为：首先，长江龙公司、江苏电视台对"非常了得"文字及图形组合作品享有在先权利。长江龙公司提供的证据证明，"非常了得"电视节目的"非常了得"文字加图形的 LOGO 作品创作完成于 2011 年 4 月 28 日。长江龙公司进行了版权登记，该作品中"非常了得"文字的特殊字形、倒金字塔图形以及文字与图形的组合具有独创性，属于著作权法保护的作品。该作品的创作完成早于同舟公司"非常了得"普通文字商标的申请注册时间以及核准时间。因此，长江龙公司对其"非常了得"文字及图形组合的 LOGO 享有在先著作权，其和江苏电视台有权在其电视节目中正当使用该标识。

其次，长江龙公司、江苏电视台不存在侵犯同舟公司商标专用权的主观过错。一档题材新颖的电视节目及其 LOGO 的设计需要一段时间的创作过程。长江龙公司提供的证据显示，江苏电视台于 2011 年 3 月提出创作"非常了得"电视节目的设想，同年 4 月 28 日创作完成电视节目的文案作品及 LOGO 作品，同年 5 月 31 日召开新闻发布会向社会发布该节目名称及内容，同年 6 月 8 日首播该节目，使用该 LOGO。而同舟公司提供的证据显示其于同年 5 月 26 日委托他人代理"非常了得"商标注册申请，同年6月22日提出注册申请。因此，长江龙公司无论是对节目名称的提出，还是对节目LOGO的设计完成，均早于同舟公司"非常了得"文字商标的提出及申请注册时间。

再次，长江龙公司、江苏电视台使用"非常了得"节目LOGO不会造成相关公众的混淆与误认。由于同舟公司注册"非常了得"商标后，使用不多，并未通过使用或宣传使该商标产生较强的显著性、影响力和识别力。相反，江苏电视台"非常了得"电视节目的播出当天，在国内获得极高的电视收视率，产生强烈的轰动效果和广泛的社会影响力。于此情形，公众并不会将"非常了得"电视节目与同舟公司的商标进行关联，从而对二者的服务产生误认或混淆。

据此，法院判决驳回同舟公司的诉讼请求。

同舟公司不服一审判决，提起上诉。南京中院驳回上诉，维持原判。

[评析]

电视节目名称与商标之间的冲突问题受到社会的广泛关注，常常引发激烈讨论，如下文的"非诚勿扰"商标侵权案。本案中，节目播出机构对节目名称、图标、LOGO等享有在先权利或者属于正当使用的，而没有被认定侵权。不过，本案及其他一些类似案件的一再发生，也向其节目可能一夜成名的电视台之类的经营者发出了警告。如果对知识产权缺乏清晰认识、管理不到位，随时都可能遭受意外之灾。

## 案例分析4："滴滴打车"商标权侵权纠纷案

[案情介绍]

原告：广州市睿驰计算机科技有限公司（简称睿驰公司）

被告：北京小桔科技有限公司（简称小桔公司）

睿驰公司是第35类和第38类"嘀嘀"和"滴滴"文字商标的权利人，前者核定服务项目为商业管理、组织咨询、替他人推销等，后者包括信息传送、计算机辅助信息和图像传送等。睿驰公司认为小桔公司经营的"滴滴打车"（最初为"嘀嘀打车"）在服务软件程序端显著标注"滴滴"字样，服务内容为借助移动互联网及软件客户端，采集信息进行后台处理、选择、调度和对接，使司乘双方可以通过手机中的网络地图确认对方位置，联系并及时完成服务，属于典型的提供通讯类服务，还同时涉及替出租车司机推销、进行商业管理和信息传递等性质的服务，与睿驰公司注册商标核定的两类商标服务内容存在重合，侵犯其注册商标专用权，要求小桔公司停止使用该名称，公开消除影响。

法院认为：在通常情形下，确认是否侵犯商标权，应综合考虑被控侵权行为使用的商标或标识与注册商标的相似度，两者使用商品或服务的相似度，以及两者共存是否容易引起相关公众对来源的混淆误认等因素。本案中，从标识本身看，"滴滴打车"服务使用的图文组合标识具有较强的显著性，与睿驰公司的文字商标区别明显。睿驰公司所称其商标涵盖的商务和电信两类服务的特点，均非"滴滴打车"服务的主要特征，而是其商业性质的体现以及运行方式的必然选择。此外，考虑到睿驰公司商标、"滴滴打车"图文标识使用的实际情形，亦难以导致相关公众混淆误认。综上，"滴滴打车"的服务内容与睿驰公司注册商标核定使用的类别不同，商标本身亦存在明显区别，其使用行为并不构成对睿驰公司的经营行为产生混淆来源的影响，小桔公司对"滴滴打车"图文标识的使用，未侵犯睿驰公司商标权。据此，法院判决：驳回睿驰公司的诉讼请求。

[评析]

随着"互联网＋"商业模式的推广，通过应用软件提供服务已成为普遍经营方式。由于应用软件的名称往往比较简短，可选用的文字、图案相当有限，应用软件名称与注册商标之间的冲突不可避免，因应用软件名称引发的商标侵权纠纷也日渐增多。司法实践中，被告通过应用软件提供的服务与原告注册商标核定使用的服务是否构成相同或类似服务，往往成为争议的焦点。本案中，法院并未仅以"滴滴打车"服务涉及电信、软件、商业等为由抽象认定其与电信、软件、商业等服务类似，而是紧紧抓住不同服务的本质属性和主要特征，综合考虑不同服务的目的、内容、方式、对象、混淆可能性等因素，最终认定"滴滴打车"服务本质仍然是为客户提供运输信息和运输经纪服务。本案商标权人因对被告使用商标的服务性质的认识与法院判定不一致，最终导致败诉。

## 案例分析 5：江苏卫视"非诚勿扰"节目被判商标侵权案

[案情介绍]

2015 年 12 月 11 日，广东省深圳市中级人民法院对"非诚勿扰"商标侵权纠纷案作出终审判决：撤销一审判决，认定江苏省广播电视总台（下称江苏卫视）、深圳市珍爱网信息技术有限公司（下称珍爱网）侵犯金阿欢第7199523号"非诚勿扰"商标权。

2009年，金阿欢向商标局提出申请注册"非诚勿擾"商标。2010年9月，金阿欢的"非诚勿擾"商标被正式核准注册，注册号为7199523号，核定使用类别为第45类的交友服务和婚姻介绍所等。

江苏卫视于2010年初推出大型婚恋交友类节目《非诚勿扰》，凭借精良的节目制作和全新的婚恋交友模式，迅速得到观众广泛认可，屡屡创下省级卫视的收视纪录。

金阿欢以侵犯商标权为由，将江苏卫视诉至深圳市南山区人民法院。南山法院一审认为，江苏卫视使用"非诚勿扰"为商标性使用，但其为电视节目，与金阿欢拥有的"非诚勿扰"商标核定服务类别不同，属于不同类商品（服务），不构成侵权。据此，南山法院驳回了金阿欢的起诉。

金阿欢不服一审判决，提起上诉。深圳中院二审认定，江苏卫视的《非诚勿扰》节目，从服务目的、内容、方式、对象等判定，均是提供征婚、相亲、交友的服务，与金阿欢拥有的第7199523号"非诚勿扰"商标核定的服务项目相同。法院认为，金阿欢的"非诚勿扰"商标已投入商业使用，但由于江苏卫视的知名度及节目的宣传，使得公众造成反向混淆。同时，江苏卫视通过播出《非诚勿扰》，收取大量广告费用，足以证明其以营利为目的进行商业使用，构成商标侵权。最终，深圳中院判令江苏卫视立即停止使用《非诚勿扰》栏目名称。

[评析]

由于"非诚勿扰"电视节目的高收视率，该案的判决受到社会的广泛关注。该案的审理结果，反映出法院在认定是否构成商标侵权时，对于同类商品（服务）的认定不应机械地按照《类似商品与服务区别表》来判定，而更应当考虑二者的内容和性质等，客观判定两者是否相同或相似。值得注意的是，随着国内新兴业态的不断发展，某一商品或服务可能具有多种属性，建议企业加强商标保护意识，提前做好全面的商标检索工作，避免侵犯他人商标权。

## 7.1.3　通过举报涉嫌商标刑事犯罪维权

对于严重侵犯注册商标专用权的行为，涉嫌构成商标刑事犯罪的，商标权利人可向公安机关举报，要求公安机关对涉嫌犯罪行为进行侦查，以实现商标维权的目的。我国《刑法》规定了四个侵犯注册商标权的罪名，分别是假冒注册商标罪、销售假冒注册商标的商品罪、非法制造注册商标标识罪、销售非法制造的注册商标标识罪。从上述列出的罪名可知，只有注册商标专用权受到侵犯，才有可能寻求通过追究刑事责任来实现维权的目的。对于未注册商标，则不能通过本途径维权。自然人和单位实施侵犯注册商标专用权的行为，都可能构成犯罪。单位构成犯罪的，除单位应当承担刑事责任之外，还可以追究直接责任人员的刑事责任。侵犯注册商标专用权的犯罪，只有故意才构成犯罪，过失行为不构成犯罪。需要注意的是，侵犯注册商标专用权的行为，只有情节严重或者数额较大的才构成犯罪。因此，商标权利人在寻求通过本途径维权的时候，应当考虑侵权行为的情节是否达到可能构成犯罪的严重程度。最高人民法院司法解释对刑法规定的"情节严重""数额较大"等作出了明确的解释，权利人在维权时可据此予以考量是否采取此类维权行动。当然，是否达到刑法规定的"情节严重"或"数额较大"，是人民法院定罪时应当考虑的要件，而不是公安机关决定是否立案侦查时要求达到的门槛。

《刑法》第二百一十三条规定："未经注册商标所有人许可，在同一种商品上使用与其注册商标相同的商标，情节严重的，处三年以下有期徒刑或者拘役，并处或者单处罚金；情节特别严重的，处三年以上七年以下有期徒刑，并处罚金。"根据最高人民法院司法解释，具有下列情形之一的，属于"情节严重"：①非法经营数额在五万元以上或者违法所得数额在三万元以上的；②假冒两种以上注册商标，非法经营数额在三万元以上或者违法所得数额在二万元以上的；③其他情节严重的情形。具有下列情形之一的，属于"情节特别严重"：①非法经营数额在二十五万元以上或者违法所得数额在十五万元以上的；②假冒两种以上注册商标，非法经营数额在十五万元以上或者违法所得数额在十万元以上的；③其他情节特别严重的情形。

《刑法》第二百一十四条规定："销售明知是假冒注册商标的商品，销售金额数额较大的，处三年以下有期徒刑或者拘役，并处或者单处罚金；销售金额数额巨大的，处三年以上七年以下有期徒刑，并处罚金。"根据司法解释，销售金额在五万元以上的，属于"数额较大"；销售金额在二十五万元以上的，属于"数额巨大"。

《刑法》第二百一十五条规定："伪造、擅自制造他人注册商标标识，或者销售伪造、擅自制造的注册商标标识，情节严重的，处三年以下有期徒刑、拘役或者管制，并处或者单处罚金；情节特别严重的，处三年以上七年以下有期徒刑，并处罚金。"根据司法解释，具有下列情形之一的，属于"情节严重"：①伪造、擅自制造或者销售伪造、擅自制造的注册商标标识数量在二万件以上，或者非法经营数额在五万元以上，或者违法所得数额在三万元以上的；②伪造、擅自制造或者销售伪造、擅自制造两种以上注册商标标识数量在一万件以上，或者非法经营数额在三万元以上，或者违法所得数额在二万元以上的；③其他情节严重的情形。具有下列情形之一的，属于"情节特别严重"：①伪造、擅自制造或者销售伪造、擅自制造的注册商标标识数量在十万件以上，或者非法经营数额在二十五万元以上，或者违法所得数额在十五万元以上的；②伪造、擅自制造或者销售伪造、擅自制造两种以上注册商标标识数量在五万件以上，或者非法经营数额在十五万元以上，或者违法所得数额在十万元以上的；③其他情节特别严重的情形。

对于构成上述犯罪的，罚金数额一般在违法所得的一倍以上五倍以下，或者按照非法经营数额的一半以上一倍以下确定。

对侵犯注册商标专用权的犯罪行为，既可以自诉，也可以如上所述要求公安机关进行侦查。提起自诉，商标注册人需要向人民法院提供足以证明被告人犯有相应罪行的证据。向公安机关举报，要求公安机关对侵犯注册商标专用权的犯罪行为展开侦查行动，公安机关立案侦查的条件之一是有证据表明有犯罪行为发生，虽然不要求这些证据都必须由注册商标权人提供，但如果注册商标权人不能提供这方面的证据，且公安机关也没有这些证据，公安机关就很难立案侦查。多数情况下，公安机关立案侦查的侵犯注册商标专用权案件都来源于工商行政机关在商标执法过程中发现涉嫌犯罪行为而移送公安机关的。

商标权利人通过刑事程序维权的有利之处在于：①一旦侵权行为人被定罪，该侵权人今后继续侵犯商标权利人的注册商标专用权的可能性大为降低。如果侵权人被判犯有侵犯注册商标罪，侵权人将受到严厉的法律制裁。侵权人从事侵权行为的财力和侵权动机方面都会受到很大的影响，与商标行政执法或商标侵权诉讼所受到的威慑相比，今后继续侵犯权利人的注册商标专用权的可能性大为降低。②一旦侵权人被定罪，将对其他侵权人或潜在侵权人起到强大的威慑作用。③对商标权利人获得损害赔偿具有帮助作用。在刑事诉讼中，一些侵权人为实现从轻或减轻处罚的目的，可能愿意与商标权利人就损害赔偿达成协议并积极履行。

通过刑事程序维权的不利之处在于：①门槛较高，只能针对一部分的侵权行为采取此类维权行动。首先，不是所有类型的商标侵权行为都可能构成犯罪，只有特定类型的侵权行为才可能构成犯罪。比如，仿冒商标的行为就不构成侵犯注册商标专用权的犯罪。其次，只有情节严重或涉案数额较大的商标侵权行为才可能构成犯罪。②商标权利人收集证据的难度较大。在大多数商标侵权案件中，权利人收集能够证明商标侵权行为存在的证据相对比较容易，但收集足以证明"情节严重"或"数额较大"的证据则比较困难。如果商标权利人不能向公安机关提供这方面的证据，公安机关自身也不掌握这方面的证据，要求公安机关立案侦查的难度就会很大。

**案例分析6：假冒调味品注册商标案**

**[案情介绍]**

2012年以来，被告人张某某为了制造假冒的调味品销售牟利，与被告人王某某电话联系，从王某某处购买未经授权非法制造的印有"南街村"商标的南德调味料包装袋10000套、印有"莲花"商标的莲花味精包装袋25000套。被告人张某某、邹某某先购买一般品牌的味精、鸡精，进行包装后冒充"太太乐"鸡精、"莲花"味精产品进行销售，后又自己配方，用食盐、味精、香料等制造调味品，冒充"南街村"调味料进行销售，销售金额达115565元。2013年8月14日，湖北省襄阳市老河口市公安局对张某某、邹某某二人租住地方及租用的仓库进行了搜查，发现了大量的制假设备、原料以及假冒的"南街村"调味品、"太太乐"鸡精、"莲花"味精包装、商标标识。被告人张某某、邹某某所使用的"南街村"调味料、"太太乐"鸡精以及"莲花"味精外包装袋上均印制有与上述商标相同的商标标识。湖北省襄阳市中级人民法院一审认为，被告人张某某及邹某某未经"南街村""太太乐"和"莲花"商标的商标所有人许可，采用购买一般品牌的味精、鸡精，进行分装后冒充"太太乐"鸡精、"莲花"味精进行销售，并自己配方，制造调味品，冒充"南街村"调味料进行销售，销售数额达 115565 元，均已构成假冒注册商标罪。被告人王某某销售了非法制造的"南街村牌"南德调味料包装 10000 套、"莲花"味精包装袋 25000 套，其销售的两种注册商标标识数量在一万件以上，已构成销售非法制造的注册商标标识罪。故判决：被告人张某某犯假冒注册商标罪，判处有期徒刑二年，并处罚金 60000 元；被告人邹某某犯假冒注册商标罪，判处有期徒刑一年，并处罚金 50000 元；被告人王某某犯销售非法制造的注册商标标识罪，判处有期徒刑一年，并处罚金 10000 元。

湖北省高级人民法院在依法纠正一审判决对王某某刑期计算错误的基础上，维持一审判决。

[评析]

本案一审、二审均为实行"三合一"审判的知识产权审判庭审理，区分了假冒注册商标罪与销售非法制造的注册商标标识罪的界限，理清了为假冒注册商标罪的主犯提供帮助的行为在何种情况下以共犯论处或者是独立构成犯罪。通过本案审判，既打击了侵犯注册商标专用权的犯罪行为，又维护了商标权人的权益。

**案例分析 7：被告人戚某某、钱某某销售假冒注册商标的商品罪一案**

[案情介绍]

被告人戚某某、钱某某系夫妻，2013 年 6 月 16 日至 2014 年 7 月 31 日间通过微信软件等途径销售假冒注册商标的商品（手提包、皮带等），后又租用韶关市区解放路某大厦的房间存放假冒注册商标的商品待售。

经查，戚某某、钱某某销售的商品均为假冒注册商标的商品，销售金额为人民币 77757 元，其库存的假冒注册商标的商品价值人民币 9570 元。

韶关市浈江区人民法院经审理认为，被告人戚某某、钱某某销售明知是假冒注册商标的商品，数额较大，其行为均已构成销售假冒注册商标的商品罪。一审法院以销售假冒注册商标的商品罪分别判处二人有期徒刑 7 个月和 6 个月，均缓刑 1 年 6 个月，并处罚金 1.5 万元。一审宣判后，二被告人均未提出上诉，现判决已生效。

[评析]

本案是一起通过微信朋友圈销售假冒注册商标的商品的典型案例。微信朋友圈原是相对私人的个人空间，随着越来越多的人加入微商，利用微信朋友圈等新平台售假者也越来越多。与传统侵犯知识产权犯罪案件相比，这类犯罪作案手段相对隐蔽，但传播面广及推广速度快，对商标权人的维权工作也增加了不小的困难。

### 案例分析8：假冒"SAMSUNG"手机注册商标刑事犯罪案

**[案情介绍]**

"SAMSUNG"是三星电子株式会社在中国注册的商标；三星（中国）投资有限公司是三星电子株式会社在中国投资设立，并经三星电子株式会社特别授权负责三星电子株式会社名下商标、专利、著作权等知识产权管理和法律事务的公司。

2013年11月，被告人郭某通过网络中介从他人手中购买了一个淘宝店铺，并改名为"三星数码专柜"。在未经三星（中国）投资有限公司授权许可的情况下，郭某从深圳市华强北远望数码城、深圳福田区通天地手机市场批发假冒的三星I8552手机裸机及配件进行组装，并通过"三星数码专柜"在淘宝网上以"正品行货"进行宣传、销售。被告人郭某某负责该网店的客服工作及客服人员的管理，被告人孙某负责假冒的三星I8552手机裸机及配件的进货、包装及联系快递公司发货。至2014年6月，三被告人共计组装、销售假冒三星I8552手机20000余部，非法经营额2000余万元，非法获利200余万元。

法院认为，被告人郭某等未经"SAMSUNG"商标注册人授权许可，购进假冒"SAMSUNG"注册商标的手机机头及配件，组装假冒"SAMSUNG"注册商标的手机，并通过网店对外以"正品行货"销售，属于未经注册商标所有人许可在同一种商品上使用与其相同的商标的行为，其非法经营数额达2000余万元，非法获利200余万元，情节特别严重，构成假冒注册商标罪。

据此，法院判决被告人郭某犯假冒注册商标罪，判处有期徒刑五年，并处罚金；被告人孙某犯假冒注册商标罪，判处有期徒刑三年，缓刑五年，并处罚金；被告人郭某某犯假冒注册商标罪，判处有期徒刑三年，缓刑四年，并处罚金。

**[评析]**

随着电子商务的发展，在电子商务经营活动中侵犯他人知识产权的现象也层出不穷。由于网络的特殊性，对此类侵犯注册商标专用权犯罪行为的证明也存在诸多难题，比如如何认定被告人非法经营额和非法所得数额的问题。在此类案件中，被告人往往辩称网络销售记录存在刷信誉的情况，并以此为由否认其非法经营额和非法所得数额。本案中，法院在被告人无证据证实网络销售记录存在刷信誉行为的情况下，结合其他证据对被告人的非法经营额和非法所得数额进行了认定。此案对电子商务领域的商标维权活动提供了有用的经验。

## 7.1.4　通过海关执法进行维权

如本书前面的内容所述，注册商标权利人在海关备案后，对于进出海关的涉嫌侵权货物，权利人可申请海关扣押，海关也可依职权扣押。海关保护的程序和相应要求参见本书6.1.3节的相应内容。

商标权利人通过海关保护进行维权的有利之处在于：①能够防止侵权货物进入市场，从而有效地保护商标权利人的目标市场。通过其他途径维权，通常都是在侵权商品已经进入市场的情况下展开，商标权利人的目标市场已经在不同程度上受到侵蚀，损害已经发生。通过海关保护维权，能够在侵权商品进入市场之前进行扣押，从而对商标权利人的目标市场形成有效保护。②商标权利人能够获得有效的赔偿。通过海关保护，海关将涉嫌侵权的货物扣押后，一旦判定侵权成立，权利人通常都能获得有效的赔偿。因为被扣押的货物不仅是证明侵权行为成立的证据，而且可以成为权利人获得赔偿的物质基础。通过其他途径维权，即使商标权利人最终拿到了判令侵权人赔偿损失的有效判决，也可能因为侵权人已经转移可用于承担责任的财产，导致有效判决最终成为一纸空文。

商标权利人通过海关保护进行维权的不利之处在于：①只能针对特定范围的侵权行为进行。海关的管辖权只及于进出海关的货物，如果侵权货物不处于海关的管辖范围内，就只能寻求其他的维权途径。②只有部分商标权利人才能切实利用该维权途径。对于那些商标产品只在国内销售，也没有侵权商品进口的商标权利人而言，利用该维权途径的可能性很低。一般而言，下列情形启动海关维权是较好的选择：商标权利人的产品已经进入外国目标市场，其竞争者（侵权人）企图将侵权商品出口到同一目标市场；侵犯商标权的产品主要是通过进口而来的。③申请海关扣押涉嫌侵权货物，需要向海关提供比较准确的信息，如发货人、收货人、进出海关的时间等，这对权利人收集信息的能力而言是一种考验。④申请扣押涉嫌侵权货物，申请人要提供相当于货物价值的担保，这对一些商标权利人而言可能是一项负担。

## 7.1.5　通过自助行为维权

商标权利人发现商标侵权行为之后，除前述的寻求公力救济的维权途径之外，还可以通过自助行为维权。自助行为包括口头或书面警告侵权人，向侵权行为人发送律师函，通过报纸、电视、网络等媒体发布澄清信息和维权信息等，要求侵权人就其侵权行为展开协商等。由于自助行为没有法律强制力，其维权效果因时因地因人而异。在采取自助行为时，还应当注意，在没有掌握被控侵权人的侵权证据之前，切不可贸然公开指责他人侵犯了自己的注册商标专用权，特别是被控侵权人是直接竞争者的情况下。不然的话，反而可能因构成不正当竞争而承担法律责任。

通过自助行为维权的有利之处在于：①能够及时制止侵权人当前的侵权行为。自助行为的直接效果就是告知被控侵权人，你的行为侵犯了我的注册商标权并且我知道你在干什么。一般而言，被控侵权人为避免承担侵权责任，在获悉这一信息之后都会停止当前的侵权行为。当然，自助行为很难阻止被控侵权人在其他地方又开展侵权活动。②节约资源。自助行为的主要目的在于将已经知悉被控侵权人在从事侵权活动的这一信息告知被控侵权人，因此只需要很少的资源就能实现。通过其他维权途径，虽然所耗费的资源各有不同，但都会高于自助行为。对于资源有限或者是目的明确的商标权利人而言，自助行为也许是不错的选项。

通过自助行为维权的不利之处在于：①效果有限。通过自助行为，通常只能实现制止当前侵权行为的效果，很难实现获得赔偿的目的，也很难制止被控侵权人在其他地方重新开展侵权活动。②可能打草惊蛇。在没有掌握被控侵权人的侵权证据之前，采取自助行为维权，很可能打草惊蛇，影响可能采取的后续维权行动。被控侵权人在获知权利人采取自助行为之后，通常都会采取销毁、转移侵权证据，变换侵权地点等措施，这将给权利人的后续维权行动造成阻碍。③操作不当的话，可能承担法律责任。如果商标权利人没有掌握足以证明被控侵权人侵犯了其商标专用权的充分证据，即贸然采取公开的自助维权行动，或者是采取的自助维权行动超越了法律的界限，权利人反而可能承担法律责任。

## 7.2　商标维权的目的与策略

商标权利人启动维权行为的目的，既是决定商标权利人应寻求何种维权途径、采取何种维权措施的根据，也是评判维权行动是否合理、成功的依据。采取何种维权行动，则主要取决于商标维权行动的目的，其次则需要考虑商标权利人掌握的证据、市场环境、经营状况等因素。

### 7.2.1　商标维权的目的

在商标维权问题上，一些人会理所当然地认为，维权的目的就是通过维权行动获得商标侵权赔偿，因此评价维权行动是否合理、成功的标准就是获得的赔偿数额多少。当然，有的人可能还会进一步从成本收益的角度来考虑是否启动维权行动并以此评判维权行动是否成功，如果通过维权获得的赔偿金额超过维权行动的成本，就表明维权行动是成功的；反之，则表明维权行动是失败的。当然，从成本收益角度考虑维权行动这种想法本身并没有问题，只是多数情况下只考虑了维权的直接成本和直接的现金收益，而没有站在企业经营的高度来考虑维权行动。

商标权利人通常会基于以下目的启动维权行动：制止商标侵权行为；获得商标侵权赔偿；打击竞争对手、获取竞争优势；通过商标维权进行营销。

1. 制止商标侵权行为

大多数商标维权行为的直接目的在于制止商标侵权行为。制止商标侵权行为的维权行动既可以是针对特定侵权人的维权行动，也可以是针对不特定侵权人或潜在侵权人的维权行动。如果侵犯商标专用权的侵权人数量有限、侵权证据比较充分，可以针对特定的侵权人启动维权行为。具体的维权途径或措施包括向侵权人发送侵权警告信或律师函、向商标执法机关举报侵权行为、提起商标侵权诉讼、向海关申请扣押侵权商品、向公安机关控告或举报涉嫌侵犯商标专用权的犯罪行为等。

一般来说，制止商标侵权行为是商标权利人开展维权行动的首要目标。商标的信誉只有通过商标使用者的诚实经营才能建立。所以意图以维权行动进行营销的，只可能为商标带来短暂的知名度，而不可能建立起对消费者的长期影响。通过维权行动制止侵权行为，既可以打击搭便车、傍名牌的侵权行为，保证商标权利人能够收获其为建立商标信誉所付出努力而结出的果实；又可以向消费者发出明确的信息，商标权利人在认真地对待其商标，并努力消除市场上的假冒商标产品。

寄希望于通过商标维权来补贴经营成本，甚至是带来利润，对企业而言，既是危险的也是不现实的想法。如果商标权利人在考虑是否采取维权行动的时候，首先考虑的是是否能够回收维权成本问题，而不是商标侵权行为对企业经营构成何种威胁的问题，其维权效果可能就会很有限。从成本考虑，商标权利人可能只会选择那些明显的、容易对付的侵权行为开展维权行动，而忽略较为隐蔽的、不容易对付的侵权行为。而从侵权行为对企业经营所构成的威胁考虑，隐蔽的、不容易对付的侵权行为构成的威胁可能更为严重。多数情况下，明显的、容易对付的侵权行为通常是针对那些知假买假的购买者，这些购买者明知其为假冒商标产品仍然购买，即使会对商标产品造成一定的负面影响，其影响也是有限的。那些隐蔽的、不容易对付的侵权行为通常属于以次充好且针对不知情的购买者，因此购买者会将假冒产品的各种不是之处都归咎于商标权利人，进而对商标权利人的经营形成威胁。显然，制止那些对企业经营构成威胁的商标侵权行为更为重要。

2. 获得商标侵权赔偿

就个案而言，很多人在评价一项商标维权行动是否取得成功时，一个主要的考量因素就是获得了多少金钱赔偿。从企业的角度考虑，对单项维权行动进行成本收益核算是理所当然的。特别是对一些商标维权部门单独核算的企业而言，核算个案成本收益可能成为整个部门考核的基础。如前所述，如果只考虑成本收益，具体从事商标维权的部门或个人就会选取那些可能获得现金收益的维权行动，而选择性忽略那些不太可能带来现金收益且费时费力但能解除或减少企业威胁的维权行动。

就商标维权而言，维权行动带来的收益很难就个案进行完全评价。商标维权的首要目标在于制止商标侵权行为，从而为企业树立自己的商标品牌创造条件或者是制止他人可能危害商标信誉的行为。也就是说，商标维权的主要评价指标应主要体现在商标品牌的建立或商标信誉的维护效果上，进而体现在企业经营效果上。商标维权的成本应是构成企业经营成本的一部分，而不能仅仅从单项维权行动或维权部门的成本收益来核算。

对于那些将商标维权工作外包的企业而言，如何评价维权行动的成本与收益就显得尤为重要。在商标维权工作外包的情况下，商标权利人和外包单位对单项维权行动的效益评价标准经常是不一致的。如前所述，商标权利人在评估某项维权行动的效果时，不应仅仅评价该项维权行动所获得的现金收益即损害赔偿金，而应将评价的重点放在该项维权行动对企业经营活动的影响上。由于现行维权外包的计费模式的限制，更多的外包单位在评估是否采取某项维权行动及其效果时，通过维权行动获得的现金收益即损害赔偿金可能是一个主要因素。因此，商标权利人在将商标维权工作外包的时候，应当与外包单位就是否采取某项维权行动及维权效果的评估标准和评估程序方面达成一致意见。如此，才能确保商标权利人在商标维权活动中的主动权。

3. 打击竞争对手、获取竞争优势

从宽泛的含义上理解，商标维权活动中的商标权利人和侵权人之间的关系属于竞争关系，二者都从事相同或类似商品的生产或销售。但从严格的意义上说，商标侵权案件中的权利人与侵权人只有一小部分是处于真正的竞争关系之中。在多数商标侵权案件中，商标权利人和侵权人无论是从企业规模、目标市场定位、合法性等方面衡量，双方都不是真正的竞争者。即使如此，仍然有一些商标权利人会考虑利用商标维权行动来打击竞争对手，获取竞争优势。

由于只有在少数商标侵权案件中，商标权利人和侵权人之间才存在直接竞争关系，因此利用维权活动来打击竞争对手的案例并不多见。利用维权活动打击竞争对手、获取竞争优势的例子常见于围绕一些对行业使用较多的特定标识展开的争夺战中，如围绕"老麻抄手"发生的多个案件。利用商标维权活动获取竞争优势，由于双方处于直接竞争关系且一般都有正常的生产经营活动，因此应当谨慎行事，不可超越法律的界限，否则可能因为构成不正当竞争行为而承担法律责任。特别是通过报纸、电视、网络等媒体展开维权活动或者对维权活动进行宣传、报道，更应该谨慎从事，必要的时候可以寻求专业人士的意见。一些涉及此类性质的案例中，即使宣传、报道的基本事实没有问题，也因为宣传报道的目的、方式、针对的受众等各种因素而被判定构成不正当竞争行为。

4. 通过商标维权进行营销

通过商标维权进行营销，主要是指一些商标权利人在进行维权行动的同时，围绕或利用维权行动开展宣传报道、广告、"专家点评"等营销活动。这与通过商标维权打击竞争对手、获取竞争优势并不能截然分开，可以视为一体两面，只是各有侧重而已。有时二者的区别仅在于维权活动针对的对象不同，针对直接竞争者的维权活动可能更多考虑的是打击竞争对手，大肆宣传针对非直接竞争者的维权活动可能更多考虑的是进行营销。与为实现前一目标的维权行动相同，通过商标维权进行营销，也需谨慎从事。

## 7.2.2 商标维权的策略

商标权利人维护商标权益的途径很多，想要通过维权行动实现的目标也各不相同。如何选择对实现维权目标最为有效的途径就是商标维权策略需要考虑的事情。在选择商标维权途径的时候，除了要考虑各个维权途径的利弊之外，还需考虑各维权途径要求具备的条件的差异，以及不同维权途径对于实现维权目标的可能性和有效性。因此，商标维权的策略实际上包含两部分的工作，一是确定维权目标，二是根据维权目标选择维权途径。

1. 确定维权目标应当考虑的因素

对商标权利人而言，维权目标既包括长期目标，又包括具体目标。长期目标是商标权利人根据企业经营战略而确立的据以建立维权部门、维权制度、维权预算等工作的基础和根本考虑。具体目标是商标权利人据以评估是否开展某项维权行动及其效果时所确立的目标。

确定商标维权的长期目标时，应当综合考虑下列因素：①企业的经营战略；②企业的品牌战略；③企业的竞争环境；④可供支配的企业资源。处于不同成长阶段、不同行业和不同竞争环境的企业，其经营战略和品牌战略都会有所不同，也决定了其商标维权长期目标的差异；企业拥有的可支配资源也是决定商标维权长期目标的重要因素。总体来说，长期目标应当服从于企业的经营战略，企业的经营战略决定了其品牌战略。也就是说，商标维权部门的建立、维权制度和维权预算等项工作应当从实现企业经营战略的高度上进行考量，从而成为企业经营战略的有机组成部分。企业所处的竞争环境则对制定长期目标的先后顺序和时间进度等方面具有重要影响。由于维权成本应当计入企业经营成本，因此应从成本效益的角度对实现长期目标的资源投入进行评估。

确定商标维权的具体目标时，应当综合考虑下列因素：①侵权行为对企业经营活动的影响；②企业与被控侵权人之间的竞争关系；③维权行动对被控侵权人及其他现行或潜在的侵权人的效果；④维权行动的难度；⑤维权行动的成本效益。

在选择维权具体目标时，应当优先针对那些对企业经营活动具有重大影响的侵权行为展开维权行动。我国当前的假冒商标产品中，相当一部分假冒产品虽然属于商标法意义上的假冒产品，但在市场中并不会或者是很难引起消费者的误认，对商标权利人信誉的影响也比较有限，这在消费者"知假买假"类型的商标侵权案件中比较常见。与此同时，也存在一些引起消费者误认的假冒商标产品，这些侵权行为对商标权利人的影响就会很大。商标权利人在选择具体维权目标时，就应优先针对那些引起消费者误认的假冒商标产品。例如，一些定价很高的手袋、服装等商标产品，侵权人的假冒商标产品即使在外观上看起来与商标权人的产品并没有多大区别，如果这些假冒产品的定价和销售渠道等与正牌商标产品的差别是如此之大，购买者在购买时就不太可能不知道是买的假冒商标产品，也就是通常所说的消费者"知假买假"。这类侵权行为对商标权利人经营活动的影响是有限的，因为这类消费者几乎不会去购买正牌商标产品，也就是说，这类假冒产品既没有引起购买者的误认，也没有挤占商标权利人的市场。反之，那些看起来与正牌商标产品一样，且消费者从价格、销售渠道等方面也无从判断真假而购买的，即消费者是基于误认而够买的假冒商标产品，这类侵权行为对商标权利人经营活动的影响就要大得多。如果商标权利人同时面临这两类侵权行为，就应优先针对后一类侵权行为采取行动，即使针对后者的维权难度比针对前者的难度要高得多。

竞争关系也是影响优先目标选择的重要因素。一般而言，商标权利人与被控侵权人之间的竞争越激烈，该被控侵权人越应成为维权的优先目标。但应注意的是，竞争关系越激烈，也会相应地增加维权的难度。此外，针对竞争对手展开的维权行动，通常都会存在一些附带行为，如公开宣布维权行动，对维权行动或维权结果进行宣传，向被控侵权人的下游经销商发送与维权行动相关的信息、意见、资料等，甚至是要求这些经销商采取停止销售、定向采购等特定的行动。商标权利人在采取这类附带行为时应当谨慎从事，注意不要跨过法律的红线。不然的话，即使商标权利人的维权行动取得了成功，也可能因为不当的附带行为而承担不正当竞争责任。

在有多个可供选择的具体目标时，应当优先选择那些维权行动对被控侵权人及其他现行或潜在侵权人具有更大影响的维权目标。当然，在选择具体目标时，还应综合考虑维权难度，如收集证据的难度、被控侵权人可能的对抗强度、实现维权目标可能需要的时间、维权行动可能面临的第三方阻碍等。最后，需要对维权行动进行成本效益分析。成本效益分析不应仅仅限于某项具体维权行动所花费的成本与可能获得的损害赔偿金之间的比较，而应将维权行动可能获得的其他收益（或者说是主要的利益）纳入考虑，如竞争利益、对建立商标产品信誉的好处、降低商标产品搜寻成本带来的利益等。

2. 商标维权的行动策略

在确定商标维权的具体目标之后，在可供选择的维权途径中采取何种途径或是如何组合使用多种维权途径，对于维权目标的实现至关重要，此即商标维权的行动策略。本章前面已经阐述了商标维权的可能途径，也阐述了商标维权的目的。在考虑行动策略时，应当根据维权目的来确定维权途径，即选取能够实现维权目的的途径或途径组合。当存在能够实现维权目的的多个途径时，应当考虑各个途径对证据、时间、成本投入等方面的不同要求。如果维权目的不仅限于制止侵权和/或获得金钱赔偿，还包括打击竞争对手、获取竞争优势或者是进行营销等，除了要对维权途径的选择进行考虑之外，还需要考虑与维权行动一起开展的附带行动计划。

就商标权利人而言，制止侵权（特别是某项维权行动所针对的被控侵权人的侵权行为）是首要的维权目的。当然，如果能够通过某一具体维权行动实现对其他现行或潜在侵权人的威慑进而阻止其侵权行为，将收到事半功倍之效。本章第一节阐述的所有维权途径最终都可能达到制止侵权的目的，但各个途径在制止侵权所需的时间、证据、效果等方面具有较大的差异。采取诸如向被控侵权人发送警告信、律师函，发布有关侵权的澄清信息等自助维权行动，都可能收到制止侵权的效果，且对证据的要求不高，所需时间也少。如果仅仅是为了制止侵权行为，不存在其他的维权目的，自助行为通常是最优的选择。在商标权利人不采取打击竞争对手、获取竞争优势的附带行为的情况下，这类行动的风险也是比较小的。

对于那些想要通过维权行动获得损害赔偿金的商标权利人而言，行动策略的首要考虑是固定侵权证据。证据的获取与固定既可以通过商标行政执法途径，也可以通过自行收集完成。在证据收集工作完成或基本完成的情况下，才可考虑启动寻求损害赔偿的行动，如向法院提起商标侵权诉讼。

总而言之，并不存在适用于所有商标权利人的所有商标维权的行动策略。在采取商标维权行动时，商标权利人首先应当确定维权的目的，进而选择能够实现维权目的的一个或多个维权途径。在选择维权途径时，应当在衡量各维权途径利弊的基础上，分别评估各维权途径对证据、时间、效果等方面的要求或影响。如此，才能制定效率相对更高的行动策略。

## 7.3　商标侵权诉讼

商标侵权诉讼是商标权利人经常采取的维权途径，既受到较多的社会关注，又是专业性较强的维权行动。本节主要阐述商标侵权诉讼中的当事人、案件管辖、证据收集、诉前禁令、侵权行为和侵权责任问题。

### 7.3.1　当事人

在商标侵权行为发生之后，商标权利人寻求通过商标侵权诉讼实现商标维权，首先需要考虑的问题就是如何确定诉讼当事人。这包含两个层面的问题，一是谁可以成为侵权诉讼的当事人，二是需要将谁确定为侵权诉讼的当事人。下面分别就商标侵权诉讼的原告和被告简述之。

1. 原告

原告就是认为自己的民事权益受到侵犯或者与他人发生争议，以自己的名义向法院提起诉讼，从而引起民事诉讼程序发生的公民、法人或其他组织。根据《民事诉讼法》第一百一十九条的规定，原告应与本案有直接利害关系。根据《商标法》第六十条的规定，因侵犯商标专用权引起纠纷的，商标注册人或者利害关系人可以向人民法院提起诉讼。

在商标侵权行为发生后，商标权利人如果要寻求通过侵权诉讼实现商标维权，首先就需要确定自己是否有提起侵权诉讼的资格，即能否成为商标侵权诉讼的原告。对于前述商标法的规定，商标注册人拥有提起商标侵权诉讼的资格是没有疑问的，但利害关系人的范围并不是十分清楚的。司法解释对此进行了明确，最高人民法院《关于审理商标民事纠纷案件适用法律若干问题的解释》

第四条规定："利害关系人包括注册商标使用许可合同的被许可人、注册商标财产权利的合法继承人等。在发生注册商标专用权被侵害时，独占使用许可合同的被许可人可以向人民法院提起诉讼；排他使用许可合同的被许可人可以和商标注册人共同起诉，也可以在商标注册人不起诉的情况下，自行提起诉讼；普通使用许可合同的被许可人经商标注册人明确授权，可以提起诉讼。"

商标法和上述司法解释解决了谁有权提起商标侵权诉讼的问题，但在存在商标使用许可的侵权案件中，还需要确定由谁出面诉讼。在考虑由被许可人出面诉讼的时候，除了要考虑诉讼资格的问题之外，还需要考虑诉讼成本、证据提供、寻求损害赔偿的范围（是否包含商标注册人和/或被许可人的损失）等因素。

2. 被告

商标侵权诉讼的被告就是原告在起诉状中认为侵犯了商标专用权，而要求其承担侵权责任的人。可能承担商标侵权责任的人，包括侵权商品的生产者、销售者、仓储者、广告发布者等，侵权商标标识的印制者、印制委托人等。在具体的商标侵权案件中，对于将谁列为被告，原告可能具有多个选择。在被告的选择方面，有些人主张所列被告越多越好，好比撒网一样，网越大越好。但这一主张并不经常都是对的。所列被告越多，需要向法院提交的证据就会越多，法院审理的时间也会相应延长，维权的难度就会相应增加。此外，在个别案例中，将潜在的证据提供者列为被告，如将侵权商品的仓储者等列为被告，甚至对能否胜诉造成不利影响。

在决定将谁列为被告的时候，应当考虑以下一些因素：①已有的证据是否支持将其列为侵权诉讼被告；②将其列为被告，是否关系到维权目标的实现；③将其列为被告，对维权难度是否有重大影响；④在选择管辖法院的情况下，将该被控侵权人列为被告是否是必须的。

## 7.3.2 案件管辖

商标侵权诉讼在哪一个法院进行，既涉及到维权成本的问题，还可能对维权效果带来较大的影响。从诉讼成本来说，大多数原告倾向于在距离自己最近的法院进行诉讼。虽然《商标法》第六十三条规定"赔偿数额应当包括权利人为制止侵权行为所支付的合理开支"，但并不是所有的诉讼成本都能被认定为"为制止侵权行为所支付的合理开支"而得到赔偿。因此，降低诉讼成本的办法之一就是尽可能在距离自己最近的法院进行诉讼。从维权效果来看，不同法院所处地区的经济发展水平不同，对商标权的认识也存在差异，这些因素对原告可能获得的损害赔偿数额也会造成影响，有时甚至会影响到维权目标的实现。考虑到我国法院判决的大多数商标侵权案件都是适用"法定赔偿（或称酌定赔偿）"条款，法院在判决赔偿数额方面存在较大差异就不足为怪了。此外，一些商标权利人考虑在哪一个法院进行侵权诉讼的时候，可能还会受到地方保护主义等不正常因素的影响。

1. 级别管辖

级别管辖解决的是哪一级法院对某个特定案件的一审拥有管辖权的问题。我国法院系统分为四级，即基层法院、中级法院、高级法院、最高法院。大多数民事案件的一审管辖法院为基层法院，但商标侵权案件的一审管辖法院则有特别规定。最高人民法院《关于商标法修改决定施行后商标案件管辖和法律适用问题的解释》第三条规定："第一审商标民事案件，由中级以上人民法院及最高人民法院指定的基层人民法院管辖。涉及对驰名商标保护的民事、行政案件，由省、自治区人民政府所在地市、计划单列市、直辖市辖区中级人民法院及最高人民法院指定的其他中级人民法院管辖。"商标侵权案件即属于该解释中的商标民事案件之一，因此也适用该解释的规定。根据最高人民法院《关于北京、上海、广州知识产权法院案件管辖的规定》，北京市、上海市、广东省内涉及驰名商标认定的一审民事案件分别由北京、上海、广州知识产权法院管辖。

根据《民事诉讼法》的规定，级别管辖不属于当事人协议管辖的范围，当事人不得通过协议或其他行为改变级别管辖的有关规定。但在特定情况下，人民法院可以改变《民事诉讼法》规定的级别管辖。《民事诉讼法》第三十八条规定："上级人民法院有权审理下级人民法院管辖的第一审民事案件；确有必要将本院管辖的第一审民事案件交下级人民法院审理的，应当报请其上级人民法院批准。下级人民法院对它所管辖的第一审民事案件，认为需要由上级人民法院审理的，可以报请上级人民法院审理。"

2. 地域管辖

地域管辖解决的是哪个地方的法院对某个特定案件的一审拥有管辖权的问题。当事人在法律规定的拥有管辖权的诸个人民法院之中选择其中一个进行商标侵权诉讼，即是关系到地域管辖的问题。《民事诉讼法》第二十八条规定：

"因侵权行为提起的诉讼，由侵权行为地或者被告住所地人民法院管辖。"最高人民法院《关于审理商标民事纠纷案件适用法律若干问题的解释》第六条对此作出了进一步的解释："因侵犯注册商标专用权行为提起的民事诉讼，由侵权行为的实施地、侵权商品的储藏地或者查封扣押地、被告住所地人民法院管辖。前款规定的侵权商品的储藏地，是指大量或者经常性储存、隐匿侵权商品所在地；查封扣押地，是指海关、工商等行政机关依法查封、扣押侵权商品所在地。"因此，就多数商标侵权案件的地域管辖而言，原告可以在有管辖权的多个人民法院之中进行选择。

在涉及多个侵权被告的案件中，原告选择管辖法院的余地还是相当大的。根据最高人民法院《关于审理商标民事纠纷案件适用法律若干问题的解释》第七条的规定："对涉及不同侵权行为实施地的多个被告提起的共同诉讼，原告可以选择其中一个被告的侵权行为实施地人民法院管辖；仅对其中某一被告提起的诉讼，该被告侵权行为实施地的人民法院有管辖权。"一些商标权利人基于各种不同的考虑，也会充分利用该条司法解释的规定，甚至是人为制造的管辖因素，来实现选择管辖法院的目的。

## 7.3.3　证据收集

证据是商标侵权诉讼能否实现维权目标的关键。商标侵权诉讼的原告能否收集并提供足以证明其诉讼请求成立的证据，是决定商标侵权诉讼胜负的关键步骤之一。如果不能收集到必需的证据，商标权利人的所有行动策略都可能陷入纸上谈兵的境地。根据《民事诉讼法》的规定，证据包括：当事人的陈述、书证、物证、视听资料、电子数据、证人证言、鉴定意见、勘验笔录。

### 1. 收集证据的范围

在商标侵权诉讼案件中，原告应当收集并向法院提交的证据包括：①证明自己的诉讼主体资格的证据，如营业执照、身份证等。②证明自己的原告资格的证据。如原告是商标注册人，需提供商标注册证；如原告是商标使用许可的被许可人，应提供商标注册证和商标使用许可合同；如原告是排他许可的被许可人，且商标注册人未作为共同原告的，还应提供商标注册人放弃起诉的证据；如原告是普通许可的被许可人，且商标注册人作为共同原告的，还应提供商标注册人授权原告提起诉讼的证据。授权起诉既可以是在侵权行为发生之前，也可以是在侵权行为发生之后；授权的意思表示既可以包含在许可合同中的相应条款，也可以是单独的授权书。③证明自己的权利范围的证据。如商标注册证、商标使用许可合同、使用注册商标的证据（如商标产品、包装、广告、商业文书等）。④证明被告实施侵权行为的证据。如被告生产的侵权产品及其包装，被告销售的侵权商品，被告生产、销售、储存侵权商品的相关商业文书，被告为销售侵权商品发布的广告，被告印制或委托印制的注册商标标识等。⑤证明自己因侵权行为而受到的损失的证据。如因侵权行为导致的销售量下降、销售价格降低、被告向自己的客户或潜在客户销售侵权商品等方面的证据，有关商标使用许可费的证据，以及因侵权行为导致的商标信誉降低等方面的证据。⑥证明被告因侵权所获利益的证据。如被告销售侵权商品的数量、价格等方面的证据。⑦证据自己因制止侵权行为而发生的合理开支的证据。如对侵权行为进行调查的费用，申请公证机构保全证据的费用，委托律师的费用等方面的证据。

如果商标侵权诉讼涉及到驰名商标认定，还应当提交证明被侵权商标驰名的证据，包括但不限于下列证据：①该商标所使用的商品/服务的合同、发票、提货单、银行进账单、进出口凭据等；②该商标所使用的商品/服务的销售区域范围、销售网点分布及销售渠道、方式的相关资料；③涉及该商标的广播、电影、电视、报纸、期刊、网络、户外等媒体广告、媒体评论及其他宣传活动资料；④该商标所使用的商品/服务参加的展览会、博览会的相关资料；⑤该商标的最早使用时间和持续使用情况的相关资料；⑥该商标在中国、国外及有关地区的注册证明；⑦商标行政主管机关或者司法机关曾认定该商标为驰名商标并给予保护的相关文件，以及该商标被侵权或者假冒的情况；⑧具有合格资质的评估机构出具的该商标无形资产价值评估报告；⑨具有公信力的权威机构、行业协会公布或者出具的涉及该商标所使用的商品/服务的销售额、利税额、产值的统计及其排名、广告额统计等；⑩该商标获奖情况；⑪其他可以证明该商标知名度的资料。

如果商标侵权诉讼涉及的侵权行为不属于假冒行为，而是仿冒行为，则需要根据具体情况提交下列证据：①被告使用商标的商品与注册商标核准注册的商品属于类似商品的证据。如证明商品在功能、用途、主要原料、生产部门、销售渠道、销售场所、消费对象等方面相同或相近的证据。②被告使用的商标与注册商标近似的证据。商标近似，是指被控侵权的商标与原告的注册商标相比较，其文字的字形、读音、含义或者图形的构图及颜色，或者其各要素组合后的整体结构相似，或者其立体形状、颜色组合近似，易使相关公众对商品的来源产生误认或者认为其来源与原告注册商标的商品有特定的联系。③容易导致相关公众混淆原被告商品来源的证据。如原被告对商标的使用方式，原被告商品的包装装潢、销售场所、消费对象、销售价格等方面的证据，以及相关公众实际混淆原被告商品来源的证据。

2. 收集证据的途径

商标权利人在收集证据时，有多种途径可供选择。但需要注意各个途径收集到的证据，其证据资格和证明力会有一定的差异。在选择证据收集途径时，除了要考虑收集证据的难度、取证成本，还需要考虑证据的证据资格和证明力。

1）自行收集

对于商标侵权诉讼所需的证据，有一部分是处于原告控制之下的，如有关原告主体资格、权利范围、商标使用、损失情况、维权的合理开支、商标是否驰名等方面的证据，这些证据需要原告收集、整理后提交法院。对于不处于原告控制之下的证据，如有关被告实施侵权行为、侵权获利、消费者混淆等方面的证据，既可以由原告自行收集，也可以通过其他途径收集。自行收集证据虽然可以降低取证成本，但有时可能会影响到证据的证据资格。如比较常见的商标权利人以普通消费者或使用者的身份向侵权商品的生产者或销售者购买侵权商品，并要求出具发票的情形，就可能出现证据的证据资格问题。如果在随后的诉讼过程中，被告否认原告向法院提交的侵权商品是其当初向购买者交付的商品，原告可能就需要证明提交的侵权商品来源于被告，而这是比较困难的。此外，当证据处于被告或其利害关系人的控制之下时，原告收集证据的难度就会很大，可能需要寻求其他的途径来完成收集证据的任务。

2）通过商标行政执法收集

本章前面已经阐述了商标权利人通过商标行政执法展开商标维权行动的途径及其有利之处。在商标行政执法程序中，执法机关都会收集并保留有关是否存在商标侵权行为、侵权严重程度、侵权人获利等方面的证据。如果在商标行政执法程序中商标权利人寻求获得损害赔偿的目的没有实现，商标权利人可以在商标侵权诉讼中，将执法机关收集到的证据提交法院，或者是申请法院调取这些证据。由于商标行政执法机关在查处商标侵权案件时享有商标权利人所不具有的调查权，其可以收集的有关侵权证据的范围也比商标权利人自行收集要广泛得多。因此，通过商标行政执法收集侵权证据已经成为大多数商标权人的优先选择。

3）申请证据保全公证

在能够自行收集证据，但又受制于证据的证据资格的情况下，可以通过申请证据保全公证的方式克服自行收集对证据资格的影响。证据保全公证，是公证机构根据公民、法人或其他组织的申请，对证据取得的时间、地点、来源、过程等进行公证，并对取得的证据予以固定、封存的公证活动。《公证法》第三十六条规定："经公证的民事法律行为、有法律意义的事实和文书，应当作为认定事实的根据，但有相反证据足以推翻该项公证的除外。"《民事诉讼法》第六十九条规定："经过法定程序公证证明的法律事实和文书，人民法院应当作为认定事实的根据，但有相反证据足以推翻公证证明的除外。"因此，通过证据保全公证收集证据，能够克服自行收集证据可能出现的问题，如证据资格的问题、证据灭失的问题等。在商标侵权案件中，申请证据保全公证常常出现在以下情形：原告以普通消费者或使用者的身份购买侵权商品；对侵权商品的广告、营销活动进行取证；对网络空间中的侵权行为，如侵权商品的销售、展示、营销等活动进行取证。

4）通过人民法院收集证据

在两种情况下，可以通过人民法院收集证据：一是申请诉前证据保全；二是在诉讼过程中，申请人民法院调查收集证据。

诉前证据保全分别规定在《商标法》和《民事诉讼法》中。《商标法》第六十六条规定："为制止侵权行为，在证据可能灭失或者以后难以取得的情况下，商标注册人或者利害关系人可以依法在起诉前向人民法院申请保全证据。"《民事诉讼法》第八十一条第二款规定："因情况紧急，在证据可能灭失或者以后难以取得的情况下，利害关系人可以在提起诉讼或者申请仲裁前向证据所在地、被申请人住所地或者对案件有管辖权的人民法院申请保全证据。"申请诉前证据保全，应当提供担保。申请人在人民法院采取保全措施后三十日内不依法提起诉讼或者申请仲裁的，人民法院应当解除保全。诉前证据保全主要适用于情况紧急，且证据处于被控侵权人或其利害关系人的控制之下，商标权利人不能自行收集或通过证据保全公证收集证据的情形。

《民事诉讼法》第六十四条第二款规定："当事人及其诉讼代理人因客观原因不能自行收集的证据，或者人民法院认为审理案件需要的证据，人民法院应当调查收集。"在诉讼过程中，原告可以申请人民法院调查收集以下证据：证据由国家有关部门保存，当事人及其诉讼代理人无权查阅调取的；涉及国家秘密、商业秘密或者个人隐私的；当事人及其诉讼代理人因客观原因不能自行收集的其他证据。申请人民法院调查收集证据，应当提交书面申请。

## 7.3.4 诉前禁令

诉前禁令，又称诉前责令停止侵权行为。《商标法》第六十五条规定："商标注册人或者利害关系人有证据证明他人正在实施或者即将实施侵犯其注册商标专用权的行为，如不及时制止将会使其合法权益受到难以弥补的损害的，可以依法在起诉前向人民法院申请采取责令停止有关行为和财产保全的措施。"《民事诉讼法》第一百零一条规定："利害关系人因情况紧急，不立即申请保全将会使其合法权益受到难以弥补的损害的，可以在提起诉讼或者申请仲裁前向被保全财产所在地、被申请人住所地或者对案件有管辖权的人民法院申请采取保全措施。申请人应当提供担保，不提供担保的，裁定驳回申请。"诉前禁令的作用主要在于防止损害后果的发生或扩大，对于商标权利人利益的保护具有重要作用，因为有些商标侵权的后果是难以通过损害赔偿或者消除影响等民事责任方式予以弥补的。比如涉及食品、药品的商标侵权案件，一旦不符合安全标准的假冒商标产品投入市场，即使以后法院判令侵权人消除影响并赔偿损失，侵权行为对商标权利人造成的损害也是难以弥补的。消费者受到假冒商标产品的影响，对商标权利人的商标产品也会敬而远之。申请诉前禁令需要提供下列证据：①申请人享有注册商标权的证据；②被申请人正在实施或者即将实施侵犯商标专用权的行为的证据；③侵权行为可能给申请人造成难以弥补的损害的证据。

## 7.3.5 侵权行为

被告的行为是否构成对注册商标专用权的侵犯，既是商标权利人在开展维权行动和收集证据时应当考虑的问题，也是人民法院审理商标侵权案件所要解决的问题。根据《商标法》《商标法实施条例》《最高人民法院关于审理商标民事纠纷案件适用法律若干问题的解释》的规定，下列行为属于侵犯注册商标专用权的行为：

（1）未经商标注册人的许可，在同一种商品上使用与其注册商标相同的商标，也就是通常所说的假冒注册商标行为；

（2）未经商标注册人的许可，在同一种商品上使用与其注册近似的商标，或者在类似商品上使用与其注册商标相同或者近似的商标，容易导致混淆的，也就是通常所说的仿冒注册商标行为；

（3）销售侵犯注册专用权的商品的；

（4）伪造、擅自制造他人注册商标标识或者销售伪造、擅自制造的注册商标标识的；

（5）未经商标注册人同意，更换其注册商标并将该更换商标的商品又投入市场的，也就是通常所说的商标反向假冒行为；

（6）故意为侵犯他人商标专用权行为提供便利条件，帮助他人实施侵犯商标专用权行为的，包括为侵犯他人商标专用权提供仓储、运输、邮寄、印制、隐匿、经营场所、网络商品交易平台等，也就是通常所说的商标间接侵权行为；

（7）在同一种商品或者类似商品上将与他人注册商标相同或者近似的标志作为商品名称或者商品装潢使用，误导公众的；

（8）将与他人注册商标相同或者相近似的文字作为企业的字号在相同或者类似商品上突出使用，容易使相关公众产生误认的；

（9）复制、摹仿、翻译他人注册的驰名商标或其主要部分在不相同或者不相类似商品上作为商标使用，误导公众，致使该驰名商标注册人的利益可能受到损害的；

（10）复制、摹仿、翻译他人未在中国注册的驰名商标或其主要部分，在相同或者类似商品上作为商标使用，容易导致混淆的；

（11）将与他人注册商标相同或者相近似的文字注册为域名，并且通过该域名进行相关商品交易的电子商务，容易使相关公众产生误认的。

## 7.3.6　侵权责任

根据《民法通则》《商标法》《最高人民法院关于审理商标民事纠纷案件适用法律若干问题的解释》的规定，在商标侵权案件中，人民法院可以判决侵权人承担停止侵害、排除妨碍、消除危险、赔偿损失、消除影响等民事责任，还可以作出罚款，收缴侵权商品、伪造的商标标识和专门用于生产侵权商品的材料、工具、设备等财物的民事制裁决定。商标权利人在商标侵权诉讼中，经常要求侵权人承担的民事责任主要是停止侵害、赔偿损失和消除影响。

1. 停止侵害

停止侵害即停止侵权行为，是指由人民法院判令被告立即停止其侵犯注册商标专用权的行为。在我国，只要法院判定商标侵权成立，在商标权利人提出请求的情况下，都会判令被告停止侵害注册商标专用权。

2. 赔偿损失

停止侵权的维权目标通常可以通过其他需时更短、耗费资源更少的维权途径实现，大多数商标权利人在商标侵权诉讼中的主要目标就是获得由法院判令被告承担的损害赔偿金。侵权人赔偿损失的范围包括权利人因侵权所受到的实际损失，以及权利人为制止侵权行为所支付的合理开支。但由于权利人经常难以证明自己所受到的实际损失，《商标法》规定了几种不同的损害赔偿数额的确定方法。

根据《商标法》第六十三条的规定，商标权利人可以要求法院按照下列方法确定损害赔偿数额：①按照权利人因被侵权所受到的实际损失确定。在计算时，可以根据权利人因侵权所造成商品销售减少量或者侵权商品销售量与该注册商标商品的单位利润乘积计算。②实际损失难以确定的，可以按照侵权人因侵权所获得的利益确定。在计算时，可以根据侵权商品销售量与该商品单位利润乘积计算；该商品单位利润无法查明的，按照注册商标商品的单位利润计算。③权利人的损失或者侵权人获得的利益难以确定的，参照该商标许可使用费的倍数合理确定。对恶意侵犯商标专用权，情节严重的，可以在上述三种方法确定数额的一倍以上三倍以下确定赔偿数额，这就是通常所说的惩罚性赔偿。惩罚性赔偿只适用于恶意侵权且情节严重的情形，通常的理解是，只适用于假冒商标侵权行为，不适用于仿冒商标侵权行为。

如果依据上述三种方法均难以确定损害赔偿数额的，由人民法院根据侵权行为的情节判决给予三百万元以下的赔偿。人民法院应当考虑的情节包括：侵权行为的性质、期间、后果；商标的声誉；商标使用许可费的数额；商标使用许可的种类、时间、范围；制止侵权行为的合理开支等因素。这就是通常所说的"法定赔偿"或"酌定赔偿"，这也是我国商标侵权案件中确定赔偿数额时使用最多的一种方法。需要注意的是，根据这一方法确定赔偿数额后，不得再使用有关惩罚性赔偿的规定，提高赔偿的数额。

在特定情况下，虽然被告的行为构成侵权，但并不承担赔偿责任。《商标法》第六十四条规定："注册商标专用权人请求赔偿，被控侵权人以注册商标专用权人未使用注册商标提出抗辩的，人民法院可以要求注册商标专用权人提供此前三年内实际使用该注册商标的证据。注册商标专用权人不能证明此前三年内实际使用过该注册商标，也不能证明因侵权行为受到其他损失的，被控侵权人不承担赔偿责任。销售不知道是侵犯注册商标专用权的商品，能证明该商品是自己合法取得并说明提供者的，不承担赔偿责任。"根据《商标法实施条例》的规定，"能证明该商品是自己合法取得"是指符合下列情形之一的：①有供货单位合法签章的供货清单和货款收据且经查证属实或者供货单位认可的；②有供销双方签订的进货合同且经查证已真实履行的；③有合法进货发票且发票记载事项与涉案商品对应的；④其他能够证明合法取得涉案商品的情形。

3. 消除影响

如果商标侵权行为对商标权利人的商誉造成了不良影响，商标权利人可要求法院判令被告消除影响。法院可判令被告在指定的报刊、电视、网站或其他媒体上刊登或发布内容经过法院审定的声明，以消除对商标权利人商誉造成的不良影响。被告拒不执行的，人民法院可以选定代履行人，由代履行人代为履行判决确定的消除影响的义务，代履行费用由被告预先支付。

**案例分析9：中国港中旅集团公司诉张家界中港国际旅行社有限公司侵害商标权及不正当竞争纠纷案**

[案情介绍]

中国港中旅集团公司在江苏、湖南等省份拥有多个以"港中旅"为字号的关联企业，通过发布广告、发行刊物等方式宣传"港中旅"标识，经过持续良好的经营和推广宣传，港中旅集团先后获得了中国企业500强等荣誉，2006年和2010年分别注册"港中旅国际""港中旅"商标。2008年张家界春秋旅行社有限公司将企业名称变更为张家界港中旅旅行社有限公司，2009年变更为张家界港中旅国际旅行社有限公司。2014年12月变更为张家界中港国旅国际旅行社有限公司，当月又变更为张家界中港国际旅行社有限公司。上述公司在从事旅游经营活动中，将"张家界港中旅国际旅行社有限公司""港中旅"作为企业名称或商业标识进行宣传，将"港中旅"三个字以不同字体、不同颜色等方式突出使用。港中旅集团认为张家界中港国际公司行为构成商标侵权及不正当竞争，诉至法院请求判令停止侵权，赔偿损失100万元及合理支出10万元，并登报消除影响。

湖南省高级人民法院认为，"港中旅"字号具有相当的市场知名度、为相关公众所知悉，可以企业名称来保护。张家界中港国际公司将"港中旅"作为企业字号登记并在其经营和网络宣传中擅自使用，构成不正当竞争。在其经营场所、网络宣传中突出使用"港中旅"标识，用以标识其服务来源，侵害了"港中旅国际"注册商标专用权。以旅游局、税务局等国家机关公布或者记载的企业相关数据为基础，结合张家界中港国际公司自认的相关年度营业收入等数据，综合确定张家界中港国际公司每年度的侵权获利（旅游业务营业收入×利润率×"港中旅"品牌所占利润比例），计算2012、2013年度侵权获利数额，全额支持了港中旅集团的赔偿请求100万元，并认定了5997元的合理支出。

[评析]

在商标侵权和不正当竞争纠纷案件中，侵权获利是确定赔偿数额的优先选择之一。这需要权利人积极收集、补强证据，确实因客观原因无法获取证据的，可以申请法院保全证据、调查取证、责令侵权人披露账簿、资料等相关材料。本案二审中，权利人提交了证明全国旅游业务利润率的证据，法院依申请调取了相关证据，以地方税务局核定的侵权人实施侵权行为期间开具发票实际金额作为该公司的旅游营业收入，以侵权人实施变更企业字号等侵权行为前后年度营业收入增长额为基础推定"港中旅"品牌对侵权获利的贡献率，以国家旅游局官方网站公布的该行业利润率来计算经营利润，精细化计算侵权获利并结合当事人的诉讼请求来依法确定赔偿数额。既保护了"港中旅"品牌，也有力地制裁了侵权。此案是权利人积极举证而获得高额赔偿的典型案件。

## 案例分析10：卡斯特商标侵权案

[案情介绍]

再审申请人（一审被告、二审被上诉人）：法国卡思黛乐兄弟简化股份有限公司（即原卡斯特兄弟简化股份有限公司）。

被申请人（一审原告、二审上诉人）：李道之。

其他当事人略。

案号：最高人民法院（2014）民提字第 25 号

卡斯特商标原系温州五金交电化工（集团）公司酒类分公司于 1998 年 9 月 7 日申请、2000 年 3 月 7 日获核准注册，经续展有效期至 2020 年 3 月 6 日，商标标识为文字"卡斯特"，核定使用于第 33 类的果酒（含酒精）、葡萄酒、酒精饮料（啤酒除外）。2002 年 4 月 25 日，国家工商行政管理总局商标局（以下简称商标局）核准卡斯特商标转让注册，受让人即为李道之。

卡斯特兄弟简化股份有限公司（以下简称法国公司）系一家依照法国法律成立的简化股份有限公司，成立于 1949 年。其葡萄酒产品多次获得国外酒类杂志的推介，具有较高的知名度。

2009 年 10 月 23 日，李道之等以法国公司等侵犯其商标权并构成不正当竞争为由，诉至浙江省温州市中级人民法院。温州中院于 2012 年 3 月 31 日判决：法国公司等立即停止商标侵权行为；登报消除侵权影响；赔偿李道之等经济损失人民币 33734546.26 元。判决后，双方均不服，上诉至浙江省高院。浙江高院维持原判。

法国公司不服终审判决，向最高人民法院申请再审。最高法院于 2013 年 12 月 11 日提审该案。2016 年 1 月 11 日，最高法院作出再审判决。

最高法院认为，侵害商标专用权的赔偿数额为侵权人在侵权期间因侵权所获得的利益或者被侵权人在被侵权期间因被侵权所受到的损失，也就是说，赔偿数额应当与侵权行为之间具有直接的因果关系；一审、二审判决计算法国公司侵权获利的方法显属不当。据此，撤销一审、二审判决；法国公司登报消除影响并赔偿李道之等经济损失 50 万元。诉讼过程中，法国公司已不使用"卡斯特"，改为"卡思黛乐"，故未判决法国公司停止侵权行为。

[评析]

本案一波三折，从一审、二审判决的赔偿损失 3300 余万元（被称为当时赔偿数额最高的商标侵权案件），到最高法院判决赔偿 50 万元，其间的差距令人目眩。从最高法院的再审判决来看，不论主张以《商标法》第六十三条规定的哪一种计算方法确定损害赔偿额，都应该证明赔偿数额与侵权行为之间存在直接因果关系，这也是最高法院改判的根本理由。本案不仅案情复杂，而且涉及大量的法律问题，前后历时六年多时间才尘埃落定。本案的历程表明，商标权人在主张损害赔偿时虽然有多种选择，但每种选择都有其自身存在的难题需要解决。对于面临商标侵权指控的被告而言，有时坚持就可能获得一个相对有利的结果。

# 参 考 文 献

［1］冯晓青．企业知识产权战略［M］．北京：知识产权出版社，2008.

［2］袁建中．企业知识产权管理理论与实务［M］．北京：知识产权出版社，2011.

［3］齐爱民．知识产权总论［M］．北京：北京大学出版社，2014.

［4］马原．商标法分解适用集成［M］．北京：人民法院出版社，2003.

［5］中华全国律师协会知识产权专业委员会．商标业务指南［M］．北京：中国法制出版社，2007.

［6］本书编写组．中国商标注册与保护［M］．北京：知识产权出版社，2003.

［7］吴景明，戴志强．商标法原理·规则·案例［M］．北京：清华大学出版社，2006.

［8］黄晖．驰名商标和著名商标的法律保护［M］．北京：法律出版社，2001.

［9］黄晖．商标法［M］．北京：法律出版社，2004.

［10］刘明江．商标权效力及其限制研究［M］．北京：知识产权出版社，2010.

［11］于泽辉．商标：战略 管理 诉讼［M］．北京：法律出版社，2008.

［12］王莲峰．商标法学［M］．北京：北京大学出版社，2007.

［13］绍兴全，顾金焰．商标权的法律保护与运用［M］．北京：法律出版社，2009.

［14］强赤华．商标国际惯例［M］．贵阳：贵州人民出版社，1994.

［15］吴汉东．知识产权法［M］．北京：中国政法大学出版社，2004.

［16］郭寿康．知识产权法［M］．北京：中共中央党校出版社，2002.

［17］张玉敏．知识产权法［M］．北京：法律出版社，2011.

［18］李伟．商标纠纷新典型案例与专题指导［M］．北京：中国法制出版社，2009.

［19］张玉敏，张今，张平．知识产权法［M］．北京：中国人民大学出版社，2009.

［20］李健．知识产权代理［M］．北京：知识产权出版社，2009.

［21］田力普．中国企业海外知识产权纠纷典型案例启示录［M］．北京：知识产权出版社，2010.

［22］于泽辉．办案全程实录·商标与专利代理［M］．北京：法律出版社，2006.

［23］王瑜．从普通商标到驰名商标［M］．北京：法律出版社，2007.

［24］美国专利商标局．美国商标审查指南［M］．北京：商标印书馆，2008.

［25］李小武．商标反淡化研究［M］．杭州：浙江大学出版社，2011.

［26］张小炜．企业商标全程谋略：运用、管理和保护［M］．北京：法律出版社，2010.

［27］法律出版社法规中心．中华人民共和国商标法 中华人民共和国商标法实施条例［M］．北京：法律
出版社，2015.

［28］国家工商行政管理总局商标局，商标评审委员会．商标审查标准［S］．2005.